成渝地区双城经济圈

市域社会治理现代化研究

郑泰安　唐军　著

CHENG YU DI QU SHUANG CHENG JING JI QUAN
SHI YU SHE HUI ZHI LI XIAN DAI HUA YAN JIU

法律出版社
LAW PRESS · CHINA
北京

图书在版编目(CIP)数据

成渝地区双城经济圈市域社会治理现代化研究 / 郑泰安，唐军著. -- 北京：法律出版社，2022
ISBN 978-7-5197-6583-5

Ⅰ. ①成… Ⅱ. ①郑…②唐… Ⅲ. ①社会管理-现代化管理-研究-成都、重庆 Ⅳ. ①D677.1

中国版本图书馆 CIP 数据核字(2022)第 051489 号

成渝地区双城经济圈市域社会治理现代化研究
CHENG-YU DIQU SHUANGCHENG JINGJIQUAN SHIYU SHEHUI ZHILI XIANDAIHUA YANJIU

郑泰安 唐 军 著

策划编辑 徐 菲
责任编辑 徐 菲 彭 雨
装帧设计 鲍龙卉

出版发行 法律出版社
编辑统筹 法律出版社
责任校对 王 丰 郭艳萍
责任印制 胡晓雅
经 销 新华书店
开本 710 毫米×1000 毫米 1/16
印张 19.5 **字数** 281 千
版本 2022 年 5 月第 1 版
印次 2022 年 5 月第 1 次印刷
印刷 唐山玺诚印务有限公司

地址：北京市丰台区莲花池西里 7 号(100073)
网址：www.lawpress.com.cn
投稿邮箱：info@lawpress.com.cn
举报盗版邮箱：jbwq@lawpress.com.cn
销售电话：010-83938349
客服电话：010-83938350
咨询电话：010-63939796

书号：ISBN 978-7-5197-6583-5
定价：82.00 元

序　言

2020年1月,成渝地区双城经济圈首次被提出,在这之前,成渝地区的合作发展就被国家层面高度关注。在2011年4月,国务院正式批复《成渝经济区区域规划》,其目标在于打造成渝经济区,实现区域协调发展。2021年10月,中共中央、国务院印发《成渝地区双城经济圈建设规划纲要》(以下简称《纲要》)。《纲要》的战略定位是,“尊重客观规律,发挥比较优势,把成渝地区双城经济圈建设成为具有全国影响力的重要经济中心、科技创新中心、改革开放新高地、高品质生活宜居地”。《纲要》提出:“坚持以人民为中心的发展思想,增加优质公共产品和服务供给,持续改善民生福祉,构建多元包容的社会治理格局,让改革发展成果更多更公平惠及人民,提高人民群众获得感、幸福感、安全感。”

党的十八届三中全会提出:“全面深化改革的总目标是完善和发展中国特色社会主义制度,推进国家治理体系和治理能力现代化。”党的十九届四中全会提出:“把我国制度优势更好转化为国家治理效能,为实现‘两个一百年’奋斗目标、实现中华民族伟大复兴的中国梦提供有力保证。”党的十九届五中全会提出:“创新社会治理。”

成渝地区社会治理现代化是国家治理体系和治理能力现代化的重要组成部分。成渝地区在推进社会治理现代化建设中,积极探索,勇于创新,取得了优异的成绩,但我们也应看到实践中出现的问题,在实践中提炼出经验,为成渝地区社会治理现代化未来发展找到合适的路径和方向。特别是在成渝地区双城经济圈建设中,社会治理现代化工作如何与成渝地区双城经济圈的整个建设统一起来,是值得我们深入研究的一个重要课题。

基于上述考虑，本著作将研究内容分为四篇，分别为理论基础篇、实践现状篇、问题分析篇和制度优化篇。在理论基础篇中，就社会治理术语的溯源、产生的诱因、理念方法、主体、因素和目标进行了纵向和横向的研究。同时，就社会治理的相关理论和区域社会治理理论进行了深入的分析。在实践现状篇中，从经济维度、社会维度、法治维度和技术维度对成渝地区双城经济圈市域社会治理的实践现状进行分析，总结其特点。在问题分析篇中，就成渝地区双城经济圈市域社会治理存在之问题进行了类型化的分析和提炼，且深入分析了其成因和治理基础。在制度优化篇中，就成渝地区双城经济圈市域社会治理现代化目标、要素和模式、社会保障及卫生健康服务体系、基层社会治理的创新、市域社会治理创新的协同模式进行了系统的分析和研究。上述研究具有较强的、广泛的针对性和实用性。本著作提出的社会力量协同社会治理新方案有望协助推进成渝地区各级政府简政放权，弥补权力真空，深化社会治理的民主性和科学性。

在本著作基础材料的调研过程中，要特别感谢成都市高新区应急管理局的大力协助和支持。同时在著作撰写过程中，我们参阅了大量的文献，广泛汲取了文献的精华，没有其他学者的研究成果，本著作也无法修订成稿，在此表示衷心感谢。但百密难免一疏，在本著作的写作过程中，难免出现错误和引用遗漏之处，敬请广大文献作者予以见谅，我们将不胜感激。同时，在本著作的写作过程中，四川省社会科学院2020级的研究生给予了大量的协助，在此一同表示感谢，希望你们在四川省社会科学院三年研究生生涯中广博通识、学有所成。

最后，我们由衷感谢四川省法学会领导和成渝地区双城经济圈法治研究会对本著作的成型和出版给予的鼎立支持。北顾秦岭青山秀，回望巴山蜀水流。让我们协同共进，将成渝地区社会治理现代化工作推向更高阶段而共同努力，助力《成渝地区双城经济圈建设规划纲要》所谋划的目标顺利实现。

作者写于成都百花潭

2021年12月

目　　录

第二篇 实践现状篇

第三篇 问题分析篇

第四篇 制度优化篇

第一篇

理论基础篇

第一章　社会治理概述

一、“社会治理”术语的溯源

（一）西方治理理论之兴起

“治理”一词的英语表达为“governance”，但在翻译成中文时，其意思也可以是“统治”“管理”“决策过程”。而“治理”一词本身又有多重含义：管理、操纵、控制和共治。一个有效的治理应当包括行为（behavior）、结构（structure）和期望（expectations）。长期以来，“治理”和“统治”在现代国家的公共社会管理活动中被广泛使用。整体而言，它们之间的本质区别并没有被特别强调。20世纪80年代以来，随着“治理”二字广泛地应用于政治学、管理学、社会学和经济学等学科，各个相关学科赋予了“治理”二字新的内涵。“治理”的新内涵和新外延远超其本源意义，与“统治”在词义上出现了很大的分离和区分。

从相关文献考察分析，“治理”全新内涵出现的历史背景主要有：一是市场机制在市场经济中出现了失灵或者失聪。资本主义初期，在亚当·斯密（Adam Smith）的古典经济学的强力影响下，各国政府很少采取干预经济运行的措施。亚当·斯密提出的“无形之手”（invisible hand）强调了市场机制对社会经济生活的自动调节作用。亚当·斯密在他的几部著作中都引入了这一概念，在他1776年出版的《探究国家财富的性质和原因》（*An Inquiry into the Nature and Causes of the Wealth of Nations*）①和1759年出版的《道德情操理论》（*The Theory of Moral Sentiments*）中出现了这种经济学解释。古典经济学理论认为，自由竞争市场是最好的市场模式，政府不应当对其进行过分干预，而应当放任其发展。但由于人趋利性的本质，完全放任的自由竞争的结果是，随着自由竞

① 有的著作将其翻译为《国富论》。

争的不断推进,资本出现了较大程度的集中,最后导致垄断资本的出现。垄断资本直接破坏了自由竞争,最终导致了各国的经济危机。二是政府干预的负效应。20 世纪 30 年代,西方政府不得不寻求新的经济管理模式。凯恩斯主义——国家干预主义正式走上历史舞台。① 根据凯恩斯的理论,只有增加政府支出、降低税收以刺激需求,才能使全球经济走出萧条。为了应对金融危机,美国总统罗斯福采取了强势的国家干预新政,奉行凯恩斯的国家干预主义政策,制定了大量的国家干预经济的立法和政策。在罗斯福新政的影响下,美国的经济危机得到了一定程度的缓解。在国家干预政策的影响下,西方资本主义国家不同程度地建立了国家社会福利制度。然而,20 世纪 60 年代,这一福利制度出现了新的问题,如政府财政支出不断增加、财政赤字严重等。为了有效平衡市场机制失灵与政府干预缺陷的矛盾,"治理"理论应运而生。有学者曾指出:"为了弥补市场失灵和政府干预的不足,多数管理学学者对政府的治理范式进行了一些创新,形成了新的治理理念,从内部和外部对作为现代化的绝对主权理念提出了有力的挑战。"②三是科学技术快速发展的需要。在大工业生产时代,官僚等级制是当时主导的管理方式。但随着人类进入后工业社会时代,随着经济快速发展,科学技术水平的不断提升,世界经济一体化的加快,各国之间的联系不断增强。进入 21 世纪之后,在以数字技术为核心的高新技术推动下,世界经济业态发生了显著变化。特别是随着大数据技术的出现,各种信息的发布、传输、获取和存储都发生了质的变化,直接导致人们工作方式和组织方式的改变。在大数据的视角下,人们对政府改革和模式创新的讨论,已成为一个突出的时代特征。现代经济社会生活具备了独有的特征,如高风险的虚拟经济等,需要新的治理模式解决复杂的现代社会问题。为应对现代经济社会生活的重大变

---

① 凯恩斯经济学是一种宏观经济理论,研究经济中的总支出及其对产出、就业和通货膨胀的影响。凯恩斯主义经济学是由英国经济学家约翰·梅纳德·凯恩斯(John Maynard Keynes)在 20 世纪 30 年代为理解大萧条而发展起来的。凯恩斯主义经济学被认为是一种"需求侧"理论,关注经济在短期内的变化。凯恩斯的理论是第一个将基于个人激励的经济行为和市场的研究与广泛的国民经济总量变量和结构的研究分离开来的理论。随后,凯恩斯主义经济学被用来指这样一个概念:通过积极的稳定和政府的经济干预政策来影响总需求,可以实现最佳的经济表现,防止经济衰退。

② 方忠:《全球化下政府治理理念创新的透析与展望》,载《兰州学刊》2004 年第 3 期。

化,东亚地区的韩国政府提出了政府行政 3.0 版本,允许公众更广泛地获取政府信息,以提高国家事务的透明度。通过政府 3.0 计划,政府将主动向公众开放信息,共享数据,保障民众积极参与社会治理。更广泛地分享信息的计划也旨在促进经济增长,并为决策带来更多民主和实践信息。根据这项计划,韩国政府表示,在要求披露政府信息之前,甚至还会向公众提供更多信息。政府公开的信息主要包括政府将开放有关日托机构运营细节、医院信息、国家健康保险逾期付款、教师资格考试的数据、提供食品药品安全信息、有害化学品和核设施区域管理信息、政府债务信息以及地方政府和上市公司的财务统计和报告。[①] 有学者指出,韩国政府 3.0 版侧重于政府主动公开和共享信息,确保民众积极参与。相应地,政府管理也从"政府提供"模式转变为"以个人为中心"的个性化定制模式。[②] 该学者进一步指出,在运用大数据技术的前提下,数据民主有利于公众的积极参与,信息的准确性有利于管理的精细化。注重把现有的社会管理模式转变为利用海量数据进行准确预测,政府的行政决策将更加科学、更具有时效性。总之,以大数据为核心的科技革命对传统的政府公共管理模式提出了挑战,为新的治理模式的出现提供了重要和关键的契机。[③]

治理理论是国家运行与社会治理领域的重要理论基础,其属于理念和意识范畴,决定于其所处的社会经济基础。由于资本主义市场机制的失灵、新科技革命的出现等诸多原因,新型治理理论登上历史舞台是社会政治经济发展之必然。

(二)党的十八届三中全会:我国"社会治理"工作的提出

改革开放后,我国社会治理工作的实践路径为社会管理—社会治理。且随着我国改革的不断深入,社会治理被赋予了越来越多的新内涵(见表 1-1)。

---

① See SER MYO-JA, KIM WON-BAE, Park unveils " Government 3.0 ", at https://koreajoongangdaily.joins.com/news/article/article.aspx?aid=2973371.

② 参见高小平:《借助大数据科技力量寻求国家治理变革创新》,载《中国行政管理》2015 年第 10 期。

③ 参见龙立军、沈雪莉:《中国治理理论研究范式综述》,载《学理论》2019 年第 5 期。

表 1-1 社会管理—社会治理

时间	社会管理—社会治理的演进	
1993 年 11 月 14 日	中国共产党第十四届中央委员会第三次全体会议通过《中共中央关于建立社会主义市场经济体制若干问题的决定》	要加强政府的社会管理职能
2002 年 11 月 8 日至 14 日	党的第十六次全国代表大会召开,江泽民同志作了大会报告	报告强调:(1)扩大基层民主,健全基层自治组织和民主管理制度,完善公开办事制度,保证人民群众依法直接行使民主权利,管理基层公共事务和公益事业,对干部实行民主监督。完善村民自治,健全村党组织领导的充满活力的村民自治机制。完善城市居民自治,建设管理有序、文明祥和的新型社区。(2)改革和完善决策机制。要完善深入了解民情、充分反映民意、广泛集中民智、切实珍惜民力的决策机制,推进决策科学化民主化。建立社情民意反映制度,建立与群众利益密切相关的重大事项社会公示制度和社会听证制度,完善专家咨询制度,实行决策的论证制和责任制,防止决策的随意性。(3)转变政府职能,改进管理方式,推行电子政务,提高行政效率,降低行政成本,形成行为规范、运转协调、公正透明、廉洁高效的行政管理体制。始终把社会效益放在首位。加强文化基础设施建设,发展各类群众文化。(4)要改进社会管理,保持良好的社会秩序。(5)高度重视社区党的建设,以服务群众为重点,构建城市社区党建工作新格局。加大在社会团体和社会中介组织中建立党组织的工作力度等①

① 参见江泽民:《全面建设小康社会,开创中国特色社会主义事业新局面——在中国共产党第十六次全国代表大会上的报告》。

续表

时间	社会管理—社会治理的演进	
2013 年 11 月 12 日	中国共产党第十八届中央委员会第三次全体会议审议通过了《中共中央关于全面深化改革若干重大问题的决定》	共有五处论及“社会治理”:(1)社会治理体制的形成。强调要加快形成科学有效的社会治理体制,确保社会既充满活力又和谐有序。(2)社会治理体制的创新。强调要推进文化体制机制创新,推进社会事业改革创新,创新社会治理体制。(3)社会治理的创新。强调了创新社会治理,必须着眼于维护最广大人民根本利益。(4)社会治理水平的提高。强调了提高社会治理水平,维护国家安全,确保人民安居乐业、社会安定有序。(5)社会治理方式的改革。强调了要改进社会治理方式,激发社会组织活力,创新有效预防和化解社会矛盾体制,健全公共安全体系①
2014 年 3 月	习近平总书记指出,治理和管理虽只有一字之差,但体现的内涵是不同的,治理是系统治理、依法治理、源头治理、综合施策②	从习近平总书记的讲话中,我们清晰认识到社会治理与社会管理之区别所在,这种差异也反映了社会治理的独特特征。(1)“系统治理”从治理主体的多元方面和治理内容的体系上进行了强调;(2)“依法治理”强调治理方式应采取法治化的治理模式,也就是在法治框架下,社会治理不能超越法律的授权;(3)“源头治理”注重找到社会治理问题产生的本源问题,从而进行溯源治理;(4)“综合治理”主要从治理手段上分析,强调自治、法治、德治和科技创新等综合方法的运用③
2017 年 10 月 18 日至 24 日	党的第十九次全国代表大会召开,习近平总书记作了题为《决胜全面建成小康社会夺取新时代中国特色社会主义伟大胜利》的报告	报告提出,提高保障和改善民生水平,加强和创新社会治理:(1)完善公共服务体系,保障群众基本生活,不断满足人民日益增长的美好生活需要,不断促进社会公平正义,形成有效的社会治理、良好的社会秩序,使人民获得感、幸福感、安全感更加充实、更有保障、更可持续;(2)加强社会治理制度建设,完善党委领导、政府负责、社会协同、公众参与、法治保障的社会治理体制,提高社会治理社会化、法治化、智能化、专业化水平;(3)加强预防和

① 参见《中国共产党第十八届中央委员会第三次全体会议公报》。

② 参见青连斌:《习近平总书记创新社会治理的新理念新思想》,载《前线》2017 年第 6 期。

③ 参见瞿红霞:《加强和创新社会治理的必要性与路径选择》,载《哈尔滨学院学报》2020 年第 2 期。

续表

时间	社会管理—社会治理的演进	
		化解社会矛盾机制建设,正确处理人民内部矛盾;(4)树立安全发展理念,弘扬生命至上、安全第一的思想,健全公共安全体系,完善安全生产责任制,坚决遏制重特大安全事故,提升防灾减灾救灾能力;(5)加快社会治安防控体系建设,依法打击和惩治黄赌毒黑拐骗等违法犯罪活动,保护人民人身权、财产权、人格权;(6)加强社会心理服务体系建设,培育自尊自信、理性平和、积极向上的社会心态;(7)加强社区治理体系建设,推动社会治理重心向基层下移,发挥社会组织作用,实现政府治理和社会调节、居民自治良性互动①

有学者认为,作为一种治理方式,社会治理的本质要素是"以人为本",与任务导向(task-oriented)相反,任务导向是指专注于完成社会治理某一项任务,而以人为本则专注于治理对象——社会大众或者社区居民的满意度和幸福感。在以人为本的社会治理过程中,治理对象被视为有价值的合作伙伴,以人为本注重与社会大众建立良好的合作关系,并利用这些关系营造更高效的工作环境。社会治理的一种方法是专注于解决治理对象之间出现的任何冲突。社会治理的基础是各主体之间的多元化合作。在科学规范的制度指导下,这样的治理才能更好地应对日益复杂的各种社会问题,从而促进社会资源的合理有效配置,合理解决冲突,满足人民群众的各种需求。② 有学者认为,在新的时代背景下,我国社会治理面临新的问题和挑战,要解决这些新问题、新挑战,必须维护人民群众的根本利益,倡导多主体参与,形成多主体参与的社会治理新格局,不断探索基层社会治理矛盾解决的新途径,实现我国社会治理现代化。③ 中国共产党的宗旨是全心全意为人民服务。社会治理与中国共产党的宗旨具有内在

① 参见习近平:《决胜全面建成小康社会 夺取新时代中国特色社会主义伟大胜利》,人民出版社 2017 年版,第 19 页。

② 参见向德平、苏海:《"社会治理"的理论内涵和实践路径》,载《新疆师范大学学报(哲学社会科学版)》2014 年第 6 期。

③ 参见李培欢:《地方人大代表参与基层社会治理研究》,中共广东省委党校 2019 年硕士学位论文。

的统一性。因此,有学者认为,社会治理的标准是民众是否满意。也就是说,当政府对人们的管理和服务做得很好的时候,社会治理就有了坚实的群众基础和强大的群众动力。①

从党的十六大的“社会管理”到十八届三中全会的“社会治理”,反映了我国行政管理模式的重大变革。从根本上讲,这代表了中国共产党执政理念的创新:其一,从主体上看,社会治理具有显著的多主体特征。传统的“管理”通常具有“控制”的含义。社会管理的主体是公权部门,主要由政府负责。社会管理的权力运行模式是自上而下的(top-down)。但是,社会治理不仅包括政府管理,还包括社会自治,这充分体现了社会治理主体的多样性,即除了政府之外,它还包括社会组织等诸多社会群体,其权力运行除自上而下之外,更多的是平行运行的。其二,社会治理更多的是非强制性和谦抑性的,这一点是与社会管理相比较而言的。传统上,社会管理的公共权力通常是通过行政命令来实现的,行政命令不可避免地具有一定的强制性。但社会治理强调社会治理主体的多元,政府不再是社会治理的唯一主体。社会主体广泛参与的社会治理,不仅采用行政命令的方式,还广泛采用协商、协作和自治等非强制性方式。

二、社会治理产生的诱因

任何一种社会管理模式的诞生,都有其产生之诱因,就社会治理而言,其产生的诱因如何呢?

(一)社会主要矛盾转化的内在要求

党的十九大报告指出,我国社会主要矛盾已经转化为人民日益增长的美好生活需要和不平衡不充分的发展之间的矛盾。关于社会主要矛盾转变的重要论断是在2017年党的十九大上作出的。然而,“社会治理”的概念是在2013年召开的党的十八届三中全会上提出的。从时间上分析,何以看似后出现的社会矛盾的转变会成为社会治理的诱因呢?

---

① 参见高庆:《社会治理现代化背景下基层人大代表作用发挥研究》,南昌大学2020年硕士学位论文。

“冰冻三尺,非一日之寒;滴水穿石,非一日之功。”马克思主义哲学认为,量变是事物数量的增减和位置的变化,是事物在原有性质的基础上,在程度范围内的变化。质变是从一种状态到另一种状态的飞跃,是事物程度(范围)的有效突破,是事物本质的根本变化。量变是质变的前提,质变是量变的必然。当量变达到一定程度并突破事物的程度(范围)时,就会发生质变。因此,社会主要矛盾的转化不是突然的,而是经过长时间的积累或量变而发生的。习近平总书记在党的十九大上指出了我国面临的社会主要矛盾。党的十九大报告在用语上极为谨慎,用了“已经转化为”的表述方式,就说明在党的十九大召开之前,我国的社会主要矛盾已经开始(出现)了转化(正在进行),经过一段时间的转化积累,在党的十九大召开之时,已经完成了转化,实现了量变向质变的飞跃。

改革开放以来,随着我国经济的快速发展和综合国力的不断增强,人们对美好生活的向往越来越强烈。人们对美好生活日益增长的向往,不仅包括对高质量物质文化生活的向往,还包括对民主、法制(法治)、公平、公正的社会环境和清洁、美丽、绿色、低碳的生态环境的向往。在这样的大背景下,我国民众的主人翁意识不断觉醒,参与社会治理的愿望日益增强,人民群众渴望为社会和国家的发展作出一定的贡献。面对民众对民主法治、公平正义的社会环境的向往,以及人们对广泛参与社会治理的期待,传统的社会管理模式已经不能适应新时期社会发展和改革深入的现实需要。因此,有必要突破政府单一主体,推动多主体参与社会治理,创新社会治理方式。

我国社会经济发展的不平衡主要体现在各地区、产业和城乡之间的发展不平衡。而这其中,尤以农村特别是西部农村发展不足为显著特点。如何缩小城乡之间的发展差距,实现乡村振兴,使社会更加公平正义,是我国社会治理亟待解决的现实问题。① 我国社会主要矛盾的转化所产生的问题十分复杂,仅依靠传统的社会管理模式,远远达不到预期的目的。无论是人民对美好生活的向往,还是社会经济发展的不平衡和不充分,我国社会主要矛盾的两个方面都在

---

① 参见瞿红霞:《加强和创新社会治理的必要性与路径选择》,载《哈尔滨学院学报》2020 年第 2 期。

呼唤新的社会治理模式的出现，以更好地解决两者之间的矛盾，促进我国社会经济的健康发展。可以说，新型社会治理理念的出现是我国社会主要矛盾转化的内在要求，社会主要矛盾的转化是社会治理产生的诱因之一。

从更深层次分析，中国社会结构的深刻变化是社会主要矛盾转化的原因之一，也是社会治理的深层诱因。社会结构的内涵包括：(1)生活在一个群体(如家庭或社区)内的人所建立的内部制度化关系，特别是关于职能作用的等级组织和规范行为的规则和原则。(2)构成一个整体的社会组织关系(社会网络)，这种社会组织关系是由阶级差异、教育程度差异和财富水平差异构成。① 这种社会组织关系通过塑造可能获得或不可能获得的各种机会，并通过培养特定的行为和互动规范来决定人们的人生历程和结果，从而起到构建力量的作用。社会结构由社会制度和制度化关系模式组成，社会结构既是社会互动的产物，又直接决定着社会互动。② 改革开放以来，我国的社会结构在家庭、教育、媒体、法律、政治和经济等方面都发生了显著的变化。③ 面对社会结构的深刻变化，执政党必须更新执政理念，政府必须创新行政管理手段，因此社会治理的理念和方法应运而生。运用新的社会治理思路和方法，可以更好地应对社会结构深刻变化带来的诸多难题。

(二)国家治理体系和治理能力现代化的应有之义

从历史发展的角度看，新中国成立后，中国共产党以马克思、恩格斯的国家理论和苏联建设社会主义国家的经验为基础，打破了传统的封建统治思想和西方资产阶级统治思想，开始探索符合中国国情的执政之路。在探索治国之路的过程中，以毛泽东、邓小平、江泽民、胡锦涛为主要代表的党和国家的历届领导人都间接地提出了类似的"国家治理"的概念，从中可以看到国家治理概念的萌芽。④

---

① See "Social Structure", *Merriam-Webster. com Dictionary*, Merriam-Webster, https://www.merriam-webster.com/dictionary/social%20structure, Accessed 21 Nov. 2021.

② See Ashley Crossman, The Concept of Social Structure in Sociology, https://www.thoughtco.com/social-structure-defined-3026594.

③ 参见瞿红霞：《加强和创新社会治理的必要性与路径选择》，载《哈尔滨学院学报》2020 年第 2 期。

④ 参见周雯雯、寇清杰：《"中国特色社会主义制度"与"国家治理现代化"的缘起、内涵及关系》，载《广西社会科学》2021 年第 2 期。

党的十八届三中全会提出："全面深化改革的总目标是完善和发展中国特色社会主义制度，推进国家治理体系和治理能力现代化。"这对我国政治发展乃至整个社会主义现代化建设事业都具有重大的理论和现实意义。2019 年 10 月 31 日，党的十九届四中全会审议通过了《中共中央关于坚持和完善中国特色社会主义制度推进国家治理体系和治理能力现代化若干重大问题的决定》。该决定明确提出，坚持和完善中国特色社会主义，推进国家治理体系和治理能力现代化的总体目标是：到我们党成立 100 年时，在各方面制度更加成熟更加定型上取得明显成效；①到 2035 年，各方面制度更加完善，基本实现国家治理体系和治理能力现代化；到新中国成立 100 年时，全面实现国家治理体系和治理能力现代化，使中国特色社会主义制度更加巩固、优越性充分体现。②

国家治理体系就是在党领导下管理国家的制度体系，包括经济、政治、文化、社会、生态文明和党的建设等各领域体制机制、法律法规安排，是一整套紧密相连、相互协调的国家制度。国家治理能力就是运用国家制度管理社会各方面事务的能力，包括改革发展稳定、内政外交国防、治党治国治军等各个方面。社会治理体系是国家治理体系的重要组成部分，社会治理能力是国家治理能力的重要组成部分。"满眼生机转化钧，天工人巧日争新。"推进国家治理体系和治理能力现代化，必须让社会治理吐故纳新，加快形成科学有效的社会治理体系，提高社会治理能力和水平。因此，创新社会治理是推进国家治理体系和治理能力现代化的应有之义，党关于国家治理体系和治理能力现代化的战略部署是社会治理的重要诱因。

三、社会治理理念及方法

（一）社会治理理念

社会治理的英文表达为"social governance"，是指社会主体，如政府、相关组

---

① 在本书撰稿时，正处于 2021 年建党 100 周年之际，正如该决定的预期一样，在党成立 100 年时，在各方面制度更加成熟更加定型上取得了明显成效。

② 参见《中共中央关于坚持和完善中国特色社会主义制度　推进国家治理体系和治理能力现代化若干重大问题的决定》。

织、相关企事业单位以及个人等，通过平等的协商、合作、沟通和交流等方式，对社会事务、社会组织、社会秩序以及社会生活进行依法有序的规范和引导，以最终实现社会公共利益最大化的一个过程（张佐良，2018）。社会治理的概念经历了三个阶段，即最初的社会调节，然后是社会管理，最后是社会治理概念的形成。

"寻常一样窗前月，才有梅花便不同"。"社会管理"在实践中涉及的社会关系面更广，包括政治、经济、市场、文化等多重内容，涵盖家庭、社区、农村、城市和网络社会等领域。"社会治理"着力点在于，激发社会组织参与社会治理的活力，增强社会凝聚力，利用社会组织为广大民众提供公共社会服务，满足社会公众对社会服务的各种需求，预防和化解社会各种矛盾，完善社会治理体系（社会组织体系、公共服务体系、公共安全体系、社会治安防控体系、防灾救灾体系、环境安全体系、应急管理体系、社会信用体系、社会心理服务体系）。[①] 社会治理更加注重社会力量参与社会治理，更强调多元共治，而不单单强调政府的单一功能。在解决社会纠纷和社会矛盾问题上，社会管理更偏向于强调政府的行政干预，突出政府的作用，而社会治理更注重法治的力量。依法解决矛盾纠纷，和谐社会共建是社会治理解决社会矛盾的重要特色。社会治理在强调依法治理模式的同时，也同样注重道德治理模式、文化治理模式和科技治理模式。社会治理体系是国家治理体系中的一个重要组成部分，如何有效建立社会治理体系，应当深入研究政府、市场和社会三者之间可能出现的冲突与合作方式。[②]

社会治理以最终实现社会公共利益或者社会整体利益最大化为目标，由此可以衍生出社会治理的两大理念，即以人民为中心的理念和公共服务论理念。其一，以人民为中心的理念。在社会治理中，贯彻以人为本，促进人的发展的治理理念，将人民群众置于社会治理中心，一切从人出发，将人权、尊严、幸福、健康等人民对美好生活的向往作为社会建设和社会治理的最终价值目标。中国

---

① See Wei L. ,Connotation and Function of Social Governance, In：Wei L. （eds,）General Theory of Social Governance in China. Understanding China. Springer,Singapore,2021,https://doi. org/10. 1007/978-981-16-5715-3_1.

② 参见王春燕：《社会治理与社会管理有三大区别》，载中国社会科学网，http://www. cssn. cn/shx/shx_xsdt/201403/t20140321_1038984. shtml。

共产党的宗旨是全心全意为人民服务,无论对党还是政府来说,人民始终是中心,社会治理需要贯彻党的政策和政府的行动宗旨。以人民为中心的社会治理理念,就是要维护最广大人民的利益,这是我们一切社会治理工作的出发点和落脚点。在社会治理过程中,要倾听人民群众的诉求和建议,尊重人民群众的意见,保护人民群众的权益。在社会治理的各个方面,我们要把人民最迫切的要求提上议事日程,付诸实践,我们要把人民的良好愿望付诸行动,给人民一定的信心和预期,为社会治理打下坚实的群众基础。人民性是社会治理的终极价值目标和追求,人民也是社会治理的主体。因此,在社会治理过程中,始终要坚持人民群众路线。作为社会治理中最直观的社会现象、社会矛盾和社会问题的见证和感知者,人民群众在社会治理问题上当有更多话语权。与人民群众密切联系,紧紧依靠人民群众进行社会治理,更具有实践性,更能充分体现和反映人民的利益。同时,人民也是一个整体。要引导人民充分发挥自我管理、自我服务、自我教育的自治精神,团结合作、相互交流,共同处理社会治理问题。社会治理的有效性,即社会治理能否满足人民群众的实际需要,能否为人民的全面发展服务,能否让人民群众感到更加幸福、满意和安全需要人民来检验,要通过社会实现公平正义治理,使社会治理的成果为人民共享。坚持把人民琐碎的事情作为大事,从人民关心的事情做起,从人民满意的事情做起,从制度和实践中共同推进社会治理是以人民为中心的社会治理理念的体现。其二,公共服务论理念。社会治理的重要内容是相关社会治理主体提供相应的公共服务。作为社会治理的主体,例如,政府、相关组织或者企事业单位在规范和引导社会事务的时候,始终以为社会提供公共服务为指导理念,进而达到治理社会的效果。行政服务在日常生活中无处不在,发挥着重要的作用。这种服务是一种公共服务,它不是针对某一特定的人群,它的对象是社会的全体成员,每个人都能够平等享受到政府、相关组织或者企事业单位提供的相应的行政公共服务。实际上,社会治理的过程就是社会治理主体为社会公众提供一种行政公共服务的过程。社会治理的目的之一是为社会大众提供高质量、高效率的行政公共服务。社会治理的作用是使社会成员感受到高质量的公共行政服务。社会治理的方式是改进提供公共行政服务的途径和方式。政府在社会治理中,通过提供行政公共服务的方式适应当今时代的要求，改变政府的行政理念和行政方式，最终建立服务型政府。社会治理的公共服务理论理念也是服务型政府的公共服务理论理念，“公共服务”是其本质。该理念应贯穿于政府管理、服务型政府建设和公共服务实现的全过程。只有在社会治理过程中，政府作为社会治理的主体之一，积极回应人民群众的公共服务需求，不断提高政府自身的公共服务水平，增强社会成员的认同感，才能使政府转型成功，提高其社会治理能力。政府作为社会治理的重要主体，在社会治理过程中应始终贯彻公共服务理论，其他社会治理主体也需要坚持将公共服务论理念应用于社会治理之中。

（二）社会治理方法

辩证唯物主义认识论认为，实践是认识的源泉，实践是检验真理的唯一标准。以人为本的社会治理理念和公共服务理论都是在具体的社会治理实践中获得或者提取的，同时也指导着具体的社会治理实践。

1. 坚持系统、依法、综合、源头治理

党的十八大以来，习近平总书记开创性地提出“系统治理、依法治理、综合治理、源头治理”的社会治理模式，理论界将其称为“四维治理”新模式。习近平总书记在一系列重要讲话中，不仅多次强调要坚持“系统治理、综合治理、依法治理、源头治理”的治理模式，而且深刻阐述了“四维治理”新理念的科学内涵和重要意义。“四维治理”是从社会管理到社会治理的主要标志之一，充分体现了新时代社会主义治理理论和方法论的创新。①

（1）系统治理有两方面的含义：一是要将社会治理与国家治理、政党治理等统筹规划、综合协调起来，相互协作配合，达到共赢。二是在整个社会治理过程中要将问题统一归类，然后找出共性，找出社会治理共通性问题，将其作为一个整体系统的治理。社会治理的工作内容纷繁复杂，这就需要将不同的社会治理主体联系起来，相互配合，最终形成党委领导、政府负责、组织积极、反映民意、公平公正、人民参与、法治保障的系统性社会治理格局。

（2）依法治理一般是作为社会治理的主体在进行相应的治理行为的时候必

---

① 参见张文显：《新时代中国社会治理的理论、制度和实践创新》，载《法商研究》2020 年第 2 期。

须坚持法律至上原则,坚持法律面前人人平等原则,对法律负责、公平适用法律,避免任意性,保障法律程序和法律执行透明度等。依法治理应当坚持法律为准绳和事实为依据,严格按照既定和明确规定的法律和程序。任何治理行为应当具有合法性,都必须要实事求是,具有合理性。社会治理必须依法进行,任何政府部门都不能凌驾于法律之上,任何公职人员都不得在法律之外任意或单方面行事。依法治理是建设社会主义法治国家、法治社会、法治政府的重要方式,要运用法治思维与法治逻辑正确对待和处理治理过程中出现的新情况和新问题。在社会治理过程中,勿执而不化、泥古守旧,要摒弃陈旧的人治观念,坚持依法治理,使社会治理更具有公平公正性,在法治轨道上实现社会治理的法治化、现代化。

(3)综合治理是指要从全局出发,要在政治、经济、文化、社会、生态、教育、医疗等多方面进行社会治理。综合治理关乎社会成员的多项合法权益,要实现手段多样化、目的明确化、理念创新化、内容综合化的综合治理。综合治理不同于系统治理,系统治理更加侧重纵向上的整体性和统一性,而综合治理则是包含纵向上的整体性和统一性,以及横向上的全面性和多样性,并且更加侧重后者。

(4)源头治理是指要找到问题的根本所在,找到根本矛盾。这涉及辩证法上的主要矛盾和矛盾的主要方面,也就是看待问题和解决问题时,应当抓住主要矛盾和矛盾的主要方面,而不应当过于纠结次要矛盾和矛盾的次要方面。“大行不顾细谨,大礼不辞小让”。结合社会治理工作,社会主体在参与社会治理的时候,应当抓住社会中存在的主要问题或者问题的主要点,针对主要问题和问题的主要点找准、找对方法,探究问题产生的原因,将问题从源头解决。社会治理过程中会出现诸多问题,但要努力探究问题产生的根本原因,解决问题的根本,进而逐渐提升社会治理能力和效能,降低社会治理的成本。

系统治理、依法治理、综合治理、源头治理可以作为社会治理的四个维度,这种“四维治理”模式是经过长期的社会治理实践总结出来的,符合当下我国国情与新时代要求,顺应了我国社会治理的实际。在社会治理过程中应当坚持“四维治理”,实现社会治理能力的现代化。

2. 培育践行社会治理核心价值

历史唯物主义理论认为，经济基础决定上层建筑、上层建筑对经济基础具有反作用。其揭示了经济与政治、文化的辩证关系，即经济与政治、文化是决定与被决定关系，但同时政治、文化又对经济具有反作用。社会主义核心价值观贯穿国家、社会、公民三个层面，所以在社会治理中应当融入社会主义核心价值观，这也是培育和践行社会主义核心价值观的有效途径。将社会主义核心价值观贯穿于社会治理全过程，其意义在于：有利于实现国富民强、人民民主、团结和谐；有利于促进人的自由发展，保障平等、公平正义；有利于促进公民热爱国家、诚实守信、爱岗敬业、和谐友善。习近平总书记指出，培育和弘扬核心价值观，有效整合社会意识，是社会系统得以正常运转、社会秩序得以有效维护的重要途径，也是国家治理体系和治理能力的重要方面。历史和现实都表明，构建具有强大感召力的核心价值观，关系社会和谐稳定，关系国家长治久安。① 在社会治理过程中，将理论与实践相结合，将制度与理念相衔接，必将从精神层面为社会治理提供强大的精神感召力、号召力和推动力，促进社会治理稳定高效推进，实现国家治理能力的现代化。

3. 提升群众自治能力

社会治理的主体众多，而人民群众最具有发言权。人民群众对于社会治理中的诸多问题很敏感，所以提升人民群众的自我治理能力——自治能力，将更有利于推动社会治理工作的发展。人民群众的自治能力是社会治理现代化的社会基础，是人民群众主人翁意识觉醒的重要体现。自治能力的提高与社会治理效果是成正比的，群众自治能力越强，社会治理质量就越好。“从群众中来，到群众中去”的群众路线是中国共产党的生命线，同时也是社会治理的根本工作路线，要始终坚持深入群众、联系群众，努力形成人民群众在社会治理过程中共同参与、共同协商与协作的良好治理格局与模式，实现社会治理的最终目标。

---

① 参见《习近平在中共中央政治局第十三次集体学习时强调：把培育和弘扬社会主义核心价值观作为凝魂聚气强基固本的基础工程》，载《党建》2014 年第 3 期。

4. 社会治理应加强科技支撑，充分借鉴国外有益经验

科学技术是第一生产力，科学技术也是社会治理的有力支撑。在大数据时代，几乎任何事务都可以通过信息技术来实现。在社会治理过程中，应该充分利用好信息科技，将其融入社会治理之中。在我国社会治理的制度模式选择上，要充分发挥科技优势，使社会治理更加精准、高效、优质。科学技术在发展创新上，应该深入群众生活之中，深入社会发展之中，让科学技术的价值体现在人民群众的生活质量提高之中，让科学技术造福于人民群众。将科学技术支撑融入社会治理，进一步创新了社会治理的科技模式，体现了与时俱进的治理理念。例如，浙江省发起并在全国推广的“最多跑一次”智慧政务改革，就是充分利用了“互联网 +”和大数据。科学技术的应用显著提高了政府服务的质量。①

“博观而约取，厚积而薄发。”社会治理是一个世界性、全球性的问题，尽管各国国情有所不同，社会制度有所不同，采用社会治理的模式有所不同，但社会治理仍存在共通之处。不仅我国在积极寻找社会治理的有效对策，世界上其他的国家同样也在探寻社会治理的有效途径。“扬弃”是我们学习的有效方法，对于国外有益的社会治理经验，我们可以借鉴，将其与我国的具体国情相衔接，因时、因地制宜，为我国社会治理提供有益的参考和借鉴。

四、社会治理主体、因素及目标

（一）社会治理主体

《中共中央关于全面深化改革若干重大问题的决定》对“改进社会治理方式”进行了阐述：“坚持系统治理，加强党委领导，发挥政府主导作用，鼓励和支持社会各方面参与，实现政府治理和社会自我调节、居民自治良性互动。”从《中共中央关于全面深化改革若干重大问题的决定》中，我们可以得出，社会治理的主体包括：党——中国共产党、政——政府、群——群团组织、社——社会组织、民——广大人民群众等。

① 参见郁建兴、黄飚：《超越政府中心主义治理逻辑如何可能——基于“最多跑一次”改革的经验》，载《政治学研究》2019 年第 2 期。

1. 党的领导社会治理是中国特色社会主义的本质特征

党始终是社会治理的领导力量,其在社会治理中居于核心地位,在社会治理中始终坚持党的领导是人民的选择、历史的选择,是与我国国情相符合的选择。将党的政策落实到具体的社会治理之中能够使社会治理信念更加坚定,结果更加满意。只有不忘初心,牢记使命,在党的领导下将中国特色社会主义思想融入社会治理之中,才能提高社会治理效能,实现国家治理能力的现代化。

2. 政府在社会治理中扮演着重要的角色

就社会治理而言,政府行政行为是一种提供公共服务的行为。在社会治理过程中,政府需要提供高效、优质、便捷、有益的公共服务。应发挥政府在社会治理中的主导作用,将为人民服务的理念和加强公共服务的理念与社会治理相结合,才能够更直接反映民意,人民群众才能充分行使权利,积极履行义务,充分发挥社会治理主人翁的作用,才能更快地推动向服务型政府的转变。同时,政府工作人员要不断提高政治思想素质,做到依法行政,不选择性执法,不徇私枉法,在社会治理中树立良好榜样。

3. 群团组织、社会组织、各类经济组织是社会治理中不可或缺的主体

这些组织往往规模庞大,集聚的力量强大,社会经验丰富,对社会治理过程中存在的问题有更加直观的认识,应充分尊重这些组织在社会治理中的地位,引导他们发挥自身的优势,分析解决他们在社会生活中遇到的实际问题,这将为社会治理注入新的动力。同时,众多的社会组织要充分发挥在各个领域的专业优势,推进社会治理进程,增强社会治理能力和意识,联系党、政府和人民群众,共同推进社会治理。

4. 人民群众是社会治理最重要的主体

人民群众的参与贯穿社会治理的全过程。无论是社会治理的理念、目标,还是社会治理的终极价值,都始终以人民利益为中心。人民群众是中国社会治理的根本动力。只有充分反映人民群众的意见,满足人民群众的合理要求,才能促进社会治理健康发展,维护社会秩序稳定。在社会治理过程中,要始终坚持人民主体地位,使社会治理依靠人民,社会治理成果由人民共享,社会治理应当着眼于解决人民群众生活最迫切、最重要的问题。人民群众要充分发挥主人

翁意识，参与社会治理，只有人民群众真正参与社会治理，才能提高人民群众的自豪感和成就感，才能充分体现自己的主体地位，才能凝聚群众共识，进而形成党委领导的高质量社会治理模式。人民群众是社会治理成果的检验者，只有社会治理的成果优质，才能充分满足人民群众的期望和要求。因此，以人民利益为根本应该成为社会治理最重要、最根本的主题。任何时候都离不开人民，无论是党、政府，还是其他社会组织，都必须把人民群众的根本利益作为社会治理的方向。

（二）社会治理因素

社会治理因素是指社会治理的原因和条件。就我国而言，在新时代背景下，社会治理的因素是什么呢？

1. 社会治理理论仍需不断创新

我国社会治理理论首次提出是在党的十八届三中全会上，是我国新时代社会主义建设的又一大创新。党的十八届三中全会对社会治理的主体进行了详尽的阐述，当前社会治理模式的显著特征是“党委领导、政府负责、民主协商、社会协同、公众参与、法治保障”。《中共中央关于坚持和完善中国特色社会主义制度推进国家治理体系和治理能力现代化若干重大问题的决定》提出，“必须加强和创新社会治理，完善党委领导、政府负责、民主协商、社会协同、公众参与、法治保障、科技支撑的社会治理体系”。上述文件规定了社会治理的主体以及参与社会治理所需要遵守的原则。但我们也可以看出，对社会治理的这一阐述是宏观的、方针的，在社会治理实践活动中，需要将社会治理体系进行精细化、合理化的安排。“社会治理”将社会和治理结合了起来。在当前，不同的学者对“社会”和“治理”这两个词有不同的理解。从最早的观点来看，“社会治理”就是政府对社会进行全面的管理和控制，而在改革开放以后，则开始重视社会服务等内容，直到党的十八届三中全会文件中出现“社会治理”概念。

由于固有的印象，有人会误以为“社会治理”就是“社会管理”，但无论是从广义还是狭义的角度看待治理和管理之间的差异，这些差异都是具体而明显的：一是就社会治理而言，其是使用最佳管理实践，总体上遵守法律，遵守道德标准，有效管理和分配财富，并表现出社会责任，以确保所有利益相关者的可持续增长。这是一种引导和管理组织的机制,以便为其利益以某种方式为与组织有关的所有实体和个人创造价值。社会治理着重于社会利益,以社会利益为工作重点,而社会管理则凸显政府本位,重视政府在社会管理中的作用,表现为政府全面管理,制定和实施政策和战略,提供服务和活动。二是社会管理注重效率,而社会治理则注重发展及共享,主张社会发展成果由人民共享。三是社会管理是政府单一主体参与的,而社会治理是自上而下的多方参与,政府在其中发挥主导作用。四是政府管理方式主要为行政命令,是强制性的,而社会治理则注重民主协商。比较而言,"社会治理"是一种全新的社会管控模式,不同于以往的"社会管理",它更强调和谐、发展等内容。因此,"社会治理"有十分丰富的内涵。社会治理理论内涵是一个开放的体系,随着社会经济的发展变化,社会治理理论的内涵也在不断的创新。

2. 社会治理监督体系尚不完善

党的第十八届三中全会提出了"社会治理"理论,并且规定社会治理模式为"党委领导、政府负责、民主协商、公众参与、法治保障"。而《中共中央关于坚持和完善中国特色社会主义制度　推进国家治理体系和治理能力现代化若干重大问题的决定》则在上述基础之上增加了"社会协同"和"科技支撑"等内容。从中我们可以看出,社会治理的主体十分广泛,且应遵循一定的原则。但社会治理是一个复杂的工程,涉及社会生活的各个方面,社会治理监督体系的建立是十分必要的。但当前的社会治理相关监督体系建设仍落后于社会治理的发展水平,原因主要有:一是相关法律法规体系尚不完善。社会治理监督体系的建立要做到有法可依,但目前法律法规并未对社会治理监督的相关活动作出明确的法律界定。在当前法律规定不完善的情况下,很容易出现权责不明的情况,容易出现监督困难等问题。谁来监督,监督边界如何?是接下来我们立法工作的重点。二是在监督层面上,社会公众的参与程度不高。受制于教育、文化、经济水平等多重影响,作为最广泛的监督主体——社会公众,往往难以发挥其监督作用。一方面是因为社会公众的监督意识不强、能动性不高;另一方面是因为社会治理的监督渠道比较单一,单一的社会治理监督渠道会使社会群众难以行使其监督权利,无法通过官方的平台来发出自己的声音,这导致社会群众监督的成本增加。三是社会治理相关信息政策发布平台未有效建立。社会治理是一个繁复浩大的系统工程,社会治理的政策要得到有效执行,就需建立一个专门的社会治理相关信息政策平台,以这样的平台进行信息传递,以便更好地解决社会治理过程中的沟通难问题。

3. 社会治理的人才培养需要加强

社会治理领域的相关人才是社会治理的执行者,社会治理相关人才的培养直接关系到社会治理的水平与效果。社会治理的主体往往深入基层,是政府与群众之间的纽带,担负着承上启下的重要作用。但当前社会治理领域相关人才的培养远不能满足实际需求,原因主要有:一是对社会治理领域相关人才培养的重视程度不高。社会治理领域的人才由于其专业性等原因,投入资源过大,且需要一定的培训能力,这就导致了一般的社会组织往往没有能力去培养社会治理领域人才。当前社会治理处在创新发展阶段,而社会治理领域的人才培养的完整体系尚未建立。二是社会治理人才培养的专业性要求较高。社会治理人才由于工作原因,需要较强的专业性,培养的时间周期也较长,这也是普通社会组织难以负担的,这就直接限制了社会治理领域相关人才基础的有效扩大。三是社会治理就业面过窄,难以吸引优秀人才。当前,社会治理仍处于初始阶段,社会治理的相关工作岗位较少,而较少的岗位也导致了其对优秀人才的吸引力不足等问题。

社会治理人才的培养是一个系统性工程,优秀的社会治理领域的人才对社会治理实践有着重要的意义。培养社会治理领域的人才,可以通过如下几个途径来实现:第一,推进社会治理人才政府培养与社会组织培养相结合的培养模式。相较于社会组织,政府有着专业性强、资源丰富等优点,能通过行政等多种方法来推动社会治理人才培养体系的完善和发展;社会组织则更加贴近群众,对社会治理有着丰富的经验,能够了解社会治理需要哪些领域的人才。因此,通过政府与社会组织联合培养,能够更好发掘相关人才。第二,推动高校开设相关专业。社会治理人才的培养并非一朝一夕,在高等院校开设社会治理相关专业,一方面,可以提高相关人才的理论知识;另一方面,也可以引起社会公众对社会治理相关工作的重视,且通过高等院校培养人才与地方合作,不仅能推进社会治理理论创新,还能实现理论与实践相结合。第三,完善社会治理相关岗位的设置。当前社会治理相关岗位的设置仍不完善,出现“学无所用”等问题,这导致社会治理人才大量流失,且影响社会治理效率。通过增加社会治理的工作岗位,完善相关编制、配置,可以吸引社会治理人才,丰富社会治理人才保障体系。第四,完善社会治理奖励与考核体系。通过正向激励等方式,可以增加社会治理相关人才的积极性,这些激励措施可以由政府和社会组织进行。通过官方或者非官方奖励的体系化建设,可以使人才更好为人民服务。通过考核机制,可以选拔出优秀的社会治理领域相关人才,使这些人才有效发挥其作用。

4. 社会治理中社会力量参与度与参与意识不强

社会治理的最终效果很大程度上受社会力量的影响,在社会治理中需要这些社会力量参与进来,为社会治理的发展贡献力量。当前,社会力量参与社会治理的程度是较低的,仍有很大的发展空间。影响社会力量参与社会治理的因素有很多,因此,分析出对社会力量参与社会治理的影响因素,以及寻求解决方案,对接下来的社会治理工作有着重要意义。当前,影响社会力量参与社会治理的因素主要有:一是社会力量参与社会治理意识不强、主观能动力较低。对于社会力量中的中青年而言,由于学习和工作相对紧张等诸多原因,难以有更多空余时间来参与社会治理,这是导致其参与意识不强的客观原因。另外,当前社会治理的参与奖励机制尚不完善,这也是社会力量参与意识不强的一个原因。二是社会力量参与社会治理渠道较为单一。社会力量参与社会治理,往往只能通过社区基层途径来进行。由于各种条件的限制,社会力量难以发挥其最大的效用。社会力量参与社会治理的单一渠道,无法将群众的积极性有效调动起来,在某种程度上而言,也是一种资源浪费。三是社会力量的社会治理专业化程度不高。参与社会治理除了需要专业的知识与经验外,还需要经过专门的培训。对于一部分社会力量而言,其组织程度不高,缺乏相关的专业知识,且在参与社会治理的社会力量中,受过良好教育的中青年参与程度低,这也客观上造成了缺少专业化团体。

综上所述,社会治理因素对社会治理的最终效果有着重要影响。在社会治理实践中,要学会利用各种资源,将社会力量——每个人、每个组织都发动起来,最终形成人人参与、群策群力的社会治理新常态。

(三)社会治理目标

世界银行认为,一个良好的社会治理是指创造和维持一个促进强有力和公平发展的环境的核心,也是健全经济政策的重要补充。国际货币基金组织将这一概念定义为"一个广泛的概念,涵盖国家治理的所有方面,包括其经济政策、监管框架和遵守法制"。[①] 联合国亚洲及太平洋经济社会委员会认为,另一个良好的社会治理是参与性的、以共识为导向的、负责的、透明的、反应迅速的、有效和高效的、公平和包容的,并遵循法治。良好的社会治理确保尽可能减少腐败,考虑少数群体的意见,并在决策过程中听取社会最弱势群体的声音。它还对社会当前和未来的需要作出反应。它通常需要满足这样的标准:(1)参与性(participation),这是实现有效社会治理的基石。(2)法治性(rule of law),法治意味着需要公平的法律程序和公正执法的体系。(3)透明度(transparency),这意味着信息可以由人们自由获取,且信息能以易于理解的形式通过媒体进行充分表达。(4)响应性(responsiveness),当社会产生某种需求时,这种需求能得到相关部门的积极响应。(5)共识导向(consensus oriented),社会各界达成广泛共识,如什么是最符合整体利益的,以及如何实现这一目标。(6)公平和包容性(equity and inclusiveness),这意味着一个社会的福祉取决于确保它的所有成员都觉得他们有一个参与其中,不要感到被排除在外。这需要一切群体,尤其是最弱势群体,有机会改进他们的幸福。(7)有效性和效率(effectiveness and efficiency),这意味着产生满足社会需要的结果,同时最好地利用其可支配的资源。(8)责任性或者问责制(accountability),政府机构、私营部门和民间社会组织都必须对社会公众及其机构利益相关方负责。[②]

社会治理目标是通过社会治理所希望达到的最终效果,同时社会治理的目标既是推进社会治理的力量源泉,也是检验社会治理效果好坏的标准。在不同

---

① Avijit Biswas, Good Governance: Definitions, 8 Characteristics, and Importance, https://schoolofpoliticalscience.com/what-is-good-governance/.

② See United Nations Economic and Social Commission for Asia and the Pacific, What is Good Governance? https://www.unescap.org/sites/default/files/good-governance.pdf.

的时期,社会治理的目标有着不同的标准。在改革开放初期,社会治理的主要目标是解决人民群众的温饱问题,让人民群众过上物质富裕的生活。新时代,国家进行社会治理的目标更加丰富,涉及领域也更加广泛。总体而言,在我国,社会治理的目标是为了让人民群众有幸福感、安全感和获得感。这些目标构成了社会治理的总的指导和发展方向。具体而言,社会治理目标有以下几点。

1. 形成共建、共治、共享的社会治理新格局

共建、共治、共享这一社会治理目标的提出,是国家在推进社会治理实践过程中的产物,是新时期继续推进社会治理的新目标和新模式。[①] 共建、共治、共享的社会治理新目标突出了人民群众的作用,使人民共同参与社会治理,且共同享有社会治理成果。这个目标体现了党和国家对人民利益的肯定和尊重,同时贯彻了人民意志,真正做到为人民服务,以人民为中心。一是"共建"。共建是社会治理中的基础环节,是指社会治理主体的多元化。这表明政府、社会组织和社会大众是社会治理过程中的重要主体。共建要求人民群众一起参与社会治理工作建设。人民群众是社会治理中的重要一环,是社会治理结果的最大感受者以及亲历者。让人民群众参与社会治理工作建设,不仅能发挥人民群众的力量,也能及时反映人民意志与意愿,能更好促进社会治理工作的开展。此外,人民群众还能为社会治理提供活力,促进社会治理健康发展,这在我国推动社会治理现代化工作中有着重要意义。二是"共治"。共治要求人民群众一起参与社会治理,利用市场竞争优势和社会组织的群众动员优势,构建开放、普遍参与的社会治理体系。[②] 这一目标是为了保障人民参与权的实现。在以往,由于经济文化等诸多原因,人民群众参与社会治理的途径有限,党和国家提出"共治"这一目标,是新时期在物质极大丰富和人民群众自身素质提高的前提下满

---

① 社会治理模式是社会治理秩序的结构性关系。这种关系是:社会治理领域中利益相关者治理之间的权力、义务和制约关系。这表明,相关各方和主体可以通过如何实施治理来解决他们之间的利益不一致和权力不平衡问题。

② See Li, F., Building a Social Governance Pattern of Co-Construction, Common Governance and Sharing under the New Normal. Open Journal of Social Sciences, 8, 2002, 194 – 203. doi: 10.4236/jss.2020.83017. https://www.scirp.org/journal/paperinformation.aspx?paperid = 98863#: ~ : text = In%20the%20concept%20of%20co-construction%20and%20co-governance%20and, institutions%20and%20systems%20in%20the%20social%20governance%20structure.

足人民群众参与社会治理的需求,同时也强化了人民群众的“主人翁”地位。三是“共享”。共享可以被描述为一种经济社会的利益分享模式,在这种模式中,商品、资源和公共价值(精神)由个人和团体以协作方式共享,从而使实物资产成为服务,使精神资产成为动力。共享要求人民群众共同享有社会治理的物质和精神成果。社会治理的物质和精神成果不是由某个群体或者某个人所享有的,而是共同分享,要惠及所有人——社会大众。社会治理所追求的目标不是不平衡不充分的发展,而是真正让人民群众利益共享。

“共建、共治、共享”是实现社会治理的新理论,就是要打破以往不平衡不充分的发展格局,让社会治理的成果惠及人民群众,真正做到以人民根本利益为中心。“共建、共治、共享”是社会治理构建的目标,是社会治理工作的行动指南,对社会治理的实践有着重要的指向性作用。

2. 完善社会治理机制,建设社会主义现代化强国

习近平总书记在党的十九大报告中提出,要建设社会主义现代化强国。建设社会主义现代化强国包含的内容广泛:一是经济发达。经济发达意味着国家经济发展水平较高、人民生活水平和质量较高、社会秩序稳定而和谐的一种经济社会状态。经济发达是建设社会主义现代化强国的核心,包含高质量发展等内容。发展经济就需要不断创新社会治理机制,实现有效的经济发展模式,通过社会治理的不断革新来推动社会经济的发展。二是制度完善。我国要建设社会主义现代化强国,必须要完善各类制度,包括经济制度、法律制度、文化制度等。通过社会治理工作的深入,推动社会主义现代化强国各项制度建设的不断完善,要坚持党的领导、要坚持人民当家做主,这些都是社会治理的目标。三是共同富裕。共同富裕是中国特色社会主义的根本原则。共同富裕就是全体人民通过辛勤劳动和互帮互助最终达到丰衣足食的生活水平。社会治理就是以人民的利益为中心,要先富带动后富,调整国民收入的再分配模式,使社会经济的发展成果更多更公平惠及全体人民,最终实现共同富裕。四是人民幸福。虽然幸福有许多不同的定义,但它通常被描述为包含积极的情绪和生活满意度。索尼娅·柳博米尔斯基(Sonja Lyubomirsky)在其2007年出版的《幸福之道》(*The How of Happiness*)一书中将幸福描述为“快乐、满足或健康的体验,以

及一个人的生活是美好、有意义和有价值的感觉”。人民幸福是社会治理的重要目标，社会治理的效果如何、社会治理实现的程度如何，都应把人民是否幸福当做评判指标和价值标准。

建设社会主义现代化强国，内在要求就是完善制度建设，建成现代化治理体系，提高国家治理水平。完善社会治理与建设社会主义现代化强国相辅相成，社会治理水平落后或者不够完善，社会主义现代化强国就无法真正实现。完善社会治理机制，建设社会主义现代化强国，人民群众是社会治理得以实现的决定性力量。要不断加大人才培养力度，提高人民群众的综合素质。完善社会治理机制，建设社会主义现代化强国，还要坚持共同富裕，建立公平的社会分配和再分配机制。同时，还要坚持理论创新，为我们建设社会主义现代化强国提供有力的思想理论武器。

3. 完善社会治理体系，推进国家治理体系和治理能力现代化

社会治理体系是一个社会生态系统的有机组成，体现了弹性科学（泛政府、适应性管理①和适应性治理②）与自反法③的整合。社会治理体系建设以推进国家治理体系和治理能力现代化为目标。建立创新的社会治理体系，推动我国的治理体系以及治理能力科学化、制度化和规范化，使之更符合社会经济发展水平。加强和完善社会治理体系建设，是推进社会治理能力和治理体系现代化的

① 适应性管理是一种环境管理战略，旨在减少生态系统固有的不确定性（Green，Garmestani，2012年）。See Garmestani，A. S.，and M. H. Benson. A framework for resilience-based governance of social-ecological systems. Ecology and Society 18（1）：9（2013）. http://dx. doi. org/10. 5751/ES-05180-180109. https://www. ecologyandsociety. org/vol18/iss1/art9/.

② 适应性治理是一种依赖于适应性管理的治理形式，它将正式机构、非正式团体/网络和个人整合在多个层面上，以实现协同环境管理（Folke et al. 2005）。See Garmestani，A. S.，and M. H. Benson. A framework for resilience-based governance of social-ecological systems. Ecology and Society18（1）：9（2013）. http://dx. doi. org/10. 5751/ES-05180-180109. https://www. ecologyandsociety. org/vol18/iss1/art9/.

③ 反身法作为政府附加的监管要求和新自由主义私有化运动之间的另一种监管法律体系而出现（Calliess 2001）。反身法的概念来自系统理论和批判理论，更具体地说是尼古拉斯·卢曼的系统理论和于尔根·哈贝马斯的话语理论（Calliess 2001，Scheuerman 2001）。它涉及实体法通过可执行的体系强制规定具体社会价值和实质性社会目标的性质（Capps，Olsen，2002）。See Garmestani，A. S.，and M. H. Benson. A framework for resilience-based governance of social-ecological systems. Ecology and Society 18（1）：9（2013）. http://dx. doi. org/10. 5751/ES-05180-180109. https://www. ecologyandsociety. org/vol18/iss1/art9/.

重要途径和重要环节。当前,我国的社会治理体系建设仍然处于起步阶段,主要改革方向就是治理能力现代化,要不断地进行自我革新,①使社会治理体系更加的系统、科学和合理。

4.完善社会治理,实现社会公平正义

在传统的社会管理环境下,社会治理的重要性往往处于被忽视的状态,在这种状态下,国家权力展现为全能型政府,政府几乎包揽了一切。与此同时,社会权力则是无限小。因此,这种形式的社会治理,并没有形成有效的利益表达和利益协调机制,这使社会公平正义难以有效实现。改革开放以来,国家经济建设发生了翻天覆地的变化,这个时候就要求国家权力作出相应调整——向服务型政府转变。与此同时,社会力量开始作为国家权力的补充,逐渐发挥自己的作用。随着经济的发展,社会治理在社会发展过程中越来越重要。

在新的环境条件之下,社会治理工作需要有一个总体的目标来引导其前进方向,建立公平正义的社会就是我们实现社会治理的重要目标之一。公平正义是社会主义的本质要求,也是构建和谐社会的前提条件,促进公平正义的实现也是广大人民群众的利益诉求。同时,社会实现公平正义也能提高人民群众的积极性,促进社会发展效率的提高。公平正义需要从以下方面实现:一是实现社会公平正义需要依法治理。社会治理需要在法律的框架之下进行,社会治理不得超出法律规定的权限,否则无限大的权力就会使社会治理偏离其正常的航线。二是实现社会公平正义需要健全利益表达、保护、协调机制。实现社会的公平正义需要在社会治理中有着完善的利益表达机制,这可以更好地保护人民的利益,接纳人民的诉求,实现以人民群众利益为根本的社会治理理念。

---

① 革新是指当一个复杂制度被迫超越一个制度的边界,即制度变迁时,新制度的典型特征是一套新的结构和过程。

第二章　社会治理的相关理论

列奥纳多·达·芬奇(Leonardo da Vinci)曾言:“爱实践而不爱理论的人,就像水手上船时没有舵和指南针,永远不知道自己会到哪里。”

一、君权统治论

统治者统治社会,需要这种统治行为的合法性。“君权统治论”在近代以前更为流行。统治者通过君主制理论赋予自己统治的合法性,强调统治权力来自上帝的赐予,并试图通过君主制的神权来强化自己统治的理性基础。《尚书·多士》记载:“天命靡常,唯德是辅。”这说明在我国商周时期,政权合法性的基础在于受于天命,上天把政权授予某人或者某个集团的标准是其应当具备贤德之品质。《论语·颜渊》记载,“克己复礼,天下归仁”。这说明在我国先秦时期政权合法性的基础在于“天下归于仁德之士”。中世纪,西方以“神权”理论作为其合法性的基础。神权理论起源于欧洲,可以追溯到中世纪,即上帝将世俗权力授予政治统治者,而将精神权力授予教会,从而达到权力平行。法国政治哲学家让·博丹(Jean Bodin)在16世纪首次将其理论化。国王神权的最早倡导者之一是国王詹姆斯一世(James I)。在他统治期间,他赞助了以他的名字命名的圣经翻译作品,即国王詹姆斯的授权版本。他写了一篇名为《自由君主制的真正法律》(The True Law of Free Monarchies)的论文,在这篇论文中,他认为国王比其他人优越,并拥有皇室特权,可以实施他们认为合适的法律。法国国王路易十四(Louis XIV)也是神权理论的坚定拥护者。神权理论认为,统治当局,如君主,直接从上帝那里获得权力,因此国王不向贵族、教会、市民或任何其他人负责。然而,正如中国的“天命论”“仁德论”一样,“神授君权”也留下了不同解释和运用的空间,它不仅为各教派争夺权力提供了可能,也为君主与罗马教会的斗争提供了理论支撑。随着欧洲文艺复兴和启蒙运动的兴起,人文主义逐渐成为主流。到了18世纪末,随着美国和法国的大革命,对这一理论的支持逐渐减弱。虽然“天命论”和“神权论”逐渐失去了作为政治统治基础的合法性,但不可否认的是,它们在相当长一段时间内占据了统治地位。[①]

在历史发展过程中,君主试图通过君主制理论来证明这种统治行为的合法性。任何一个国家或政府,如果没有其自身的统治合法性理论的支持,就不可能实现有效的统治。就政治合法性而言,许多思想家、政治家和社会主义者都强调了其重要性。约翰·洛克(John Locke)曾言:“政治合法性来自于被统治者的同意。”美国政治社会学家塞缪尔·马丁·利普塞特(Samuel Martin Lipset)指出:“合法性还涉及,一个政治体系必须能够在多大程度上创造和维持一种认同,这种认同与现有的政治机制是社会中最合适、最恰当的信仰。”[②]究竟该如何统一和严格界定政治合法性呢?古今中外的政治哲学家没有给出准确的答案,但他们似乎都在政治合法性上形成了基本共识,即政府必须在民意和正义的基础上执政。在政治合法性问题上,需要明确“正当性”的含义。在道德哲学和政治学的视野中,对“正当性”似乎有着相对一致的解释。在道德哲学中,“正当性”往往被积极地解读为人民群众在同意现政府和执政手段合法性的基础上,赋予其统治、相关制度和行为的规范地位。在政治学中,合法性又称正当性、正统性,是人们对法律或政权权威的认可。简言之,就是政府在多大程度上按照公民所认为的“正义”来执行其统治。[③] 两种解释无不强调实现民意以及公义是政治统治的目标之一。

二、社会契约论

社会契约理论诞生于文艺复兴和启蒙运动时期,社会契约理论与现代道德和政治理论有着千丝万缕的联系,并由托马斯·霍布斯(Thomas Hobbes)第一

---

① 参见路云:《浅析当代中国政治合法性的基础》,载《理论观察》2013年第2期。

② [美]西摩·马丁·李普塞特:《政治人——政治的社会基础》,张绍宗译,上海人民出版社2011年版,第83~96页。

③ 参见路云:《浅析当代中国政治合法性的基础》,载《理论观察》2013年第2期。

次对其进行了充分的阐述和辩护。约翰·洛克和让·雅克·卢梭(Jean-Jacques Rousseau)是继霍布斯之后这一理论最著名的支持者,这一理论在整个现代西方历史上一直是道德和政治理论中最具支配性的理论之一。在20世纪,由于约翰·罗尔斯(John Rawls)的康德社会契约理论,道德和政治理论重新获得了哲学动力。[①] 在社会契约理论中,社会治理权被定义为社会治理主体的一种政治权力,是政府和民众之间达成的某种契约,即由政府出于公共意志行使的保护公民、维护社会秩序的权力,而社会民众让渡部分自由权,接受政府的管理。社会治理权力必须符合法之目的,具有可靠来源和合法的实施途径。在某种程度上,社会契约理论强调社会治理的权力源于人民。

1. 社会契约论的社会治理元素[②]

社会契约理论认为,人们在社会中按照一种建立道德和政治行为规则的协议共同生活。

(1)社会治理的利益基础。卢梭是社会契约论的代表人物之一。卢梭在社会契约理论中阐明,在无政府状态的情况下,人们无法通过个人的力量保障自己的权益不被侵害,人们之所以把统治国家的权力移交给政府,让渡部分自己的权利,是为了实现共同利益。虽然不同的主体有着不同的利益,但在秩序和安全利益上是统一的。简言之,不同的人或者团体为了达到相同的目的而订立某种契约。

(2)社会治理的契约性。根据17世纪英国哲学家托马斯·霍布斯的说法,人们在自然状态下对自己的财产拥有的权利,以及他们想做什么就做什么的意愿,造成了一种威胁,而没有一只政治之手来控制一个人,以防止其行使权利时可能对另一个人造成的不公正。如果一个人为了接近其财物,而对另一个人构成威胁,这就造成了个人彼此之间的战争状态。这将导致侵犯和侮辱他人的权利,促使他们采取必要的行动,保护自己免受恶意人士可能对他们造成的伤害。为了寻求公正的保护,确保生活的稳定,人们把自由交给了一个主权国家。卢

---

① See Celeste Friend, *Social Contract Theory*, https://iep. utm. edu/soc-cont/.

② 参见王琪珏:《卢梭社会治理思想研究》,载《学理论》2019年第8期。

梭认为,当人们处于自然状态(无政府状态)时候,这种自由状态不可避免地带来许多问题,例如,人们追求自身利益造成的社会混乱或者动荡,促使人们亟须建立一个国家或者政府,由国家或者政府对社会大众提供权益保障,这种自然状态也变成了有序状态,而国家权力的基础或者来源就是这些社会民众(意志)。

(3)社会治理的法律(法理)基础。法学家从不同的角度对法律做了不同的定义。它在印度教法理学中被称为达玛(Dhama),在伊斯兰体系中被称为"胡库姆"(Hukum),罗马人称为绝对(Jus),在德国和法国分别称之为权利(Recht)和所有权(Droit)。根据《布莱克法律词典》(*Black's Law Dictionary*)的解释,法律由行动或行为规则组成。这些规则是由国家发布的。此外,这些规则具有约束力,公民必须遵守。制裁或者其他法律后果可以帮助公民遵守法律。[①] 美国法学家本雅宁·科尔达佐(Benjanin Nation Cordazo)将法律定义为"一种原则或行为规则,其确立的目的是合理确定地证明,如果其权威受到质疑,则法院将强制执行该法律"。[②] 从法的形式效力渊源而言,法律是由国家执行的,由国家强制力保障的。遵守任何法律的义务都是强制性义务。强制力是法律得以实施的重要保障,而这种强制力是国家赋予的,无论人们选择承认与否,法律都是创造者创造的客观现实的一部分。人们可以违背自然法则,因为它属于人类行为的规则,但没有人可以改变自然法则或避免其不可避免的执行。[③] 在法律适用范围上,法律所适用的范围是立法所追求的范围,而非社会的全部,即法律所调整的对象是有限的,是那些应当由法律规制的对象范围所决定的。法律的特殊性使得其成为保障社会治理活动有序进行的制度保障。因此,有必要完善社会治理的相关法律法规,以保证社会治理的正常运行。法律是人类行为的一般规则。它的普遍性既表现在被治理的个人方面,也表现在被

---

① See Tesfaye Abate, *Definition and Basic Features of Law*, https://www.abyssinialaw.com/study-on-line/item/478-definition-and-basic-features-of-law.

② Tesfaye Abate, *Definition and Basic Features of Law*, https://www.abyssinialaw.com/study-on-line/item/478-definition-and-basic-features-of-law.

③ See Gerald R. Thompson, *Legal Foundations: The Framework of Law*, https://lonang.com/commentaries/foundation/framework-of-law/text/the-characteristics-of-law/.

控制的社会行为方面。法律并不是简单地描述或解释它用来控制的人类行为。它的产生是为了在社会中创造一些规范。法律通过允许、命令或禁止社会行为来创造规范。这体现了法律的规范性特征。根据这一特点,法律可以分为许可性法律、指令性法律和禁止性法律。①

2. 社会契约论对社会治理的启示

社会契约论给我们怎样的启示呢?首先,要实现社会治理的契约管理。实现社会治理的契约管理,就是要拓宽参与社会治理的主体,同时在社会服务的提供问题上,坚持市场规律原则,择优选取社会主体参与社会服务工作。除一般社会治理主体——政府外,还要引入非政府组织等参与社会治理的过程。如何确定多元社会治理主体的角色呢?我们认为,在一个多元化的社会治理结构中,应该坚持政府的主导地位(领导)作用。将社会力量引入国家的社会治理过程,有利于深入了解人民群众的真实需求,促进政府与人民群众的有效联系,加深人民群众对政府社会治理工作的理解和支持,从而达到更好的社会治理效果,更好地满足人民群众日益增长的各种合理需要。其次,要坚持社会公平,让公平正义感存续于人们的日常工作生活之中。在社会治理中,想要有效实现社会公平,需要调整各社会主体之间的利益结构,优化分配方式,实现合理的社会财富分配。公平感可以促进人们对政府社会治理的理解和支持,奠定社会治理的坚实群众基础和提高社会公信力。同样,实现社会公平也是社会治理的目标之一。最后,要坚持依法治理。法治是当代社会治理工作的基本要求,是社会发展进程的必然选择和民主政治发展的必然。社会治理要尊重社会发展的客观规律,坚持和尊重社会民意,要坚持把人民意志转化为法律,在社会治理工作中,严格遵守法律,科学实施法律,切实维护人民权益。②

三、自由与秩序平衡论

自由可以简单地定义为个人的自由,它指的是一个人可以通过其拥有的自

---

① See Tesfaye Abate, *Definition and Basic Features of Law*, https://www.abyssinialaw.com/study-on-line/item/478-definition-and-basic-features-of-law.

② 参见王琪珏:《卢梭社会治理思想研究》,载《学理论》2019 年第 8 期;韩震:《论社会治理中的自由与秩序》,载《社会治理》2016 年第 5 期。

由随心所欲地表达、思考和行动。而秩序是指按照特定的顺序、模式或方法安排或处置人或物之间的关系。有秩序的自由对真正的人来说是自然的、正常的。“正常”一词并不真正意味着“一般”或“普遍接受”，而是意味着“持久的标准”。每一项权利都与一项义务相结合；每个自由都有相应的责任；除非在道德领域和社会领域也存在真正的秩序，否则就不可能有真正的自由。埃德蒙·伯克（Edmund Burke）指出，在任何一个公正的社会里，秩序和自由的要求之间都存在一种健康的张力。如果这种紧张局势得到很好的维持，就有可能获得很大程度的正义。

秩序，在道德领域，秩序是一个超越性规范的主体实现，实际上是一个规范或标准的层次，赋予存在的目的和行为的动机。在社会中，秩序是阶级和职能的和谐安排，它捍卫正义，获得法律的自愿同意，并确保我们大家在一起都是安全的。虽然没有秩序就不可能有自由，但在某种意义上，秩序与自由之间总是存在冲突。我们常常把这种冲突表达为对自由的渴望和对安全的渴望之间的竞争。华盛顿（Washington）指出，“进入一个社会的个人必须放弃一部分自由，以维护其余的自由”。①

社会治理的目标之一是实现社会的秩序与稳定。要实现这一目标，就必须在一定程度上限制公民的自由，维护自由与秩序之间的平衡。我们应该辩证地看待自由与秩序的关系，自由是人类生活的目标之一，也是人类进步的动力。从某种程度上说，人类的历史就是追求自由的过程。人们希望他们生活在一个有秩序的社会中，同时保证他们的自由。秩序是社会发展的必要条件之一。秩序是自由的前提和保证。在实现治理现代化的过程中，必须明确自由的边界，深刻理解自由与治理的关系。首先，我们决不能破坏社会自由存在的框架秩序，这种秩序是社会生存和发展的前提，社会稳定和秩序是人们幸福生活的保障。其次，他人的自由是我们每个人自由的边界，相反，我们的自由也是他人自由的边界，我们应该认识到边界的力量，相互尊重。正如有学者指出，“自由是

---

① Russell Kirk, The Tension of Order & Freedom in the University, https://theimaginativeconservative.org/2015/03/russell-kirk-the-tension-of-order-and-freedom-in-the-university.html.

我们的拳头在到达他人鼻尖时终止”。在社会生活中，每个人的权利都有行使的限度，这种限制的目的，不是损害社会利益、公共利益和他人的合法权益，而是要达到社会秩序稳定的目的。最后，在尊重秩序的同时，不断完善秩序，使之成为一个越来越好的秩序，这就是包容性秩序。需要完善的社会秩序是一种平等的秩序，它不同于旧的封建习俗。①

在社会治理过程中，要坚持自由与秩序的平衡与稳定，既要保护公民的自由，又要限制公民的自由，实现社会秩序。自由和秩序并不矛盾，相反，它们是相互依存、共同发展的。在人们追求自由的过程中，应该合理限制人们对自由的追求。但是，如果只强调社会秩序而忽视对人的自由的保护，就不能达到社会治理的目的。总之，社会治理要充分协调二者之间的关系，要坚持自由与秩序的平衡。

四、社会控制论

1. 社会控制论的社会治理元素

社会控制理论的最初概念可以在一些启蒙思想家和古典犯罪学学派的著作中找到。例如，英国哲学家托马斯·霍布斯（Thomas Hobbes）在17世纪写了一篇关于自我放纵和邪恶的内在倾向的文章（Leviathan），指出需要外部的约束和相应的政府角色。涂尔干（Emile Durkheim）被认为是社会学和结构功能主义的创始人，其除了解释社会规范崩溃导致的失范状况外，还提出犯罪和越轨行为是社会事实，存在于所有社会（Rules of the sociological method，1938）。涂尔干指出，“我们是道德的存在，就如同我们是社会的存在一样”（We are moral beings to the extent that we are social beings）。② 在他看来，犯罪起到了确定行为界限的作用，这些界限在社区中得到了集体承认，并受到社会负面反应的强化。因此，通过社会化的过程来维持社会秩序，以避免与越轨行为有关的不赞成。这一过程也是改变边界和发生社会变革的手段。涂尔干对社会控

① 参见韩震：《论社会治理中的自由和秩序》，载《社会治理》2016年第5期。

② Durkheim，Emile，*Moral education*，Translated by Everett K. Wilson and Herman Schnurer. Mineola，NY：Dover，2002，p. 64.

制的看法是这样表达的,“个人所属的群体越被削弱,他对这些群体的依赖就越少,因此他就越只依赖自己,也就越不承认建立在个人利益基础上的其他行为准则”。①

从正式的社会控制角度而言,巴托尔(Bartol)关于社会控制理论的观点是,当个人与传统秩序或规范标准的联系薄弱或基本不存在时,犯罪和违法行为就会发生。其还认为,从我们出生的时候起,所有的人基本上都是坏苹果,必须通过法律、法规和规章制度加以控制,才能控制社会,那些与社会控制联系薄弱的人最终会参与越轨或犯罪行为。米歇尔·安·克劳福德(Michelle Ann Crawford)在其论文中重申了此种观点。就非正式的社会控制角度而言,社会控制理论描述了社会控制的内部手段。社会控制理论认为,关系、承诺、价值观和信仰鼓励等道德规范如果被内化,个人将自愿限制其越轨行为。这种解释表明,内部控制手段的力量,例如,一个人的意识、自我和对是非的敏感性,在降低一个人偏离社会规范的可能性方面是强大的。这与外部控制手段形成鲜明对比,在外部控制手段中,个人顺从是因为一个权威人物(国家)威胁个人必须服从制裁。从众是将态度、信念和行为与群体规范相匹配的行为。从众倾向发生在小团体和整个社会中,可能是由于微妙的无意识影响或直接和公开的社会压力造成的。哈佛心理学家赫伯特·凯尔曼(Herbert Kelman)指出了从众的三种主要类型:顺从(compliance)、认同(identification)和内化(internalization)。顺从是公众的顺从,同时可能保持自己原来的信仰独立,它的动机是需要批准和害怕被拒绝。身份认同是对某个受人喜欢和尊敬的人的认同,这是一种比遵从性更深层次的意识。内化是对信仰或行为的接受。它对人们的影响最深,而且会影响他们很长一段时间。

社会控制理论一般分为正式的控制和非正式的控制。非正式的社会控制是撇开法律等形式的控制,更多的是采取道德的形式。非正式社会控制理论的拥护者认为,道德是在一个社会秩序中产生的,通过将成本和后果分配给某些

① Durkheim, Emile, *Suicide*. Translated by John A. Spaulding and George Simpson. New York: Free Press, 1951, p. 209.

被标记为邪恶、错误、非法或越轨的行为来实现(这主要是一种非正式的制裁,包括羞耻、嘲笑、讽刺、批评和反对。在极端情况下,非正式制裁可能包括社会歧视和排斥)。当然,社会控制论从不同的分析角度也存在其他分类,但仍可以归属于正式的控制或者非正式的控制之列。

在传统社会管理模式下,社会治理只有一种形式,即社会政府管理。在这种传统体制下,政府对社会的管理是对社会进行综合管理,管理领域甚至包括了本应属于自我管理的部分(内容)。一方面,国家参与社会管理过程,保障社会运行的稳定和秩序;但另一方面,由于国家过分强调对各个领域的综合治理,一些本应属于社会自我管理的部分也由国家来管理,这无疑降低了社会运行的活力,降低了社会效率,增加了国家社会治理的成本。

社会控制论的目标与社会治理的目标在一定程度上是一致的。社会控制理论提出人们的关系、承诺、价值观、规范和信仰,并鼓励他们不要违法。因此,如果道德准则被内化,个人与更广泛的社会联系在一起,并与之有利害关系,他们就会自愿限制自己做出越轨行为的倾向。政府社会治理的过程是以最小的治理成本实现社会治理效益最大化。

2. 社会控制论对社会治理的启示

社会化是指对规范、习俗和意识形态的继承、解释和传播的终身过程。从社会控制理论的视角,其对社会治理的启示。一是在管理对象之选择上。鉴于社会自治系统的重要作用,政府没有必要也不应该全部参与其社会自治系统过程,它可以通过社会独立系统的内部管理有序运行。而就受控系统而言,由于此系统没有内部控制机制,为防止个人对权益的滥用,政府有必要对受控系统进行管理,以实现受控系统的有序运行。政府应积极承担起对这些受控系统的管理责任,降低社会管理成本,提高社会管理效率。社会混合系统由第三部门管理,政府应当结合社会治理的实际,充分结合自主系统和受控系统的特点,充分保障第三方部门参与社会治理。二是在管理模式选择上。应当选择分散管理模式,从过程管理到结果管理,从硬管理到反馈管理。三是在控制因素的选择上。从行政控制到法律(法治)控制,从政治控制到经济控制,从道德控制到技术控制,从信念管控到信仰管控。①

五、社会团结论

社会团结与社会凝聚力密切相关,是一个功能完善的社会的理念。它是一种社会凝聚力,社会凝聚力也是使公民能够生活在他们享有归属感和信任感的社会中的一种手段。由此推断,缺乏社会凝聚力可能导致不稳定。而社会团结是建立在更先进社会中个人相互依赖的基础上。其中所有成员都已融入其共同的规范和价值观。它还能够使人们具体的行为相互一致。② 社会团结可分为机械团结(mechanical solidarity)和有机团结(organic solidarity)。③ 将个人融入具有共同思想、共同活动、信仰和经验的社区被称为机械团结。这些共同的理想和价值观形成了一种"集体良知",激励个体成员进行内部合作。④ 有机团结是基于社会分工的客观情况,导致人们之间相互依赖的社会团结。有机团结是复杂的工业社会所具有的显著特征。随着社会工作变得更加专业化,人们相互依赖以获得所需的产品和服务。

1. 社会团结之机械团结理论

涂尔干认为,社会团结在四个层面上运作:(1)个人与社会之间的纽带体系;(2)社会内部个人之间的纽带;(3)社会成员通过与社会的纽带而团结在一起;(4)团结是指个人与社会之间的依附的凝聚力的强度。涂尔干在《社会分工中的社会发展理论》(1893 年)中引入了"机械团结"和"有机团结"这两个术语。机械团结依赖于其成员的相似性,在前工业社会中普遍存在,其成员具有相同的核心信仰、教育背景和世界观,并且过着相似的生活,如依赖狩猎和采集的社会。机械团结是一个社会中具有共同价值观和信仰的成员的社会融合,这

---

① 参见陈朝宗:《社会控制论与社会治理理论》,载《福建行政学院福建经济管理干部学院学报》2005 年第 4 期。

② 参见[法]埃米尔·涂尔干:《社会分工论》,渠东译,三联书店 2000 年版,第 68 页。

③ 参见董溯战:《论作为农村留守儿童社会保障法价值的社会团结》,载《华东理工大学学报(社会科学版)》2014 年第 1 期。

④ See Britannica, T. *Editors of Encyclopaedia* (2010, February 9). Mechanical and organic solidarity. Encyclopaedia Britannica, https://www.britannica.com/topic/mechanical-and-organic-solidarity.

些共同的价值观和信仰构成了一种“集体良知”,在个体成员内部发挥作用,促使他们合作。在涂尔干看来,引起社会成员合作的力量,很像引起分子凝聚在固体中的内能,他引用了物理科学的术语,创造了“机械团结”一词。涂尔干认为,社会团结的精神基础是集体意识,物质意识是社会分工,而集体意识和社会分工又分别作用在机械团结和有机团结中。机械团结的缺点是个人在社会团体中的地位处于依附关系,社会团体的利益高于个人的利益。机械团结内部的竞争关系比较小,社区的各种资源由社会集体拥有。机械团结存在一种社会团结的集体良知,在这个社会团结中,如果与社会团体的某些共同的观点和感受不一致,将会被认为是对机械团结的一种伤害行为。

2. 社会团结之有机团结理论

有机团结是一种社会凝聚力,建立在更先进社会中个人之间相互依赖的基础上。它来自工作的专业化和人与人之间的互补性所产生的相互依赖,即各组成部分之间的相互依存关系。涂尔干认为,有机团结是一种社会融合,产生于个人对彼此服务的需求。在一个以有机团结为特征的社会中,分工相对更大,个人的功能很像一个相互依存但又有区别的活体器官。社会较少地依赖于对每个人强加统一的规则,而更多地依赖于通过使用合同和法律来调节不同群体和个人之间的关系。随着社会分工的发展,共同的集体意识逐渐弱化,人格发展成为可能。由于社会分工的出现和发展,个体之间的差异不断扩大,同时,社会成员之间的相互依赖性也越来越强。人们的职业活动越来越专业化。在职业发展的过程中,人们逐渐意识到他们之间在信仰、观点和生活方式上的差异。分工越细,个性越鲜明,每个人对社会和他人的依赖性就越强,整个社会的团结性就越强。劳动分工造成的个体差异损害了社会的集体意识,而集体意识作为社会秩序的基础却变得不那么重要。重要的是,人与人之间因为分工而相互依赖。值得一提的是,这种日益增长的异质性并没有消除社会团结,而是使团结的类型从机械团结转变为有机团结。正是由于社会分工的扩大,个人与群体之间的相互依赖性逐渐增强。从事专门职业的每一个人都需要从事其他职业的人提供必要的商品和服务,因此,人与人之间的经济交往关系和相互依存关系逐渐取代了共同的集体意识,成为社会团结的基础。当然,在一个有机统一的社会中,集体意识也不会完全消失,但它对社会统一的重要性却大大下降。以社会分工和相互依存为基础的有机统一,比以类似的价值观和信仰等集体意识为基础的机械统一更能实现社会的完美整合。①

六、社会整合论

社会整合论也称为社会一体化(social integration),现代社会人们基于自身的特点和宪法所规定的公民、政治、社会和文化权利,以一种更加复杂的方式融合在一起,超越了种族、肤色、性别或任何其他群体的原始联系,使社会不同因素、部分结合为一个统一、协调整体的过程及结果。② 社会整合的意义是在人们的共同利益之下通过文化、制度、价值观念及各种社会规范对人们进行控制、制约。从文献考察分析,社会整合理论主要包括以下几种理论。

1. 社会整合论之个人主义理论

社会整合是一种多维结构,可定义为个人参与各种社会关系的程度,包括参与社会活动或关系,以及对自己社会角色的共同性和认同感。③ 笛卡尔(René Descartes)提出了个人主义理论,但西方个人主义的最初萌芽在摆脱主流观点束缚的意义上,可以追溯到苏格拉底时期的哲学家。随着基督教的兴起,个人的观念保留了一定的重要性。基督教认为,每个人都有尊严。文艺复兴见证了自我意识和个性的兴起。德国哲学家伊曼纽尔·康德(Immanuel Kant)对无限制地追求私利持悲观态度。然而,他认为个人是"自身的目的",而不是实现他人目的的手段,并强调所有人的价值平等。康德如此重视每个人的信仰和观点,以至于他担心一种民主形式的政府可能会行使"一种行政权力,所有人决定支持或甚至反对一个不同意的人"。冯洪堡(von Humboldt)认为,一个人的才

---

① 参见秦文鹏:《社会团结与统一性的社会学探问》,载《太原师范学院学报(社会科学版)》2010年第6期。

② 参见雷明贵:《毛泽东统战思想与新时期的社会整合》,载《湖南省社会主义学院学报》2012年第3期。

③ See Holt-Lunstad J., Lefler M., *Social Integration*, In: Gu D., Dupre M. (eds.) Encyclopedia of Gerontology and Population Aging. Springer 2020, Cham. https://doi.org/10.1007/978-3-319-69892-2_646-2.

能和能力的发展是“人的真正目的”。与康德的观点相呼应,他不赞成国家对经济和社会事务的过度干预,并警告说,这会产生“舒适、安逸、宁静”,而不是“多样性和活动性”。亨利·大卫·梭罗(Henry David Thoreau)在其著作《反对公民政府》(*Resistance to Civil Government*)中指出,个人至上是一个真正自由和开明国家的标志,国家的合法性和权威来自个人:“永远不会有一个真正自由和开明的国家,直到国家承认个人是一种更高的、独立的权力,它的一切权力和权威都源于此,并相应地对待他。”个人主义理论在 19 世纪达到了新的高度。个人主义理论为,每个人,无论其宗教信仰或文化背景如何,都有机会追求自己的兴趣,充分发挥自己的潜力。

2. 社会整合论之系统整合理论

社会整合的系统整合由哈贝马斯(Jurgen Habermas)提出,系统性整合也叫功能性整合。在全球化进程中,功能专门化系统日益超越民族国家,其社会融合程度相对较强,并产生了一个比通过团结产生和有约束力的社会秩序实现的社会融合程度更高的世界社会(Luhmann,1997 年)。功能性整合在一定程度上解决了社会整合的难题,保证了社会系统的良好运行。社会整合主要是基于社会成员之间的社会联系,它是推动交往行为的动力源泉,在一定程度上引导着共同体发展的方向。[①] 现代社会只要建立了经济、政治、法律、科学、教育、媒体、艺术和文学或宗教等特定的功能体系,就会系统地整合。系统性整合虽然在一定程度上解决了社会整合的难题,但当社会分工细化,人们的个性逐渐彰显时,系统性整合就遇到一定的困难。当然,在社会整合理论的创始人哈贝马斯(Jurgen Habermas)看来,自由丧失和意义丧失是由于系统入侵生活世界造成的。[②] 在实现社会的功能整合的时候,人们需要制定各种社会规则体系,因为各种规则体系是实现社会整合的最有效的手段。[③]

---

① 参见杨礼银:《哈马贝斯社会整合理论中共同体的三个基本层面》,载《哲学研究》2019 年第 10 期。

② 参见王晓升:《现代性视角下的社会整合问题——哈贝马斯交往行动理论的启示》,载《武汉大学学报(哲学社会科学版)》2018 年第 6 期。

③ 参见王晓升:《现代性视角下的社会整合问题——哈贝马斯交往行动理论的启示》,载《武汉大学学报(哲学社会科学版)》2018 年第 6 期。

3.社会整合理论之契约论

当具体规则体系成为实现社会整合最主要和有效的手段时,各种形式的社会契约也就随之出现。契约论认为,一种公正的社会制度是形成一种稳定的社会秩序的关键。公正是契约理论成立的重要因素。为了保证契约的公正性,霍布斯提出设立一个建立超出契约范围的最高权力机构来保证契约的公正性。卢梭则设想了一种公意来保证契约的公正。社会契约理论存在的问题是契约的起源无法解释,所有的契约构造学说都假设契约起源于一种自然状态,但事实上,人类历史上的契约都不是在自然状态中产生的,而是在一定的社会背景条件下出现的。

4.社会整合理论之文化保守论

文化保守理论由丹尼尔·贝尔(Daniel Bell)在《资本主义文化矛盾》(*The Cultural Contradictions of Capitalism*)中提出。丹尼尔·贝尔认为,财富不应该在不相关的领域转化为不正当的特权。在财富、地位和权力的领域中,每个领域都有各自不同的公正分配原则。择优标准是奖励社会中个人成就的公正原则。对一件艺术作品的好坏的理性判断;在判断经验、艺术和教育的价值时,权威原则是必要的。文化是为所有人在其一生中所面临的生存困境提供一套连贯的答案的努力。就现代文化而言,通过最经济的方式,把所有人都纳入公民的范畴,并凝聚成一种信仰。这种方式即允许人享有尊严、个人基于才能和德行取得其社会地位的原则以及从过去到现在的持续性。此种文化旨在影响和塑造未来,同时也是文明和秩序的必要条件。① 从丹尼尔·贝尔的相关认识分析,现代社会的文化价值观已经被利己主义和虚无主义侵蚀,有必要回归新宗教,在新宗教的帮助下,实现社会整合。这种新教伦理认为,拥有权威等级的社区最有利于人类福祉(Skorupski,2015)。② 德国社会学家马克斯·韦伯在《新教伦理与资本主义精神》(*The Protestant Ethic and the Spirit of Capitalism*)一书中认为,新教伦理是欧洲资本主义早期新教群体经济成功的重要因素。但也有观点

---

① http://hurryupharry.net/2011/02/07/daniel-bell-socialist-liberal-and-conservative/.

② https://www.itseyeris.com/book/emile-durkheim-and-the-theory-of-social-integration.

认为,回归新教的构想只是打破了现有的传统秩序,但没有提出创新性的建议,且即使其否定了所有现存的制度和秩序,也存在逻辑缺陷,因为其无法证明自身的合理性和正当性。①

七、社会冲突协调论

冲突理论最早由马克思提出,是一种认为社会由于争夺有限的资源而处于永久冲突状态的理论。冲突理论认为,社会秩序是通过支配和权力来维持的,而不是通过共识和整合来维持的。根据冲突理论,那些拥有财富和权力的人试图用任何可能的方法来保持它,主要是通过压制穷人和无权者。冲突理论的一个基本前提是,社会中的个人和群体将努力使自己的财富和权力最大化。社会冲突理论是在结构功能主义的基础上发展起来的。结构功能主义是一种在社会学和其他社会科学中产生的思想流派。该理论认为,共同构成一个社会的每一个机构、关系、角色和规范都是一个目的,每个机构、关系、作用和规范都是为其他人和整个社会的持续存在所不可或缺的。在结构功能主义中,社会变革被认为是对社会系统内某些紧张局势的适应性反应。当一个综合社会系统的某些部分发生变化时,就会产生系统其他部分与系统其他部分之间的张力,而其他部分的自适应变化将解决这种紧张关系。人们渴求对社会凸现的种种冲突和矛盾进行理论上的解释,以乔治 · 西梅尔(Georg Simmel)和科瑟尔(Coser)为代表的西方社会冲突理论应运而生。②

社会冲突论的提出是对结构功能主义理论的反思。结构功能主义代表社会学保守派的观点,强调社会的稳定和整合。而冲突协调论则代表社会学的激进派观点,强调社会冲突对于社会巩固和发展的积极作用,这一理论认为社会是一个不平等的群体系统,因此不断产生冲突和变化。它批判结构功能主义所宣扬的社会均衡、稳定、和谐。冲突理论认为,当资源、地位和权力在社会群体

---

① 参见王晓升:《现代性视角下的社会整合问题——哈贝马斯交往行动理论的启示》,载《武汉大学学报(哲学社会科学版)》2018 年第 6 期。

② 参见杨丹娜、刘卫常:《社会冲突理论与构建和谐社会》,载《广州社会主义学院学报》2006 年第 1 期。

之间分配不均时,就会产生紧张和冲突,这些冲突成为社会变革的引擎。在这种情况下,权力可以理解为控制物质资源和积累的财富,控制政治和组成社会的机构,以及一个人相对于其他人的社会地位(不仅由阶级决定,而且由种族、性别、性、文化和宗教等因素决定)。社会冲突理论肯定了冲突对社会整合的价值作用。其他许多人则借鉴冲突理论,在社会科学中发展其他类型的理论,包括女性主义理论、批判种族理论、后现代和后殖民理论、怪诞理论、后结构理论、全球化理论和世界体系理论。虽然冲突理论最初具体描述了阶级冲突,但多年来,它一直致力于研究其他类型的冲突,例如,以种族、性别、性、宗教、文化和国籍为前提的冲突,以及它们如何影响我们的生活。

冲突是一种调和社会矛盾的途径和措施。① 有观点将冲突看作促进社会整合与适应性的过程,所强调的社会变迁是改良性的局部的社会调整,而非社会革命,其目的是维护资本主义社会的运行和发展。②

冲突理论起源于马克思的著作,他关注资产阶级(生产资料所有者和资本家)和无产阶级(工人阶级和穷人)之间阶级冲突的原因和后果。马克思着眼于欧洲资本主义兴起的经济、社会和政治含义,认为这种制度以强大的少数阶级(资产阶级)和受压迫的多数阶级(无产阶级)的存在为前提,由于二者的利益不一致而产生阶级冲突,资源分配不公。科瑟尔(Coser)在《社会冲突的功能》(*The Functions of Social Conflict*)中提出社会冲突这一理论,其力图将结构功能分析方法和社会冲突分析模式结合起来。其反对帕森斯认为的冲突只具有破坏作用的片面观点,力图把结构功能分析方法和社会冲突分析模式结合起来,修正和补充帕森斯理论。③ 乔治·西梅尔在其著作《冲突》中认为,冲突通过强化群体意识和与其他群体分离的意识来划定群体之间的界限,群体之间的相互对抗保持了社会的分裂和分层体系。这些相互的"排斥"既确立了体制内各个群体的认同,也有助于维护整个社会制度。例如,印度种姓之间的冲突既建立

① 参见马雁:《无直接利益相关群体事件的发生、结构及场域——以情绪暴力为视角》,载《南京林业大学学报(人文社会科学版)》2011 年第 1 期。

② 参见洪长安:《社会冲突理论及其对我国构建和谐社会的启示》,载《桂海论丛》2006 年第 6 期。

③ 参见廉慧:《西方主要社会学理论述评》,载《高校社科信息》2003 年第 4 期。

了各个群体的独特性,又保证了整个社会结构的稳定。一个人自己的群体和"局外人"之间的区别是在冲突中和通过冲突建立起来的,这包括阶级、国家、民族和政党之间的冲突。在流动性很大的社会结构中,群体之间的相互敌对随着基层对上层的吸引,这种结构往往为冲突提供许多机会。

科瑟尔认真探索了乔治·西梅尔关于冲突的观点,他认为,冲突具有正向功能和负功能。在一定条件下,冲突具有保证社会连续性、减少对立两极产生的可能性、防止社会系统的僵化、增强社会组织的适应性和促进社会的整合等正功能。科瑟尔指出了"现实的"冲突和"不现实的"冲突之间的区别。因具体要求受挫而产生的冲突,作为解决冲突的一种手段,是"现实的"冲突。一方面,非现实冲突是一个对手需要释放紧张情绪的结果。在这里,冲突本身就是一种目的,不必以达到特定的结果为导向。相反,它主要是对挫折的回应。另一方面,如果能找到其他方法来达到目的,现实的冲突就会停止。除"冲突"方式外,其他方式可能是可用的。这种区别说明了为什么不应该完全从紧张释放的角度来解释冲突的社会现象。敌对冲动不足以解释社会冲突,并非每一场冲突都随着侵略性。冲突只是以关系和社会互动为前提的,然而,现实的冲突往往随着扭曲的情绪。卷入冲突的现实原因与涉及的情感能量是有区别的,人们往往没有意识到,冲突可能是由这两个截然不同但又相互交织的因素引起的,即现实的冲突问题和各方在冲突中的情感投资。①

八、社会正义论

社会正义理论最为核心之处在于阐明社会正义的制度结构要素,罗尔斯(Rawls)称为"社会基本结构"。在罗尔斯看来,社会的基本结构,即社会主要制度分配基本权利和义务,决定由社会合作产生的利益之划分的方式,而主要制度则是"政治宪法和主要的经济社会安排"②。

---

① 参见刘泽君主编:《合理与现实:社会学基本理论》,学苑出版社1998年版,第122页;杨丹娜、刘卫常:《社会冲突理论与构建和谐社会》,载《广州社会主义学院学报》2006年第1期。

② 魏治勋:《"中国梦"与中国的社会正义论》,载《法学论坛》2013年第4期。

1. 社会正义的基本范围及判断标准

社会正义是一个由来已久的概念,用于证明政府干预和资源分配的合理性。其现代形式以罗尔斯的正义理论为基础。[①] 社会正义,通常被认为是正义的一种类型或子类别,有着不同的定义。有人认为,它等同于"分配正义",而也有人则将其区分为一般正义和分配正义。就分配正义而言,社会正义被视为一种独特的正义类型,其特点是关注"共同利益"以及个人对此作出贡献的义务和权利,同时承认国家和民间社会在消除阻碍个人这样做的障碍方面的作用。[②] 社会正义的研究范围已扩大到包括对社会生活几个不同领域的分析:工作组织、法律机构、教育环境、民事机构、社会政策和经济、性别问题、人类以外的其他物种、环境问题、国际冲突、家庭问题、密切的个人关系等。[③] 就这一个问题而言,有人认为,在中国附随荣誉而来的往往是权利、利益甚至特权。如此而来,在中国,就很难将荣誉排除在社会正义的范围之外了。[④] 也有人认为,在考虑社会正义的范畴时,应当考量三个基本因素:性质上与其本身是否可以客观化;是否属于社会正义问题;在内容上与其是否涉及权利和义务、利益与负担的分配紧密勾连。[⑤]

然而,就社会正义的判断标准而言,有人认为,社会正义的标准是一套锚定标准,包括身份(identity)、多样性(diversity)、正义(justice)和行动(action)。社会正义本身是一个备受争议的概念。但是,这并没有导致对这一概念的否定,而是在改变了的政治现实面前对其进行了调整。在这一现实中,个人行动和个人责任被置于首位。在撒切尔时期之后,社会正义有了某种程度的回归。然而,基于这一概念形成的政策类型有所不同,并显示出这些批评者的影响。特别是,人们现在承认,政府政策对个人行为有影响,这可能会在某种程度上妨碍

---

① See P. King, *Social Justice*, International Encyclopedia of Housing and Home, 2012, p. 464 – 468.

② See Kathleen Maas Weigert, *Social Justice: Historical and Theoretical Considerations*, International Encyclopedia of the Social & Behavioral Sciences (Second Edition), 2015, p. 397 – 400.

③ See Ali Kazemi, Kjell Törnblom, Gerold Mikula, *Justice: Social Psychological Perspectives*, International Encyclopedia of the Social & Behavioral Sciences (Second Edition), 2015, p. 949 – 955.

④ 参见魏治勋:《"中国梦"与中国的社会正义论》,载《法学论坛》2013 年第 4 期。

⑤ 参见魏治勋:《"中国梦"与中国的社会正义论》,载《法学论坛》2013 年第 4 期。

改善那些最不能自助的人的生活的努力。[①]但也有人认为，当程序正义产生的结果与社会普遍接受的实体正义概念相抵触时，我们如何判断正义呢？因此，社会正义的判断标准当是抽象和具体的融合。

2. 社会正义分配原则[②]

社会正义分配的原则，应当体现这样的功能：(1)它确保每个人都得到充分的医疗保健；(2)残疾人的利益应当得到保障；(3)它保护人们免受基于宗教的歧视；(4)它保护人们不受年龄歧视；(5)它保护人们免受基于性别的歧视；(6)它保护人们免受种族歧视；(7)它有助于促进男女平等；(8)它有助于促进经济平等；(9)它有助于改善儿童受教育的机会；等等。

"社会正义"一词最初仅适用于经济资源。随着时间的推移，它已与人权保持一致。资源的分配、人们的待遇以及获得服务和机会的机会都在社会正义中发挥着作用。因为社会是复杂的，所以社会正义也是复杂的。它可以分解为四个原则。(1)机会的平等获取原则。在一个社会当中必须提供服务和资源，这些包括教育、医疗、住房和食品，然而，在许多社会中，机会是不平等的。在一个公正的社会中，当每个人都有平等的机会时，这有助于公平竞争。(2)公平原则。如果社会正义只关注平等，它就不会导致一个公正的社会。公平导致社会不平等减少，公平是解决不平衡的社会制度的解决办法。(3)社会参与原则。社会必须允许每个人表达自己的关切并参与决策。如果某件事影响了一个人的生活，那么这个人需要成为这个过程的一部分，这是准入和公平再次发挥作用的地方。在大多数社会中，只有少数人参与。为了增加参与机会，社会必须消除参与的障碍。(4)公民权益保障原则。一个公正的社会必须保护每个人的公民、政治、经济、文化和社会权利。这些权利包括生命权、言论自由权、选举权、公平审判权等。权利保障可能是社会正义最有力的原则。

---

① See P. King, *Social Justice*, International Encyclopedia of Housing and Home, 2012, p. 464 – 468.

② 参见魏治勋：《"中国梦"与中国的社会正义论》，载《法学论坛》2013 年第 4 期。

九、社会福利论

“社会福利”是一个宽泛而不精确的传统术语，社会福利的定义因国家和文化而异，但一般而言，它可能包括卫生、社会保障和社会工作，生活水平、获得基本社会服务的机会、环境质量并可能扩展到公共住房、教育、咨询服务、罪犯监管或就业支持。在多数情况下，它指的是一种旨在帮助和改善社会最需要帮助的部门的福利的政府制度。该制度通常源于政府或组织提供社会福利的努力。这是一个持续的过程，旨在照顾社会的特殊需要。通过社会福利计划，公民可以避免生活中的经济不安全。相比之下，人们不希望看到经济发展、交通或环境管理服务的加入。这种区别很难合理地加以辩护。社会福利的“社会”因素同样是一个艺术术语，它可能意味着解决社会公认需求的服务，如疾病或失业，或者政府机构或公共服务机构提供集体服务。社会福利既可以定义为一种制度，也可以定义为一种整体努力。这意味着它可以被设计成一套系统的方案，帮助处于不同生活阶段的人口，但是，该系统首先来自提供社会福利状况的努力和意图。总的来说，社会福利意味着不断努力满足社会中确定的特殊需求。可以合理地说，社会福利服务具有某些特点，因此有理由将它们放在一起考虑。它们都是服务——不是从经济意义上区分服务业和制造业，而是直接向个人、家庭和社区提供服务的意义。将社会福利服务视为公共服务并不意味着它们必须属于公共部门（由政府拥有和控制），尽管有些可能属于公共部门。相反，这意味着它们受公共政策而不是市场原则的支配。它们作为信托运作：主要合同不在服务机构和接收人之间，而是在出资人和代表接收人的受托人之间。公共服务是再分配的，因为为服务付费的人不一定是接受服务的人。这并不意味着这些服务是平等的，甚至不意味着它们以再分配为目标，但它确实意味着再分配是这一过程的必要组成部分。

早在 19 世纪 80 年代，德国就实施了第一部有关社会福利的法律。国家社会福利责任的发展经历了两大变化：第一个变化是 19 世纪末 20 世纪初，从早期工业社会以个人为基础的社会福利责任观念转变为国家社会福利责任观念。第二个理论变革是 20 世纪 70 年代，由国家社会福利责任向国家、社会和个人的多重社会福利责任转变。①

1900 年至 1940 年,有组织的工业和联邦政府与各州一起建立了美国社会福利体系。在 20 世纪初,联邦政府并不作为社会福利实体存在。私营企业是第一类面临国家市场发展带来的行政和经济问题的企业,私营企业在新政之前很久就为其员工建立了社会福利制度。在大萧条之前,这些努力有明显的优势。然而,到 20 世纪 30 年代末,联邦一级已经形成了一个明显的"公共"社会福利官僚机构和计划。公司和国家经历了相似的变化,但时间不同,时间上的差异影响了它们的关系。②

在《不情愿的福利国家》一书中,詹森向美国社会揭示了 20 世纪中叶的情况。这是一场长期战争的结束。经济处于充分就业状态,人们拥有住房。哈里·杜鲁门于 1945 年当选总统。在他执政期间,朝鲜战争已经开始。第二次世界大战后军费开支下降。由于朝鲜战争的爆发,杜鲁门总统将军事开支从 100 亿美元增加到 400 亿美元。欧洲和日本在经济上受到了第二次世界大战的破坏,与此同时,美国在经济困难时期繁荣发展。美国主导着世界贸易,美国的工业创造了就业机会,因此贸易正在扩大,汽车和住房等制造业产品也变得让大众可以负担得起,政府为房主减税。在 1941 年第二次世界大战珍珠港事件中,詹森指出,使经济好转的不是罗斯福的计划,而是第二次世界大战。1942 年美国通过了一项帮助退伍军人的法案,名为《1946 年国家健康法案精神健康》。

20 世纪 70 年代,福利国家确实需要转型以应对当时的全球化、技术发展、人口老龄化挑战。由国家社会福利责任向国家、社会和个人的多重社会福利责任转变正是应对上述原因的福利政策演变。③

---

① 参见冀慧珍、李佳:《社会福利理论中政府责任演变研究》,载《经济研究导刊》2020 年第 6 期。

② See Berkowitz, E., McQuaid, K., Businessman and Bureaucrat: The Evolution of the American Social Welfare System, 1900 – 1940. The Journal of Economic History, 38 (1), 1978, 120 – 142. doi: 10.1017/S0022050700088203.

③ See Emmanouil Mavrozacharakis, Stylianos Ioannis Tzagkarakis, Modern Welfare State and Social Democracy: Interdependence and Policy Importance, Published by Open Access Library Journal, Vol. 5 No. 3, 2018.

十、风险社会论①

风险社会是由两位社会学家乌尔里希·贝克(Ulrich Beck)和安东尼·吉登斯(Anthony Giddens)提出的,是最具野心、最具扩展性和最具争议性的理论之一。它是一种宏大的社会理论,涉及从现代工业社会向以技术危害为特征的新时代的过渡。风险社会的定义不仅是商品(财富)的分配,更重要的是"坏东西"(污染和其他生产副产品)的分配。这些是技术危害,因为它们是由社会产生的,所以被认为是可以预防的。与传统上的"自然"危害形成对比,这两种类型的危害都有社会、经济、政治和文化系统强化或减轻的影响,在这方面,它们都是"社会"的。因此,环境健康风险被视为一种社会建构。风险社会理论中的其他核心命题是:(1)灾难的规模和可能性正在增加。(2)人们对预测和保护人们免受这些技术危害的专家和科学失去信心。(3)关于技术环境危害管理的知识主张(专家共识的侵蚀)越来越多。简言之,科学的不确定性已经成为社会普遍关注的焦点。(4)我们在世界上安全的本体论受到了动摇,社会机构(如福利国家、个人保险)长期保护我们的能力受到质疑。

乌尔里希·贝克(Ulrich Beck)在其著作《勇敢的工作新世界》(*The Brave New World of Work*)中详细描述了从阶级为基础的社会关系过渡到以风险社会为中心的社会秩序的后果。他将历史上基于阶级的资本与劳动之间的冲突定位在民族国家的边界内,认识到跨国公司的经营越来越独立于有组织劳动的限制。乌尔里希·贝克呼吁,围绕跨国利益集团而不是国际组织,建立一个由"世界公民"、工作和人类活动组成的国际民间社会。

风险社会理论的基本假设条件:一是竞争。冲突理论家认为,竞争是永恒的。竞争主要体现在两个方面,首先,物质资源的竞争,包括土地、商品等。现代社会物质资源竞争产生的原因主要在于:(1)由于资源的稀缺而人们的需求却不断上升而存在的,数据显示,自1900年以来,全球对物质资源的使用增加

---

① 参见杨永伟、夏玉珍:《风险社会的理论阐释——兼论风险治理》,载《学习与探索》2016年第5期。

了10倍,到2030年再次翻番;(2)各国都经历了结构性经济变革,从主要依靠生物量满足能源和材料需求的农业社会转向城市工业化经济体;(3)伴随经济发展而来的技术进步为资源提供了更多的用途,并大大改进了寻找和提取资源的方法;(4)世界人口的不断增长,创新使经济产出增长较快,从而带来了消费模式的根本变化。其次,无形资源等非物质资源的竞争。社会中的个人和团体也在争夺无形资源。这些可以包括声誉、经验、信誉、员工技能、社会地位等。冲突理论家认为竞争是默认的(而不是合作)。二是革命。鉴于冲突理论家的假设,冲突发生在社会阶层之间,控制和冲突或控制和抵抗之间的关系被认为是组织结构的基本矛盾基础。这种冲突的结果是革命性的。冲突理论指出,当资源、地位和权力在社会群体(社会阶层)之间分配不均(不平等)时,[①]一个群体的预期与实际经济和生活条件之间的巨大差距可能会助长冲突。这些冲突成为社会变革的引擎。在这种情况下,权力可以理解为对物质资源和积累财富的控制、对政治和构成社会的机构的控制以及一个人相对于其他人的社会地位(不仅由阶级决定,还由种族、性别、性、文化和宗教等因素决定)。[②] 这种观点认为,群体间权力动态的变化并不是逐渐适应的结果。相反,它是这些群体之间冲突的征兆。权力动态的变化往往是突然的和大规模的,而不是渐进的和局部的。三是结构不平等。冲突理论的一个重要假设是,人际关系和社会结构都经历了权力的不平等。通过这种方式,一些个人、群体或者国家比其他个人、群体或者国家拥有更多的权力或者社会财富。如果存在这种巨大的不平等,感到不平等的个人、群体或者国家将组织起来改善自己的经济地位,如果必要的话,将会通过暴力手段。而那些受益于特定社会结构的个人、群体或者国家倾向于努力维护这些不平等的结构,以此作为保持和增强其权力的一种方式。四是战

---

① 这种不均或者不平等包括:(1)经济不平等,包括获得和拥有金融、人力、自然资源、社会资产、收入水平和就业机会等。(2)社会不平等,包括获得教育、医疗、住房等服务。(3)政治不平等,包括政治机会和权力在群体之间的分配,如对地方、区域和国家治理机构、军队和警察的控制。它们还包括人民参与政治和表达其需求的能力方面的不平等。(4)文化不平等,包括不同群体在语言、宗教、习俗、规范和习俗的承认和地位方面的差异。See Rens Willems,"When Do Inequalities Cause Conflict? – Focus on Citizenship and Property Rights",https://www.thebrokeronline.eu/when-do-inequalities-cause-conflict/.

② See Crossman,Ashley,"Understanding Conflict Theory",Thought Co.,Mar. 3,2021,thoughtco.com/conflict-theory-3026622.

争。冲突理论认为,当社会各阶层的权利或者利益不可调和时,战争就可能会产生,通过战争让社会矛盾得到一定程度的缓解,社会秩序可能会重新建立,从而形成新的社会状态,但这种新的社会状态又会随着社会生产力和社会关系的变化出现新的矛盾和冲突,从而导致新的战争。①

风险社会理论已经成为社会学中一个极具影响力的理论,并开始影响风险政策的制定和监管。然而,风险社会是区别于现代工业社会的一种风险管理社会,它关注识别和分配工业活动中产生的风险,同时淡化自然风险和其他风险。由于缺乏实证内容和分析工具,它提倡一种过于简单的预防性反工业环境和安全伦理。风险社会涉及科学的政治化和风险管理决策中的利己主义。由于其不切实际的教条作用,风险社会无法有效地管理风险,对民主构成威胁。对冲突理论的一个常见批评是,它未能捕捉到经济互动对所涉不同阶层互利的方式。例如,冲突理论将雇主与雇员之间的关系描述为一种冲突关系,即雇主希望尽可能少地支付雇员的劳动报酬,而雇员则希望工资最大化。然而,在实践中,雇员和雇主的关系往往是和谐的。因此,政策制定者和风险管理者在设计和实施风险管理结构和条例时,不应依赖风险社会理论。

结合风险社会理论,从治理的角度看,风险社会的根本选择在于风险治理。风险治理不同于单向的、技术性的、客观的风险管理,有其行为规律。②

---

① 参见薛晓源、周战超主编:《全球化与风险社会》,社会科学文献出版社 2005 年版,第 36 页。

② See Pierre, Peters, Governance, *Politics and the State*, New York: St. Martin's Press, 2000:23;参见张海波:《社会风险研究的范式》,载《南京大学学报(哲学·人文科学·社会科学版)》2007 年第 2 期。

第三章　区域社会治理理论

一、区域一体治理理论

从全球视角分析，区域是指不同国家根据其地理位置的邻近而形成的特定的地区，如欧洲区域、南美区域、东亚区域等。而从一个主权国家的角度分析，区域通常是指不同的行政区根据其地理位置的邻近而形成的特定地区范围。通常，无论是国际区域还是国家内的区域都具有相近的发展特点。正是由于区域内存在共同之处（经济发展、人口和环境），区域存在一体化发展的基础和可能。

"治理"一词最初是用于表达与国家管理相关的事务活动。世界银行最早对治理进行的释义——治理是一种社会统治方式。对于区域创新体系的内涵，学界没有统一的定义，例如，有学者将其定义为是在一定区域内，为了实现某种目标的一种系统；[①]也有学者认为，区域创新体系是一种创新能力；[②]还有学者认为区域创新体系是一种特定的环境。[③]

区域治理是基于一定区域空间资源的治理。它是一个整体的区域治理概念，将经济社会和生态的可持续发展与生产要素（如资本、土地、劳动力、技术、信息和知识）整合在一起。在区域经济发展进化的过程中，中央政府与地方政府、行政区划与经济区划之间存在广泛的矛盾，区域经济实体与区域内非实体经济之间也存在利益冲突。[④]"区域治理"是一种有效的调控手段，它既可以缓

---

① 参见郭悦红、张磊、孙可娜：《区域创新系统与区域经济发展的协调性实证分析》，载《生产力研究》2011年第12期。

② 参见杨凤阁：《河南省区域创新能力分析与发展策略》，载《地域研究与开发》2012年第1期。

③ 参见赵瑞芬、王俊岭：《我国区域创新环境不平衡发展研究》，载《特区经济》2011年第11期。

④ 参见曾智洪：《成渝城市发展与区域治理模式研究》，重庆大学2006年硕士学位论文；张京祥：《规划决策民主化：基于城市管治的透视》，载《人文地理》2005年第3期。

解中央与地方之间的实际权力运行的矛盾,又可以协调各行政区域与经济区域之间的矛盾,在这个区域内,实现公民参与、公共财政、跨界和区域间合作,促进区域社会和经济的协调发展,进而促进本地区综合实力的增强。从某种意义上说,区域治理不同于传统的纵向管理的社会运行模式,而呈现为一种区域间横向合作的社会运行规则。① 区域内的横向合作可能是国家根据该区域的经济社会发展的特点主动推动的,也可能是区域内自发推动的。就我国的区域治理模式而言,改革开放后,我国比较突出的区域治理实践集中在了京津冀地区、长三角地区和珠三角地区。

(一)区域一体治理的推动力和方法论

1. 区域一体治理的推动力

区域一体化是一个国家发展的必由之路,从国内经济和政治的一体化到全球治理的一体化,展现了一个国家发展的历程。区域治理一体化的缘由主要有国内因素和国外因素。

国内因素主要有以下几点:一是区域内经济发展的必然需求。在市场经济发展的过程中,各个行政市场或经济市场独立分离、各行其是的弊端日渐明显,从我国经济发展的历程可以得出,随着经济的进一步发展,区域市场之间的相互协调、融合也就愈加明显,市场封锁、市场保护等亦在发展的过程中逐渐瓦解。二是政府治理的必要。经济的交流与人口的流动性自然带来了管理问题,此时区域间的协同治理对于避免行政资源浪费、重复执法等问题是一种好的解决方式。三是促进区域内公平的需要。一方面,由于跨区域公共事务在治理上很可能造成不同行政区划下治理主体相互推诿或者多重执法情况出现;②另一方面,区域边缘公共服务的匮乏也容易造成社会资源的分配不公,区域协同治理在保证社会资源分配和行政管理资源分配上具有公平性。

国际因素主要有以下几个方面:其一,国家对国家安全和经济发展的必然需求,这是塑造区域一体化的重要动因。区域一体化使各国能够提高市场效

---

① 参见吴传清主编:《区域经济学》,武汉大学出版社 2008 年版,第八章。

② 参见徐娜、李雪萍:《治理体系现代化背景下跨部门协同治理的整合困境研究》,载《云南社会科学》2016 年第 4 期。

率,分担公共物品或大型基础设施项目的成本,合作决策,进而赢得国家的和平与安全。同时,从国家制度理性设计理论也可以找到区域一体化的理论基础。国际制度理性设计理论认为,区域制度的五个特征是机构成员、范围、集中、控制和灵活性。该理论用四个独立变量来解释这些特征的变化。这四个独立变量描述了不同的合作问题,具体包括:分布、参与者数量、执行和不确定性。而在这四个独立变量中,国际体系作为其中的一个独立变量也是区域制度设计的核心要素之一。① 其二,世界经济一体化的需要。一体化是包括国家行为和非国家行为在内的所有行为体在多领域内克服分歧,推动生产资料在全世界范围内进行自由流动和优化配置。就当前而言,世界经济一体化主要有四种不同的模式:一是自由贸易区。这是最基本的经济合作形式。成员国消除了它们之间的所有贸易壁垒,但可以自由地独立决定与非成员国的贸易政策。二是关税同盟。这种类型提供了自由贸易区的经济合作,成员国之间消除了贸易壁垒。与自由贸易区的主要区别在于,成员国同意以类似的方式对待与非成员国的贸易。三是共同市场。这种类型允许在成员国之间建立经济一体化的市场。贸易壁垒被取消,成员国之间劳动力和资本流动的任何限制也被取消。与关税同盟一样,与非成员国的贸易也有共同的贸易政策。四是经济联盟。国家签订经济协议以消除贸易壁垒并采取共同的经济政策。不同于长久以来的管理,治理是一种合作协商手段,为合理管理开采的资源以及将这些资源中的财富转化为多样化经济体和公平增长提供了机遇和挑战。所以作为内因存在的国内区域之间的协调治理就显得十分必要和重要。②

2. 区域一体治理的方法论

区域治理一体化的方法将决定区域治理成绩和效果,这决定了需要国家政策和机构来确保区域治理方法具有包容性,并有效制约社会、环境和治理风险。

---

① See Koremenos, B., Lipson, C., & Snidal, D., *The Rational Design of International Institutions*, International Organization, 55(4), 2001, p. 761 – 799.

② See The Gulf Cooperation Council (GCC) Cooperation Council for the Arab States of the Gulf website, accessed April 30, 2011, http://www.gcc-sg.org/eng/index.html. is an example. Common Market for Eastern and Southern Africa website, accessed April 30, 2011, http://www.comesa.int. Europa, the Official Website of the European Union, accessed April 30, 2011, http://europa.eu.

首先,区域社会治理机制的转变。现代治理机制的转变不仅体现在从“管理”到“治理”的转变,还体现在参与者的变化。现代社会治理模型强调“利益相关者”参与治理。尽管人们普遍认为“政府是社会治理不可或缺的一部分”,但类似地,“政府不是社会治理的唯一组成部分”。现代社会治理强调运用复杂的方法,例如,法律制度和道德,以及多个主体的参与。区域综合社会治理是一个复杂的治理结构,正如学者将其概括为“跨部门,面向过程,基于网格而不是‘结构化的’”一样。具体而言,区域社会治理已经超出了单个政府的行政权力范围,所有这些都需要一种新的治理协调机制来处理和磨合。

其次,充分利用信息治理。21世纪是数据信息时代,放眼世界,信息技术的发展日新月异。当互联网连接到各个行业和领域时,人们越来越依赖电子技术。各行各业都在寻找创新发展的机遇。共享经济让人目不暇接。互联网大大提高了人们生活的便捷程度。为了方便,一切都是“网络化”。传统产业受到冲击和挑战,传统的治理模式已不能适应社会的新需求。各种“云服务”平台相继推出“一站式”服务和“只运行一次”提高效率。行政管理与社会组织的合作,大大提高了社会治理水平。“云治理”依赖大数据,它是“云治理”的基础和结构框架。大数据的使用,可以实现精确的治理,并为国家建立现代治理模型提供指导。“云治理”的另一个主要特征是主题的多样化。与政府主导的传统治理模式不同,“云治理”的主题包括控制数据能力的大型互联网公司。现代区域综合社会治理与互联网的应用密不可分。因此,通过与大型互联网公司的合作,“云治理”模型可以更平稳地运行。“云治理”的治理模式更符合我国区域一体化发展的当前路径,原因是“云治理”属于领先治理。在数据导向的社会中,各个行业和领域的交集是不可避免的。通过“云治理”模型,经济和社会可以被集中治理,从而降低了区域治理中“零碎化”的程度。

(二)区域一体治理的机制演进

1.行政区域管理模式和经济区域管理模式

经济区是指根据经济联系而内发形成的地理单位,而行政区是根据国家等级管理的要求人为地划分的地理单位。[①] 因此，最初的行政区管理模式和经济区管理模式则是属于相互独立的一种发展模式，各个行政区划和经济区域各自发展，虽有一定程度的联系，但与今天的区域经济模式相比较而言，仍然具有相当大的不同。此类模式对于区域经济的发展有很大的制约，阻碍了要素之间的自由流动，使资源与市场、产业发展与行政规划、基础设施建设等都无法很好地进行，矛盾突出，具有相当大的局限性。因此，对于如何缓解这样的矛盾，以及对区域经济发展最优的追求，使各个行政区划和经济区域之间的联系不断增加，中央亦对此作出了巨大努力，使区域经济模式不断更新和发展。

2. 单中心——分层治理模式

"单中心——分层治理"模式是指通过大中型城市区域内行政区域的合并，调整行政区划原有边界，形成新的行政区划，从而建立一个新的具有行政区划特征的"单一的中央政府—多个地方政府"的分级治理结构。这种结构的特点在于调整行政区划的设置，而非单层的从经济区的设置上进行考虑。当然这种强调行政区划特征的治理模式的优点在于克服了行政权力上的平级，在执行力上具有统一性。在区域公共基础设施分配的均等性和政府管理的有效性方面，"单一的中央政府—多个地方政府"的分级治理模式改善了传统大都市的管理模式。[②] 在实践中，这种治理模式因区域合作传统、政治联盟、政府部门之间的关系以及公共和私人利益相关者的地方配置而有所不同，并随着时间的推移而演变。

3. 新区域主义模式

新区域主义是指冷战后国家行政体系和文化、经济、政治组织的转变。新区域主义大约始于20世纪80年代中期的新区域主义项目，在实质上不同于早先兴起的区域主义的发展，后者大约始于20世纪50年代（也有人认为，区域主义发展于第二次世界大战结束到冷战结束，主要发生在欧洲的区域化和区域建

---

① 参见盛毅、杜雪峰：《论经济区和行政区适度分离的管理模式》，载《开放导报》2020年第5期。

② See Larry C. Ledebur, William R. Barnes, City Distress, Metropolitan Disparities and Economic Growth: City Distress and the Need for a Federal Local Growth Package, Washington, DC: National League of Cities, 1992；参见张可云、何大梽：《改革开放以来中国区域管理模式的变迁与创新方向》，载《思想战线》2019年第5期。

设尝试阶段)，后来被称为旧区域主义。新区域主义的出现恰逢冷战结束和全球经济日益一体化的时期。它的发展最终使区域组织在贸易方面比旧区域主义时代形成的组织更加开放。

20 世纪 80 年代中期和 90 年代初，随着东南亚国家联盟(东盟)、亚太经合组织(亚太经合组织)论坛、欧洲联盟(欧盟)、北美自由贸易协定和南部非洲发展共同体(南共体)等区域组织的出现，区域政治和经济活动增加。这一活动促使学术界对区域主义现象重新产生兴趣，形成了一种论点，即所观察到的是一种新的区域主义形式，不同于第二次世界大战后流行的那种区域形式——是对欧洲新的紧张局势升级以及两个超级大国崛起的担忧所驱动的。在正在形成的政治和经济世界秩序的背景下，学者们确定了新区域主义的几个轮廓。冷战结束后，世界不再是两个超级大国之间的竞争，而是存在多极。有人认为，这种权力平衡的转变可能至少为区域组织及其成员数目的增加提供了明显的动力。此外，冷战初期形成的区域组织是由占主导地位的超级大国的利益决定的。在新的历史背景下，区域主义项目越来越多地受到国内民间社会等行动者的利益以及国家本身的影响。新的区域主义产生了具有广泛的既定政策目标的区域组织。以前的区域主义项目涉及经济或安全政策，而 20 世纪 80 年代末和 90 年代初启动的区域机构所采取的政策包括：环境、社会政策以及鼓励施政透明度和问责制的政策。关于贫穷国家发起的区域项目，例如，非洲大陆的南共体，这些区域组织将发展概念视为一个多层面进程，包括了超越贸易和货币政策的明确发展目标。其中，南共体等组织将卫生、教育、消除贫穷和两性平等战略列为其既定的发展目标。①

在全球经济方面，旧形式的区域主义倾向于保护主义经济集团，鼓励成员国之间的贸易，但外部贸易壁垒阻碍了与集团外国家的贸易。相比之下，新区域主义更加开放，允许与成员以外的国家或地区进行贸易。在这方面，有人认为，这种开放形式为区域工业提供了参与全球竞争的机会，并与其他鼓励手段一起，提供了在全球市场上竞争的必要激励。通过这一论点，学者得出的结论

---

① See Stephen Buzdugan, *New Regionalism*, https://www.britannica.com/topic/new-regionalism.

是，这些新的区域主义项目没有给全球一体化进程带来障碍，反而有助于推进这一目标。

瓦利斯（Wallis）认为，新区域主义的形成经历了三个阶段：一是第二次世界大战后形成的旧区域主义，其旨在应对第二次世界大战后动荡的国际形势和两个超级大国的冷战，从而形成的以中心城市为主导的区域发展模式；二是公共政策选择，即集中在区域社会和经济的结构安排上；三是新区域主义，即形成了政府与非政府组织的区域协商合作机制。①

4. 我国区域治理模式的发展

我国区域治理的机制变化有一个比较明显的“分水岭”——改革开放。在改革开放之前，中央制订各项发展计划，各地方政府严格遵守中央政府的指示，并按照中央政府的指示进行地方治理。可以说，这一时期没有基于市场经济规律的真正意义上的区域合作。

随着改革开放政策的实施，国家和各级政府部门更加关注各区域发展在国家治理过程中的先导作用。具体路径为：经济特区——14 个沿海港口城市——长三角、珠三角和京津冀——西部大开发、东北振兴和中部崛起——成渝地区双城经济圈。这说明国家高度重视均衡发展和系统的国家治理。我国区域治理模式不同于其他模式在于，中央政府在推动区域治理过程中起着主要的推动作用，中央政府在充分考虑区域所在的地区发展情况、历史传统和人口特点的情况下，结合国家的整体发展战略规划，提出区域发展规划和目标，地方政府积极响应国家的区域规划战略，且结合本区域的特点进行落实。在这个区域治理模式中，区域内地方政府的协同作用是推动区域发展战略的重要力量。②

发展是人类社会的不断追求，由于发展是一个包含着时间、空间等多维度、多层次的综合概念，在不同的时代，人们对发展有着不同的解读。近代以来，全球发展理论经历了从“单纯追求经济增长”到“综合国力发展”再到“追求可持续绿色发展”的根本转变。在传统发展思想和粗略发展模式的基础上，诞生了

① See Allan D. Wallis, *Inventing Regionalism: The First Two Waves*, National Civic Review, Vol. 83, No. 2 (Spring/ Summer 1994), p. 159 – 175.

② 参见江雪松：《国家治理体系中区域法治的文化解释》，载《理论月刊》2016 年第 9 期。

新的可持续发展观,这是迄今为止对人类发展最深刻、最透彻、最全面的认识,代表了当前人类社会发展最基本的价值取向。但正如人类对发展追求的认识是一个动态演进的过程一样,与生态相关的全面发展观作为发展思维的前沿,也在不断发展变化。

(三)区域一体的市域社会治理模式①

市域社会治理中的公共空间是多个利益相关者之间复杂互动的场所,其决策和活动影响着场所的品质。② 区域一体背景下的市域社会治理没有固定的模式,不同的国家、不同的区域,甚至同一国家的同一城市在不同的时期,可以呈现各自的特点。基于此,关于城市治理模式存在不同的观点。在考察文献之后,我们比较推崇这样几种城市治理模式:(1)企业化城市治理模式。将城市看作一个经营体或者经营组织——公司(企业),按照企业的治理模式来治理城市,这就是企业化城市治理模式。有文献考证后认为,这种城市治理起源于美国。现代企业治理的基本原则是问责制、透明度、公平性和责任感。而将企业治理原则应用在城市治理过程中,就需要在城市治理的相关法律法规或者政策的制定和实施过程中,有效落实问责制度、保证各项治理措施的透明度,让社会大众感受到公平,让城市管理者有责任、有担当。我们知道,企业在参与市场过程中是竞争性的,因此,在企业化城市治理过程中,应当建立竞争性的治理规则。比如,在多元治理主体参与过程中,引入社会治理主体的提供社会公共服务的市场竞争规则,将有效提升社会组织在治理中的责任感。③ (2)国际化城市治理模式。经济全球化是当代社会的主要特征,将城市定义为全球中的一分子,积极参与国际规则和运作,将城市融入世界经济发展一体化中,在生产、贸易等多个环节参与国际市场竞争,增加城市治理反应能力、法治、稳定、公平和包容性,公共事务以透明、参与的方式得到管理,这就是国际化城市治理模式。④

---

① 参见赵富强:《基于城市竞争力的城市经营理论研究》,武汉理工大学2004年博士学位论文。

② See Hadi Zamanifard, Tooran Alizadeh, Caryl Bosman, *Towards a Framework of Public Space Governance*, Cities, Volume 78, August 2018, p. 155 – 165.

③ 参见踪家峰、王志锋、郭鸿懋:《论城市治理模式》,载《上海社会科学院学术季刊》2002年第2期。

④ 参见徐润芳:《城市增殖经营研究》,西安理工大学2004年硕士学位论文。

这种模式的特征是:生产导向的国际化;管理方式国际化;技术合作的国际化;制度规则的国际化。(3)顾客导向型城市治理模式。这种治理模式是以新城市管理运动理论为基础的。该理论在20世纪80年代得到了较快发展,拓展了公共管理学的应用发展。该理论强调了评估和解释公共机构的绩效水平,探索政府管理战略,评估管理公共服务专业人员的能力等。顾客导向型治理模式就是在这种理论发展和应用中产生的。城市的管理者作为服务人员向社会大众——客户提供社会公共服务,城市管理者根据社会大众的需求导向调整服务措施,且预测社会大众的潜在需求,然后据此采取相应的城市治理行动。城市治理的成果取决于城市管理者预测社会大众的愿望和需求的方式。①

二、区域社会治理的法治论

(一)治理与法治的关系

从传统上理解,治理可以分为人治和法治。法治包括若干正式和程序性原则,涉及社区的治理方式。形式原则涉及社会规范的普遍性、清晰性、公开性、稳定性和前瞻性。程序原则涉及管理这些规范的程序,以及管理这些规范所需的法院和独立司法机构等机构。"法治"是一个动态的概念,无法给出任何准确的定义,然而,这并不意味着对它所代表的基本价值没有一致意见。"法治"一词的使用与人治相矛盾。"法治"一词源于"合法化原则",指基于法律原则而非人治的政府。简言之,"法治"一词指的是一个国家的运行状态,在那里,法律基本上得到遵守,秩序得到维持。它通过规定人民依法行使权利,保护人民免遭政府及其官员的任意行为。法治强调,政府的职能应在限制酌情权的公认规则和原则的框架内进行。法治不仅描述了正式的法律框架,而且旨在在充分接受人的尊严的基础上实现正义。政府政策或公共政策必须纳入法律才能实施。从国际组织文件可以看出,治理和法治是2015年后可持续发展议程的优先事项,必须以法治和善政以及对公正和民主社会的全面承诺为各国发展之指导。法治有三层含义:(1)法律至上。一个法治国家内,所有的权威来自法律,而非

① 参见张传烈:《建国以来城市管理思想研究》,吉林大学2008年博士学位论文。

其他,法律是具有最高权威的行为准则。(2)法律面前人人平等。法治最重要的要求是,处于管理或者权力地位的人应该在既定公共规范的约束框架内行使权力,而不是根据自己的偏好或意识形态以武断、临时或纯粹自由裁量的方式行使权力。它还要求公民尊重和遵守法律规范,即使他们不同意这些规范。当他们的利益与他人的利益发生冲突时,他们应该接受法律对其权利和义务的确定。而且,法律对每个人都应该是一样的,这样没有人可以凌驾于法律之上,每个人都可以获得法律的保护。(3)法律精神的主导。它意味着常规法律相对于自由裁量权的绝对优势,排除了任意性的存在,它禁止政府官员拥有广泛的自由裁量权,这意味着司法应根据既定的或书面的法律原则,而不是根据赋予个人(政府官员)的自由裁量权。① "法治要求政府服从法律,而不是法律服从政府",从这个意义上讲,"法治"排除了政府官员与其他公民一样不受法律约束的想法。

改善治理需要建立在政府和公民合作基础上的综合长期战略。它涉及参与和机构。法治、问责和透明度在一定程度上是技术和法律问题,但也是互动的,以产生合法、有效、得到公民广泛支持的政府,以及强大、开放、能够在政治和政府中发挥积极作用的公民社会。②

任何社会治理行为都应通过法治的方式进行;法治也通过社会治理活动的进行得到推进与发展。法治与社会治理在价值取向上是高度一致的。③ 法治是衡量社会治理体系和治理能力现代化的重要标准之一,④法治是有效协调不同利益主体的必要条件之一。⑤ 创新社会治理和建设法治社会都是系统性工作:创新社会治理,必须在法治社会的大环境下才有可能实施;而建设法治社会,又

---

① See Waldron, Jeremy, "The Rule of Law", *The Stanford Encyclopedia of Philosophy* (Summer 2020 Edition), Edward N. Zalta (ed.), URL = <https://plato. stanford. edu/archives/sum2020/entries/rule-of-law/>. https://plato. stanford. edu/entries/rule-of-law/.

② See Johnston, Michael, Good Governance: Rule of Law, Transparency, and Accountability, https://etico. iiep. unesco. org/en/resource/good-governance-rule-law-transparency-and-accountability.

③ 参见张有亮、杨喜璐、尚巧艳:《社会治理法治化论析》,载《黑河学院学报》2017 年第 1 期。

④ 参见姜晓萍:《国家治理现代化进程中的社会治理体制创新》,载《中国行政管理》2014 年第 2 期。

⑤ 参见刘雪松、宁虹超:《社会治理与社会治理法治化》,载《学习与探索》2015 年第 10 期。

必然要落实为有效的社会治理。因此，创新社会治理，要注重把社会意识的培养与法治社会的建设相结合，协同推进，社会治理才有坚实的基础。[①]

《中共中央关于全面深化改革若干重大问题的决定》提出，"改进社会治理方式。坚持系统治理，加强党委领导，发挥政府主导作用，鼓励和支持社会各方面参与，实现政府治理和社会自我调节、居民自治良性互动。坚持依法治理，加强法治保障，运用法治思维和法治方式化解社会矛盾"。[②] 现代法治为国家治理注入良法的基本价值，提供善治的创新机制，法治对于国家治理现代化具有根本意义和决定作用。[③] 法治是一种社会治理理念，这种理念或者价值观指导具体法律规范的建构，而法律规范对社会关系进行调整。同时，这种治理理念也鼓励社会成员的自治规则的形成，并与国家法一道形成一整套规则体系，从而实现对社会的整体和谐的治理。[④] 在我国依法治国方略的指导下，只有坚持法治，才能实现我国社会治理的法治化和现代化。[⑤]

（二）社会治理法治化的发展阶段

改革开放后，随着我国经济的长足发展，社会上也出现了诸多的不和谐问题，这给我国社会治理工作提出了挑战。就此问题，我国出台了一系列的社会治理的规定，并在社会治理的基础上，进一步提出了社会治理法治化的概念。在党的十八届四中全会重点部署法治中国建设之后，如何实现社会治理合作、互动、协调、均衡呢？[⑥] 如上文法治与治理的关系中所论述的，法治是一项治理原则，其中所有个人、机构和实体，无论是公共还是私人，包括国家本身，都要对公开颁布、平等执行和独立裁决的法律负责。它要求采取措施，对遵守法律至上、法律面前人人平等、对法律负责、公平适用法律、分权、参与决策、法律确定性、避免任意性以及程序和法律透明度等原则加以确保。法治的作用在于：对

---

① 参见黄梅香：《法治社会建设视野下的社会治理研究》，华侨大学 2016 年硕士学位论文。

② 参见党的十八届三中全会审议通过的《中共中央关于全面深化改革若干重大问题的决定》。

③ 参见张文显：《法治与国家治理现代化》，载《中国法学》2014 年第 4 期。

④ 参见江必新、王红霞：《社会治理的法治依赖及法治的回应》，载《法制与社会发展》2014 年第 4 期。

⑤ 参见张有亮、杨喜璐、尚巧艳：《社会治理法治化论析》，载《黑河学院学报》2017 年第 1 期。

⑥ 参见陈朋、张明军：《社会治理法治化的价值取向及实践回应》，载《人民论坛》2015 年第 17 期。

国家安全以及政治稳定至关重要;实现经济和社会的进步与发展;保护人民的权利和基本自由。它是人民获得公共服务、遏制腐败、遏制权力滥用以及在人民与国家之间建立社会治理契约的基础。法治与社会发展紧密相连,加强社会治理的法治化是实行可持续发展目标的重要保障。必须坚持依法治国,即以"法"为治国之基础、以"法"为治国之推动力,在良好法治氛围中推进社会治理、国家治理。①

管理到治理体现了我国深化行政体制改革的整体路径。党的十八大对社会管理体制提出了新要求:党委领导—政府负责—社会协同—公众参与—法治保障。党的十八届三中全会对社会矛盾的解决提出了新思路和新要求:法律思维。党的十八届四中全会对社会治理法治化提出了四大治理要求:系统—依法—综合—源头。法治在社会治理中的地位日益提高。② 在党的十九大中提出了加强和创新社会治理的新理念和新举措,特别强调在立法方面应当做到:科学—民主—依法;同时强调,以良法促进发展、保障善治,提高社会治理法治化水平。党的十九届四中全会紧密围绕"推进国家治理体系和治理能力现代化"若干问题作出决议,确立了到我们党成立 100 年时,在各方面制度更加成熟更加定型上取得明显成效;到 2035 年,各方面制度更加完善,基本实现国家治理体系和治理能力现代化;到新中国成立 100 年时,全面实现国家治理体系和治理能力现代化,使中国特色社会主义制度更加巩固、优越性充分展现的总体目标。③

从党的十八大提出社会治理法治化以来,社会治理法治化的路径越发清晰,规定不断完善,随着法治的发展,社会治理展现出全新的景象。④

(三)社会治理法治化的基本内容

我国正处于深入推进改革的阶段,社会经济在发展的同时,也催生了当前

---

① 参见宋敏敏:《十八大以来中国共产党社会治理法治化研究》,四川省社会科学院 2017 年硕士学位论文。

② 参见钟宁、沈锐:《改革开放以来中国社会治理体制变迁的历程》,载《长春理工大学学报(社会科学版)》2019 年第 S1 期。

③ 参见宗艳霞:《着力推进社会治理法治化现代化》,载《探求》2020 年第 1 期。

④ 参见蒋立山:《社会治理现代化的法治路径——从党的十九大报告到十九届四中全会决定》,载《法律科学(西北政法大学学报)》2020 年第 2 期。

我国社会主要矛盾和诸多的社会治理问题。就中国特色社会主义建设而言，社会治理法治化的基本内容可以概括为以下几点：(1)有统一和完备的法律制度。健全科学的法律制度和体系是社会治理法治化的前提和基础。无论立法、司法和行政执法都必须要有一套科学规范的制度体系，任何一个环节存在制度性障碍将制约法治化的实现。就我国的法律制度而言，应当既具有惩罚性，又具有奖励性或者激励性，要摒弃只讲惩罚而不讲美德激励的立法技术，正如贾辛托·德拉戈内蒂(Giacinto Dragonetti)所言，"人类已经制定了数以百万计的法律来惩罚犯罪，但他们甚至没有制定一部奖励美德的法律"。(2)有符合法律制度的科学的自治规则体系。社会治理是一个系统性的工作，除了有健全的法律制度外，社会组织和团体若要参与社会治理，其自身必须建立一套与法律制度相协调的自治规范。(3)法律的权威性应当得到保障。从这个意义上讲，法律应当得到遵守，社会大众和政府部门将法律作为行为规则的最高标准。除此之外，没有更高的权威。法律既规范公民的行为，又限制政府的行为。对法律的适当尊重是保障社会治理秩序的前提。社会问题和社会矛盾的解决必须遵循法治模式，要确立法为最高的评判标准，将法治作为国家治理、政务处理之基本方式。[①] (4)坚持党对法治化工作的领导。中国语境中，党以人民为中心，其宗旨决定了在社会治理法治化过程中，必须坚持党的领导。党的先进性和历史经验已经充分证明，我国的社会治理工作离不开党，党员来自群众，又深入群众，是广大人民群众中的一员，其最能了解社会治理工作中人民群众的需求，进而将群众的需求通过制度化的方式表达出来。(5)社会治理法治化工作必须坚持群众路线，坚持多元共治、社会参与。社会治理是针对社会问题进行的治理，社会问题不能脱离群众，不能脱离社区。社会组织要积极参与社会治理工作，其应当有自律规范，保质保量完成社会服务工作。要更好发挥人民群众的积极性和创造性，把社会运行方式和治理体制纳入法治化的轨道。[②] (6)社会治理的法治化必须把民族风俗、习惯和传统的纠纷解决方式和多元纠纷化解机制有机

① 参见毛慧丽：《社会治理法治化的动因、价值追求及实现路径》，河南师范大学2016年硕士学位论文。

② 参见顾亚楠：《社会治理法治化研究》，中共陕西省委党校2019年硕士学位论文。

结合起来。法治化不是只强调法律的作用,其他的纠纷解决措施也是法治化的有益辅助和必要补充。有效促进社会治理模式在法治轨道上的明显成效。[①]

（四）社会治理法治化的基本向度

《中共中央关于坚持和完善中国特色社会主义制度推进国家治理体系和治理能力现代化若干重大问题的决定》明确提出,“社会治理是国家治理的重要方面”。这说明社会治理统一在国家治理范畴之内。[②] 社会治理的方向是法治化。[③] 社会治理法治化是国家治理体系现代化的应有喻义。[④]

根据党的十九大和党的十九届四中全会精神,新时代我国社会治理体制的内涵:(1)社会治理的领导者是各级党委。各级党委应当在社会治理中担负起领导者的角色,负责全面统筹社会治理工作。(2)社会治理的负责单位是各级政府。各级政府负责社会治理工作的具体落实,政策的推进。(3)社会治理的协同对象是社会组织。社会治理是治理社会,不能单独靠政府的力量,需要社会组织与政府共同推进。政府应当采用市场化的手段,把更多涉及社会公共服务的职能交由专业化的社会组织完成。(4)社会治理的方式是公众参与。社会治理除了党委、政府和社会组织之外,广大的社区居民、社会公众也应当参与到社会治理过程中,只有多元主体同进共商,社会治理工作才能取得更好的效果。当社会治理意指具体社会事务治理时,在大部分时候,社会治理与基层治理是重合的,从当前社会治理法治化的实践状况看,公众参与社会治理的共治观念仍有待加强。合作共治的治理理念仍将进一步深化。[⑤] (5)社会治理的有力保障是法治。社会治理是运用法治思维和法治方式进行的治理,社会治理坚持的主线就是依法治理,规则治理,只有如此,社会治理工作才能有序推进。(6)社会治理的现代化支撑工具是科技。时代在前进,科技在进步,应用新兴科技力量进行社会治理是必要和必需的,大数据和信息化科技将助力社会治理的效率

---

① 参见周保刚、马一超:《新时代社会治理法治化的认知与创新》,载《浙江工业大学学报(社会科学版)》2019 年第 3 期。

② 参见张文显:《新时代中国社会治理的理论、制度和实践创新》,载《法商研究》2020 年第 2 期。

③ 参见吴汉东:《国家治理能力现代化与法治化问题研究》,载《法学评论》2015 年第 5 期。

④ 参见刘雪松、宁虹超:《社会治理与社会治理法治化》,载《学习与探索》2015 年第 10 期。

⑤ 参见贾德荣:《社会治理法治化的实践路径探析》,载《辽宁行政学院学报》2019 年第 4 期。

和成效。要充分利用现代科技工具服务于社会治理工作,突出社会治理工作的现代性。[①]

（五）社会治理法治化的实现路径

社会治理法治化需要从完善社会治理立法开始,[②]需要完善相关法律,对社会组织加以扶持和引导,使其在社会治理过程中发挥更重要和更关键的作用。实现社会治理法治化,要完善社会主义法治体系,特别是社会公共服务领域的法律体系。要加强基层法治政府建设,加快政府法治化建设步伐和行政工作的法治化运行,提高公信力,培育法治信仰,为广大人民群众营造一个有序的法治环境。从依法化解社会矛盾层面来看,应在社会治理过程中依法处理社会矛盾,发挥法律在社会矛盾化解中的作用。[③] 社会治理的法治化主要包括法治运行机制、程序等。在社会治理发展的过程中,必须强化法律的监督机制,增强其保障作用。[④]

对于社会治理法治化的实现路径,存在多种观点(见表3-1)。

表3-1　社会治理法治化的不同观点

项目	观点内容
第一种观点	社会治理的法治化,应当做好五大体系建设:一是建立坚强的社会治理领导体系;二是建立完备的社会治理制度体系;三是建立高效的社会治理运行体系;四是建立严格的社会治理监督体系;五是建立客观的社会治理评价体系[⑤]
第二种观点	推进国家与社会治理法治化的理念、路径与方法包括:树立法治理念,实现国家与社会治理模式的转型;明晰国家与社会治理法治化建设的基本任务与要求;加快政社分开的法治建设;培育社会组织;营造国家与社会治理法治化的人文环境[⑥]

① 参见胡一峰:《困境与对策:关于提高社会治理法治化水平的思考》,载《领导科学论坛(理论)》2014年第7期。

② 参见胡一峰:《困境与对策:关于提高社会治理法治化水平的思考》,载《领导科学论坛(理论)》2014年第7期。

③ 参见任芙英:《如何实现社会治理法治化》,载《人民论坛》2019年第2期。

④ 参见秦超:《社会治理法治化——走向法治中国的必然之路》,载《法制与社会》2015年第33期。

⑤ 参见刘雪松、宁虹超:《社会治理与社会治理法治化》,载《学习与探索》2015年第10期。

⑥ 参见徐汉明:《推进国家与社会治理法治化》,载《法学》2014年第11期。

续表

项目	观点内容
第三种观点	推进国家与社会治理法治化现代化关键在于理念、路径与方法的创新，必须要树立科学的国家与社会治理法治化现代化的理念，需要明晰国家治理与法治社会建设的基本任务与要求，培育国家与社会治理法治化现代化的人文环境①
第四种观点	社会治理法治化的具体路径：一是积极培育公共理性，奠定法治的社会基础，公共理性本质上是对所有公共活动参与者的一种规范和约束，也是现代社会治理所需要的精神原则和道德风尚；二是正确处理立法、执法、司法和守法的关系，立法是前提，执法是基础，司法是保障，守法是支撑，四者共同构成治理法治化的完整链条；三是建立科学的评估体系，有序推动社会治理法治化进程②

综合不同观点，立足新时代我国社会主要矛盾新变化，必须要坚持以人民为中心的发展思想，促进社会公平正义，需要深化社会治理的法治化，即构建科学的制度体系，推进依法行政并且完善调处机制。社会治理法治化还需要夯实基层治理，推进以法治为核心的基层治理。社会治理的法治化，在于治理体系和治理能力必须体现“法治”精神。对于社会治理法治化的实现路径，根据不同的路径方式，可以制定不同的实施方案。培育法治理念是实现社会治理法治化路径的基础，完善社会治理立法并且健全执法机制是实现社会治理法治化路径的重要条件，而构建完善司法救济制度是实现社会治理路径的重要保障。③ 首先，必须加强社会治理领域特别是公共服务领域的立法工作。④ 其次，必须确保法律实践的权威性，加强法律的实施和监督。再次，要保障执法的公平性，必须规范执法行为，切实维护群众的合法权益，让人民群众感受到公平正义，领导干部要运用法治的思维和法治的手段化解社会矛盾。最后，要加强普法教育，提高行政机关和社会大众的法治意识。让法治精神渗透到管理制度和管理行为中，使法律价值观

① 参见徐汉明：《推进国家与社会治理法治化现代化》，载《法制与社会发展》2014 年第 5 期。

② 参见陈朋、张明军：《社会治理法治化的价值取向及实践回应》，载《人民论坛》2015 年第 17 期。

③ 参见贾德荣：《社会治理法治化的实践路径探析》，载《辽宁行政学院学报》2019 年第 4 期。

④ 参见顾亚楠：《社会治理法治化研究》，中共陕西省委党校 2019 年硕士学位论文。

成为人们思考问题的价值取向。[①] 社会治理的法治化建设要强化和正确处理社会矛盾和问题的法治机制,使法治成为解决社会矛盾和社会问题的长效的制度化手段。[②]

三、区域社会治理的合作论

(一)协作与合作的理论认知

协作(collaboration)与合作(cooperation),就理论上而言,既有共通之处,又有所区别。

1. 协作的理论认知

"协作",是指某一部门或者个人在实施某一项目过程中,由于工作的需要,需要其他部门和个人进行协助以完成自己项目目标的过程。治理是指导集体决策的规则和形式,即治理是指公共和私营部门之间以及内部边界变得模糊的治理方式的发展(Stoker 1998)。协作治理是指针对某个具体的社会问题,不同的组织和主体通过利用各自的长处、发挥各自的作用来解决,与单个个体独立行为相比,这种模式具有更明显优势,能够将不同组织或者个体的长处集合起来解决问题。[③] 与其他治理方式相比较,协作治理强调权利和资源的互补与共享,以取代决策和执行的对抗和管理模式。它是以完善的政策法规、发达的社会民主和依法行政为前提,以协作性公共管理为理论基础,强调非国家利益相关者的作用,将公共和私人利益相关者聚集在公共机构的集体协商论坛上,参与以共识为导向的决策,形成一个资源互补、权力共享的动态组织系统,这个系统中的参与主体通过对话、建立信任、发展承诺和共同理解,旨在制定或实施公共政策或管理公共项目或资产。[④] 在协作治理模式下,影响协作是否成功的关键因素包括先前的冲突或协作历史、利益相关者参与的动机、权力和资源不平

① 参见蒋继华:《推进社会治理法治化建设》,载《学习时报》2018 年 6 月 4 日,第 4 版。

② 参见陶进华:《推进社会治理法治化应当关注的几个问题》,载《成都行政学院学报》2018 年 6 月 4 日,第 4 版。

③ 参见刘素素:《关于社会治理中的协作与合作的认识》,载《青年与社会》2018 年第 33 期。

④ 参见颜佳华、吕炜:《协商治理、协作治理、协同治理与合作治理概念及其关系辨析》,载《湘潭大学学报(哲学社会科学版)》2015 年第 2 期。

衡、领导力和制度设计等。

2.合作的理论认知

合作是指部门与部门之间、个人与个人之间或者部门和个人之间为实现共同愿景,共同协商、合力同进的一种工作方式。合作意味着对特定结果的共同所有权和利益共同努力。合作治理是发生在国家政府和非国家利益相关者的主观意识的前提下的,是一种非强制性的、主动性的社会治理模式。① 合作治理意味着,政府和非国家利益相关者通过协商共治的方式,共同实施公共政策或者管理公共项目的过程。② 就合作治理而言,其目的是维护合作民主、嵌入决策和发展能力。一个成功的合作治理需要在信任、透明度、谨慎决策和对成员的反应之间取得微妙的平衡。其具有显著的自我特征:(1)共同性。共同协商,共同努力,实现共同目标。(2)责任性。在合作治理过程中,各个治理主体分工明确,角色定位清晰,责任指向清楚。(3)自主性。正如切斯特·巴纳德(Chester I. Barnard)所言,“我相信有自由意志的人的合作能使人们自由地合作;只有他们选择共同努力,才能实现个人发展的全面性;只有当每个人都接受选择的责任时,他们才能进入人类的交流,从中产生个人和合作行为的更高目标”。在合作治理过程中,政府和非政府利益相关者就特定的事项采取协商一致的方式,在这个过程中,他们可以独立的、自主的和自由的进行协商,发表自己的意见。各个参与主体之间没有绝对的制约关系,也不存在绝对的领导和指挥权力。(4)平等性。政府和非政府利益相关者在整个合作过程中,地位基本是平等的,信任是他们之间的合作基础。合作治理是对包括协作治理在内的其他治理模式的升华,③已成为高效和有效的政府运行系统的必要条件,以确保社区的关切和意见在社会治理(特别是基层社会治理)中得到充分反映和照顾,是与现代社会治理更匹配的一种治理范式。

---

① 参见刘素素:《关于社会治理中的协作与合作的认识》,载《青年与社会》2018 年第 33 期。

② 参见颜佳华、吕炜:《协商治理、协作治理、协同治理与合作治理概念及其关系辨析》,载《湘潭大学学报(哲学社会科学版)》2015 年第 2 期。

③ 参见颜佳华、吕炜:《协商治理、协作治理、协同治理与合作治理概念及其关系辨析》,载《湘潭大学学报(哲学社会科学版)》2015 年第 2 期。

3. 协作与合作的厘清

协作和合作是两个经常互换使用的词,但就其本身而言,这两个是有区别的。这种区别会影响组织中完成工作的许多方式,包括人们如何将自己的工作与组织目标联系起来,以及他们如何看待自己的工作与同事或者其他协作或合作伙伴的工作之间的关系。协作与合作的关系,主要体现在:(1)这两个术语之间的区别很重要,因为协作这个术语意味着一个人的所有权,合作这个术语意味着两个或更多个人甚至整个组织的共同所有权和共同愿景。二者的区别点在于,这是为别人的项目工作还是与他人合作实现共同的目标。共同的目标是合作的关键驱动力。合作的目的是单一而清晰的,参与者的行动都需要事前协商和共同同意,而协作则不需要这种事前协商,即使协作过程中需要协商,也是出于对协作关系和协作路径的优化。合作是具体性结果导向的社会性行动,合作的目的是事前就确立的;而协作是过程导向的社会性行动,是有着明确方向的连续性过程,其目的并非事先就确立,只要方向正确,就不会局限于某一时间的结果是否符合目的。协作更倾向于抹消主体的个体性,在协作之中,各个参与主体是作为形式上的存在,不是完整的个体而是抽象的协作者,是符合一定有利于协作的条件的载体,协作更偏向这些"条件"的共同行动,将各个主体当作耦合的零件与工具。而合作则是各自独立、各具意识的主体之间的共同行动。合作的任何一方都首先是独立的、具有个体性的人,合作依靠的正是这种具有意识的相互信赖,而他们所具备的有利于合作的条件则是次要因素。(2)协作根本上是被动的、他治的,而合作是自主的、自治的。协作的本质是将各个主体的意志统一成大的集体意志,由此意志来主导共同的方向和分工,主导各个主体之间的协调与配合,各个主体是被动的、无须表达自身意志的执行者,协作本身强调的是一个过程。合作的本质是在保持各主体个性的前提下共同行动。每一个主体都是独立自由的,每一个主体的愿望都能得到最大限度的表达和满足。合作的目标是在表达各种愿望上达成共识,各主体共同管理公共事务,获取利益最大化,实现合作共赢。(3)合作是协作的高级形态,具有保障性和可行性,合作是一种超越了协作概念的组织形式。与协作的感性基础不同,信任是合作的基础和动力。除了需要有统一的理解和一致的行动目标外,合作还强调合作方之间的相互信任。[①] 合作治理是社会治理理论不断发展壮大与公共治理范式不断发展成熟的必然结果，是对协商、协作与协同治理的扬弃，是“民主治理”的更高阶段，正日益成为主流的社会治理范式。[②]

在社会治理中，协作与合作是两种不同的社会治理模式。然而，长期以来，由于无法区分两种模式的区别，出现了混用两种模式的情况。从社会工业历史发展过程来看，我们可以对其有更直观的认识。其实，从行为的主观模式上分析，合作是对社会关系和生产关系进行主动的构建——集中体现了主观能动性，而协作是被动的行为——体现的是消极性，协作方和被协作方在协作过程中的地位是不同的，主观能动性也是不同的。公共产品的生产是需要汇聚和集结个人的力量，而现代社会之前的政府不会汇聚和集结个人的力量。从这个意义上来说，它不同于现代公共组织，因为现代公共组织需要汇聚个人力量，进而提供公共产品。[③]

近年来，基于不同的历史演进路径和政治发展背景，各国学者对合作治理的具体概念有不同的理解，但在不同领域达成了一定的共识。学者普遍认为，合作治理有一个集体平等的决策过程，所有参与者都有参与决策的实质性权利；合作治理也是一个协商的过程，为了解决公共问题，合作治理往往是通过协商来进行的；在合作治理中，共识是合作治理的基本取向，而合作治理的目标是使参与者达成合作的目标，达成共识，得到一个使所有主体尽可能满意的决策方案。[④]

（二）社会治理合作论的基本内容

社会治理，就实践层面上而言，其等同于“治理社会”，也就是特定的治理主体对社会实施的有效管理。近年来，中国社会治理实践呈现合作的倾向。

合作治理是将利益相关者纳入多边和以共识为导向的决策过程的明确和

---

① 参见颜佳华、吕炜：《协商治理、协作治理、协同治理与合作治理概念及其关系辨析》，载《湘潭大学学报（哲学社会科学版）》2015 年第 2 期。

② 参见颜佳华、吕炜：《协商治理、协作治理、协同治理与合作治理概念及其关系辨析》，载《湘潭大学学报（哲学社会科学版）》2015 年第 2 期。

③ 参见张康之：《“协作”与“合作”之辨异》，载《江海月刊》2006 年第 2 期。

④ 参见蔡岚：《合作治理：现状和前景》，载《武汉大学学报（哲学社会科学版）》2013 年第 3 期。

正式战略。[①] 它的目的是以权利共享的形式实现共同利益、共同管理公共事务。目前，各级政府也正尝试将合作治理的新范式用于应对经济社会新的变化和挑战。同时，其价值理念和实践经验也蕴含着中国特色社会主义行政体制改革的目标导向与治理逻辑，其对于走出中国特色社会主义行政体制改革困境给予了有益的启示。[②]

合作治理，就严格意义而言，需要的不仅仅是社会主体直接参与公共政策的制定，同时也需要各参与者能够对政策结果负责。换言之，也就是说，从实质意义上做到真正的共同决策、共享权力、共担责任，从而区别于松散意义上的公民参与模式，例如，咨询委员会、公民大会等。[③] 合作治理实质是强调政府和其他社会主体之间的互动。合作治理理论强调参与主体之间存在的不是简单隶属而是平等的伙伴关系。政府与其他社会主体之间能够为达成某项公共决策而进行谈判、协商乃至相互妥协，其最终目的是能达成一定共识，从而指引各方的合作行动。[④]

1. 合作治理与合作理性

合作治理是与合作理性进行良性互动的过程。理性是人根据其所处的客观条件、环境而作出的某种适合其行为的判断，是思维通过逻辑过程进行思考、理解和形成判断的能力。理性是社会主体对客体的一种能动的认知反应，是人特有的一种认知能力。人天生就具有趋利避害的能力，人具有社会性，人的实践行为也都具有一定的目的性。在实践中，社会主体有现实的合作需求，于是产生了合作行为，并在此过程中进一步认识到合作的必要性和重要性。随着对合作行为的认识逐渐深化，并最终提升为一种理性认识，即合作治理中的合作理性。因此，合作理性首先是一种理性合作的认知能力。合作理性打破了以权

---

① See Chris Ansell, Alison Gash, *Collaborative Governance in Theory and Practice*, Journal of Public Administration Research and Theory, Vol. 18, p. 543 – 571(2008).

② 参见王婷：《合作治理：中国特色社会主义行政体制改革的目标导向与治理逻辑》，载《行政论坛》2016 年第 6 期。

③ See Chris Ansell, Alison Gash: *Collaborative Governance in Theory and Practice*, Journal of Public Administration Research and Theory J-PART, 2008(4).

④ 参见王辉：《合作治理的中国适用性及限度》，载《华中科技大学学报(社会科学版)》2014 年第 6 期。

力为中心的结构，强调合作主体之间的平等互利。[①]

合作理性下的合作治理是一种对话的、连续的、有序的合作活动。合作治理不仅强调工具理性，即利用主体多元化提供公共服务来弥补政府的不足，提高行政效率，而且强调其价值理性，即达到社会公众参与、政府予以回应、达成一致共识的目的。[②] 理性认识的目的是补充和促进合作，以理性促进合作，以合作增强理性，规范和稳定合作治理，实现和谐互动的合作关系。以合作理性指导合作治理，促进合作理性在合作治理实践中走向公共理性。[③]

2. 合作治理的中国适用性

在全球化的推动下，合作治理已经成为主流的社会治理范式，对于源于西方的合作治理在中国是否具有适用价值，引发了学界的讨论。在对于合作治理的中国适用性的研究中，大部分学者指出了合作治理对于中国构建服务型政府、推动社会发展和提高公共治理能力的积极价值。通过分析合作治理产生的理论渊源和社会条件，也有部分学者认为，合作治理对于当今中国的环境而言，并不适用。

合作治理产生于相对成熟的市民社会和后现代社会的来临。讨论合作治理理论在中国是否适用，关键在于比较中国的社会现状是否与西方成熟的市民社会和后现代社会相适应。从国家与社会的关系分析，中国与西方国家存在较大的差异，我国目前处于政府主导的社会模式，社会组织与公众更多起到监督和查漏补缺的作用。中国社会也正处于双重转型的时期，由蒙昧封闭的前现代社会向理性开放的现代社会转型，又由整齐划一的现代社会向破碎多元的后现代社会转型。[④] 这种转型隐约证实了中国后现代社会的来临，由此看来，中国与西方国家相比，又具备一定的共同性，即具备合作治理理论适用的社会基础。

就中国而言，合作治理理论的适用性和适用范围与限度需要审慎考辨。在

---

① 参见史云贵：《论合作治理中的合作理性》，载《社会科学战线》2019 年第 11 期。

② 参见王辉：《合作治理的中国适用性及限度》，载《华中科技大学学报（社会科学版）》2014 年第 6 期。

③ 参见史云贵：《论合作治理中的合作理性》，载《社会科学战线》2019 年第 11 期。

④ 参见王辉：《合作治理的中国适用性及限度》，载《华中科技大学学报（社会科学版）》2014 年第 6 期。

研究创新社会治理格局中的“公众参与，社会协同”时，要合理利用合作治理理论，不能简单照搬西方的经验基础，而需要在中国当前的政府与社会关系的背景下，具体分析中国的社会现状，厘清合作参与的领域和方式。研究合作治理理论的中国适用问题，有助于构建中国当代社会背景下的公共管理理论，推动国家治理体系和治理能力的现代化。

3. 合作治理模式的构建

现代治理体系的发展，趋向于政府与社会之间的互动。在许多公共事务的管理中，越来越多的社会组织和社会大众参与其中，政府和社会的互动变得越来越频繁。政府与社会关系的理想形态是实现双方的良性互动，形成一种合作治理的新格局，两者之间的合作既需要一个有效的政府，也需要一个具有自主性和开放性的社会。①

合作治理模式的构建，需要政府的积极介入。制度的架构和社会的运行都离不开一个积极高效运行的政府。有力的政府往往会成为社会制度有效运行的可靠保障，也能够为社会资本的成长提供积极因素。社会资本的核心源于信任，而社会信任的基础建设在于社会公平，政府的作用在于提供这样一个公平的社会环境。政府的决策将对社会信任产生积极或消极的作用。政府也可以通过政府经营与社会组织形成联系，这种嵌入性的治理形式能够推动与社会的良性互动和合作关系。这样的治理形式使两者不再是被分割的关系，而是组成一种更为亲密的、跨越公私界限的互动机制。在此机制的基础上，政府与社会组织的合作有了更为良好的基础环境。公民参与公共事务将促进政府向更好的方向发展，而一个好的政府又可以促进公民积极参与社会治理。②

合作治理也需要一个开放自主的社会，只有社会体系本身具备足够的开放性和自主性，才能为政府治理提供充分的基础条件。在开放的社会中，才可能

① 参见汪锦军：《合作治理的构建：政府与社会良性互动的生成机制》，载《政治学研究》2015 年第 4 期。

② 参见［英］罗伯特·D. 帕特南：《使民主运转起来》，王列、赖海榕译，江西人民出版社 2001 年版，第 133 页。

拥有积极参与社会治理的组织与部门，在这种参与以及与政府互动的过程中，政府决策的合法性、合理性和公众的接受度都会不断提升。这种良性的互动，不是对政府权力的削弱，而是为了实现公私部门的相互促进、资源共享。自主性强调各个参与主体的独立性，以及能够依照自身意愿进行活动的能力。如前所述，合作治理的“合作”要求保持各主体的个性，强调平等的伙伴关系。只有具有自主性的主体才能保护自身乃至整个合作群体的完整性，才能充分表达自己的意愿而不受外部因素的操纵，进而满足合作的前提。

合作治理依赖于政府与社会的良性互动，这种互动不是自发的，而是一个需要建构的过程。国家鼓励公众在政府指导下有序参与社会治理。政府主导下的合作治理可以最大限度地利用互补关系和协同效应，同时也可以扩大国家的外延。中国的合作治理是一个“私有化”与“公共化”交互的过程。①

合作治理的实现，要求政府对职责的履行变被动为主动，从消极应对转为积极谋划，在合作中履行引导职能。② 首先，政府需要完善权力共享机制。合作的基础与前提就是权力共享，合作治理的重要部分是权力共享机制的完善。对于合作治理的目的和要求，政府应当有清晰明确的认识，在此基础上注重权力共享机制的构建，推动政府内部权力赋权机制的完善，也同时组织好政府与非政府组织之间的权力分享，推动其权力共享机制的实施。其次，政府需要营造合作治理的环境。任何一段合作关系都无法逃避竞争与合作的关系的处理问题。合作本身建设在信任的基础上，需求友好的、良性的关系。在合作治理的过程中，政府需要营造一种友好的环境和沟通氛围，以便于各个参与主体充分、真实地表现出自身的意愿和想法，在彼此之间建立起良性的信赖关系。特别是在合作参与者尚未达到融洽的关系时，政府就必须充分发挥其在合作中的引导能力和凝聚力，使各方能为共同利益团结一致，为共同的目的而努力。再次，政府需要培养治理主体的能力。合作治理的能力取决于政府的能力、其他治理主体的能力和合作主体相互之间的协同能力。主体之间协同能力的提升，需要各

---

① 参见敬乂嘉：《合作治理：历史与现实的路径》，载《南京社会科学》2015 年第 5 期。

② 参见郑家昊：《政府引导社会管理：复杂性条件下的社会治理》，载《中国人民大学学报》2014 年第 2 期。

个治理主体的水平提升。在我国当前的社会环境下，治理主体能力不足是导致合作治理成效仍需提升的首要因素。[①] 合作治理强调主体的平等性，但政府在合作治理中毕竟仍扮演着特殊的角色，即使不是绝对的领导者，也仍然起着引导的作用，除了履行原本的固有的政府职能之外，还需要引导、培育其他的参与主体的能力，以保证其他主体也能够胜任这份治理职责。最后，政府需要维护良好的治理秩序。在合作治理的初级阶段，规范性文件的出台常常落后于实践的速度，治理失序的现象也因此时有发生。[②] 政府在合作治理之中，无法太过依赖其他参与主体，应尽可能避免各个主体各自为营、着重关注自身利益而非社会公共利益的风险，以免导致合作治理效率下降、效果不明显，无法达成预期的目标。政府需要确认公共服务的需求，对其类型、数量以及质量都要有明晰的认识，且能够对公共服务进行最终的合理的综合评估。只有政府在自觉并积极履行原有职能的基础上，继续在合作治理的合作关系中履行好引导义务，组织多元性的社会力量，开展切实有效的合作，才能最大限度地发挥合作应有的能力。

（三）社会治理合作论的发展现状

合作治理理论最初在20世纪80年代兴起于西方国家，是一种新的治理范式，旨在解决公共治理跨域的问题，其诞生以来，备受推崇，已成为各国治理改革探寻的主要方向之一。[③]

对于合作治理的具体理解，学者向来有许多不同的观点。有学者认为，从国家观念、社会科学学科制度以及现代性的解构出发，治理概念是复杂的，其理论的兴起原因复杂、需要应对的情形复杂，因此要给它下定义也必然是复杂的。[④] 在赞同治理概念的复杂性的同时，也有学者认为，虽然对具体定义存在分歧，但也存在一定的共识，其主题在于规则与秩序，基础在于社会的分化、

---

① 参见郑家昊：《合作治理的反思性阐释：合作意涵、发生机理及政府引导》，载《社会科学研究》2020年第5期。

② 参见郑家昊：《合作治理的反思性阐释：合作意涵、发生机理及政府引导》，载《社会科学研究》2020年第5期。

③ 参见胡厚翠、顾丽梅：《合作治理研究的文献解读》，载《中共福建省委党校学报》2017年第2期。

④ 参见王诗宗：《治理理论及其中国适用性》，浙江大学出版社2009年版，第37页。

组织化以及地位的平等化程度，而实现在于社会组织之间的合作意愿、能力与行动。① 与这种观点类似的是，认为治理可以分为拥有高度一致的核心理念的不同类型，合作治理和多中心治理、协同治理、协作治理等概念虽有着具体意思上的区别，但它们所蕴含的实质意义和根本内涵是相一致的，即倡导公共事务的合作治理模式。② 有学者对治理的参与主体提出了自己的观点，认为这类主体具有多元性。有学者认为，合作治理模式从主体的角度分析，是由公共行动者对公共事务进行的共同处理。③ 有学者认为，科技知识被广泛传播和运用，在治理的过程中，专家、政治家和社会公众也有所参与和贡献，他们彼此相互依赖、相互影响，造成了价值与事实、权力与真理的交融，难以彻底分割。④

学界对于合作治理的研究，也从其外在的概念阐释延伸到了其内在特性的分析。有学者认为，合作治理具有治理主体的异质性、治理目标的公共性、治理网络的整体性三个个性特征，⑤并且与协作治理、协商治理、协同治理存在一定的共通点，如治理主体的多元性、根本目标的整合性、公共权力的分散性，又同时具备其他治理方式没有的独特特征，更加强调双方互利互惠的原则、淡化政府主体的中心地位。⑥ 处于后工业化时代的背景下，有效的社会治理必须强调治理主体的多元性、治理过程的合作性、治理结构的弹性、治理方式的多样性、治理取向的一致性。⑦

根据合作主体构成的不同，可以将合作治理分为三种，即由政府、社会、市场构成的合作群，主要从宏观上探讨社会治理的方式；由跨域或跨层级的政府部门组成的合作群，主要研究跨域治理；由社会群体中不同利益相关主体组成

① 参见刘辉：《管治、无政府与合作：治理理论的三种图式》，载《上海行政学院学报》2012 年第 3 期。

② 参见刘力锐：《网络社会的合作治理：赋能的技术与能动的政府》，载《中共杭州市委党校学报》2015 年第 2 期。

③ 参见顾丽梅、翁士洪：《网络参与下的地方治理创新》，上海人民出版社 2015 年版，第 227 页。

④ 参见李瑞昌：《共识生产：公共治理中的知识民主》，载《学术月刊》2010 年第 5 期。

⑤ 参见刘力锐：《网络社会的合作治理：赋能的技术与能动的政府》，载《中共杭州市委党校学报》2015 年第 2 期。

⑥ 参见颜佳华、吕炜：《协商治理、协作治理、协同治理与合作治理概念及其关系辨析》，载《湘潭大学学报（哲学社会科学版）》2015 年第 2 期。

⑦ 参见柳亦博、李倩：《论后工业化时代的动态合作治理》，载《管理现代化》2014 年第 4 期。

的通常不涉及政府组织的合作群，主要解决社区问题。[①] 合作治理并不意味着合作就当然适用于任何领域，应就事务的具体情况、时间的要求、部门以及人员的安排、政府的具体权力及能力等进行结合实际的讨论分析。[②] 有学者将合作治理分为了权威型与民主型两种模式，在相应的国家—社会环境下分别适用。[③] 前文也提到，合作治理需要较为成熟的市民社会，没有成熟的市民社会作为基础，合作治理就无法在公共政策领域适用，而只能运用于公共服务领域。[④] 在政府、契约和网络三种跨界治理的机制下，学者提出了政府主导型、契约主导型和网络主导型三种不同的合作治理模式，三者各有侧重，根据公共问题的属性的不同，需要选择不同的模式。[⑤]

随着全球化和后现代化的进程，合作治理已成为时代的发展方向。从根本上而言，它是政府与社会、公共与私人部门之间的互动，是建立在治理主体平等前提下的和谐共治。这种共治不是自发过程，而是一个需要政府与社会双方进行互动的秩序建构过程。对我国而言，只要这种建构的重要性被我国社会充分认识，集合政府和社会的力量，合作治理的理想模式是可行性的，这也是我国未来社会发展的大势所趋。[⑥]

（四）现代政府合作模式

长期以来，尽管人们对政府作用的有限性和普遍性争论不休，但大多数学者还是认为，政府的基本作用有三个：（1）通过保护人身和财产来维持秩序；（2）提供公路、学校、国家公园等公共物品；（3）通过健康和福利计划以及社会

---

① 参见黄建伟、刘军：《社会治理变革中的合作治理：辨析、建构与展望》，载《湖南社会科学》2019年第1期。

② 参见操小娟：《合作治理的法律困境和出路》，载《武汉大学学报（哲学社会科学版）》2008年第2期。

③ 参见唐文玉：《合作治理：权威型合作与民主型合作》，载《武汉大学学报（哲学社会科学版）》2011年第6期。

④ 参见王辉：《合作治理的中国适用性及限度》，载《华中科技大学学报（社会科学版）》2014年第6期。

⑤ 参见范永茂、殷玉敏：《跨界环境问题的合作治理模式选择——理论讨论和三个案例》，载《公共管理学报》2016年第2期。

⑥ 参见胡厚翠、顾丽梅：《合作治理研究的文献解读》，载《中共福建省委党校学报》2017年第2期。

平等政策促进平等。① 从根本上来说,现代政府是不需要合作的。在合作精神中,协作和合作有区别,就在于协作强调的是结果,无论用了什么办法,无论是不是采取了强制的措施,只要在结果上实现了协作的目的即可,这可以称为“唯结果论”。但合作更强调动机和过程,不仅强调最后的目的是合作的,更要强调追求合作的手段和过程不能存在任何的非自愿性问题,这可以称为“过程与结果双重论”。当前,我国处于新的历史发展机遇期,需要建构全新的合作体系。从上述分析可以看出,现在社会治理模式应该从协作转变为合作,这是历史发展过程的要求,也是促进社会治理更有效率的要求。另外,坚持合作的社会治理模式,能够降低社会治理的成本。“协作”和“合作”论在一定程度上为社会治理提供了新的视野。②

四、区域社会治理的社会权力论

(一)社会权力与国家权力

社会及社会主体鲜少提及权力,更多的是主张权利。为了论述这个问题,应当明确对“权力”一词的界定。有观点认为,“权力是指它的保持者在任何基础上强使其他个人屈从或服从于自己的意愿的能力”。③ 也有学者认为,权力是“一个人或许多人的行为使另一个人或者其他许多人的行为发生改变的一种关系”。④

那么何谓社会权力呢?社会资源是嵌入一个人的社会网络和社会关系中的资源。这些是自我与之有直接或间接联系的其他个体所拥有的资源,包

---

① See Kenneth Janda, Jeffrey M. Berry & Jerry Goldman, *The Challenge of Democracy*, *Chapter* 1: *Freedom*, *Order*, *or Equality*? https://college.cengage.com/polisci/janda/chall_dem/5e/students/chapters/ch1_synp.html.

② 参见张康之:《论社会治理中的协作与合作》,载《社会科学研究》2008 年第 1 期。

③ [英]布洛克、斯塔列布拉斯主编:《枫丹娜现代思潮辞典》,社会科学文献出版社 1988 年版,第 453 页。

④ 《大不列颠百科全书》(第 14 卷)。转引自中国社会科学院政治研究所编:《政治参考资料》1983 年第 1 期。

括有形的物品,如金钱、信息、商品和服务,也包括无形的资源,如权威。① 运用这些社会资源可以形成某种对社会的支配,从而对国家权力产生实际的影响力。② 这就是社会权力的基本内涵。那么又何谓国家权力呢? 国家权力是指一个国家实现其国家利益目标的能力。国家权力是一个国家为实现其国家利益和目标而使用的权力和能力的结合。国家权力的要素有经济权力、军事权力、地理权力、联盟权力、内部政治权力和国际社会的影响力。国家权力总是动态的,是由几个因素决定的,如地理、人口、工业能力、外交、军事准备、领导素质和政府等。

社会权力与国家权力之间存在互补关系。国家权力的有效运作离不开社会权力的协助,比如,在应对公共安全危机、自然灾害等时候。国家权力本身是建构在社会权力的基础之上的,社会权力受制于国家权力的同时,又反作用于国家权力。因此,有效协调国家权力与社会权力之间的关系需要一个国家高度重视。作为一名哲学家和社会学家,尤尔根·哈贝马斯(Jürgen Habermas)认为,国家权力是"公共权力"。国家及其强有力的实践和权力不是公共领域的一部分,而是形成意见的公共领域的对应物。因此,公众舆论必须在日常讨论中以及通过正式选举来控制国家及其权力。公共领域是民主的产物。尤尔根·哈贝马斯进一步指出,不能继续把宪法理解为一个主要调节国家与公民关系的秩序框架,经济权力和社会权力之间需要法治国家之规训程度,不亚于行政权力。③

(二)社会权力的内容解构

社会权力的概念是多样的,并且深受不同历史时期的影响。从个体主义角度分析,社会权力作用于他人的感知、性格、兴趣、意志以及个人自我的所有其他方面。有学者将社会权力分为六种类型:(1)奖励权(reward power)。奖励

---

① See Nicole B. Ellison, Jessica Vitak, Rebecca Gray, *Cliff Lampe. Cultivating Social Resources on Social Network Sites: Facebook Relationship Maintenance Behaviors and Their Role in Social Capital Processes*, Journal of Computer-Mediated Communication, Volume 19, Issue 4, 1 July 2014, p. 855 – 870.

② 参见郭道晖:《社会权力与公民社会》,载《山东科技大学学报(社会科学版)》2007 年第 2 期。

③ 参见[德]尤尔根·哈贝马斯:《公共领域的结构转型》,曹卫东等译,学林出版社 1999 年版,第 168 页;徐和平、吕成:《社会权力的培育及其司法规制》,载《学术界》2011 年第 9 期。

权力是当别人遵从你的意愿时给予奖励的能力。(2)强制力(coercive power)。这是一种实施惩罚的能力,是一种以可能的惩罚为动力来影响某人做某事的方法。强制力的有效性某种形式的制裁或剥夺威胁是一个人被迫表现消极利益的通常方式。强制力使自我受到双重负面约束。胁迫的存在和成功,以及它的有效性,取决于人们对受到威胁的消极利益的期望,即威胁的可信度。(3)参照力权(referent power)。这就是榜样发挥作用的地方,指代权力通常参照力是指某人得到他人的认同,是他人的参考模型。(4)合法权力(legitimate power)。合法权力是来自一个职位或角色的权力。合法权力的独特之处在于,它与理性的争论无关,即权力来自地位或角色。此外,角色可能比个人更重要。(5)专家权力(expert power)。专家权力是一种基于具有独特知识、专长、能力或技能的权力形式。专家力量是指专业知识或知识是力量来源的地方。(6)信息力(informational power)。信息权力是最短暂的权力类型,它不同于其他形式的权力,因为它是建立在你对特定情况的内容所知的基础上的,而其他形式的权力与内容是无关的。① 也有学者将社会权力分为强制力(coercive power)、议价能力(bargaining power)、智力(intellectual power)、权威(authoritative power)、利他权力(altruistic power)、操纵力(manipulative power)。②

从国家权力形成理论而言,国家权力是以公民权利为基础的,是公民赋予的,所以,公民当对国家权力有天然的监督权。但除此之外,必须进一步从社会方面寻求制衡国家权力的力量。③ 经济基础决定上层建筑,随着我国市场经济的蓬勃发展,政治社会也出现了新的局面,打破了旧有的国家垄断的局面,形成了"国家—社会"协作的二元化格局,出现了拥有自己的资源的社会主体,并且这些社会主体具备影响社会和国家的影响力和支配力,特别是现代社会,非政府组织势力发展,如工会、环保组织等,此类就是社会权力的典型代表,具有很大的强制性的压力。由此可见,公民权利就可转化成社会权力,显示其对国家

---

① See J. D. Meier, 6 Types of Social Power, https://sourcesofinsight.com/information-is-the-most-transient-form-of-power/.

② See R. J. Rummel. The Conflict Helix, Understanding Conflict and War: Vol. 2, Beverly Hills, CA: Sage Publications, 1976. https://hawaii.edu/powerkills/TCH.CHAP20.HTM.

③ 参见郭道晖:《社会权力与公民社会》,载《山东科技大学学报(社会科学版)》2007 年第 2 期。

权力的制衡力量。

社会权力的构建至少包括两个目标：一是获得良性的社会权力；二是使良性的社会权力获得公共权力的充分表达。所谓良性社会权力，是指按照法治要求形成和运行的社会权力。这两个目标实际上是从数量和质量两个方面来规定社会权力。[①]

（三）社会权力的权力来源

恩格斯认为，最初没有社会权力的概念，但这样的事实本来就存在。即使在原始社会，人类的本性也决定群居，形成一种集体力量，这是对抗大自然不可预知的力量。人们形成一定规模的群体后，需要一个权威主体来维护和控制一个更加稳定的秩序。例如，在原始部落和氏族公社中，酋长作为最高权力机构，负责祭祀、饮用水分配、部族间战争和平等。随着私有制的发展和阶级社会的形成，国家这一新的社会组织形式应运而生，原始社会的权力和权利被国家整合，此时，只剩下国家权力，社会权力几乎完全失去存在感。特别是在我国几千年的封建社会中，"皇权"处于至高无上的地位，只有国家的至高无上，而没有相对独立的社会。在现代资本主义社会，社会组织在对社会资源的拥有度上相对较广，社会组织对国家的影响力相对较强。新中国成立后，为了集中资源发展经济，国家实行计划经济体制，社会组织发展落后。改革开放后，特别是1992年我国提出建设社会主义市场经济体制后，随着我国社会经济的发展和社会矛盾的变化，社会主体逐渐发展壮大，其作用也越发凸显，逐渐拥有了更多的社会影响力。

在合作型地方法治中，社会组织对于政府的相对独立性关系，并不意味着社会组织取代或完全支配政府权力的使用。也就是说，国家与社会组织的关系不是排他性的对立关系，而是合作互动关系。因此，其背后的社会权力和政府权力并不是相互排斥的，而是基于信任的合作、约束、共存、共强关系。相反，如果回归政府主导的全方位治理，社会权力就没有生存和发展的空间。因此，社会权力的发展和运用要求政府在调整政府权力的基础上，以转变职

① 参见吕明：《马克思社会权力思想及其对中国法治建设的启示》，载《江淮论坛》2007年第4期。

能为基本方向,为政府权力公共性和社会权力公共性提供共同的成长空间。这一过程实际上是政府在治理过程中推动的开放的民主政治空间。地方政府民主化进程是中央政治约束允许的行政职能转变和职能提升的重要形式。这并不是打破行政的政治角色,而是在不触及政治体制根本的前提下,缓解地方政府全能性与地方治理模式之间的矛盾,解决政府与社会的关系等问题。在地方政府无法应对高度复杂、瞬息万变、多重要求的社会环境下,调整政府与社会的权力关系和权力运行空间是更为恰当的政策选择。社会权力对权力运行的内在要求,是使社会权力回归社会自身,争取社会主体在独立的空间中行使公共权力,实现公共利益。因此,地方政府不能也不应该在社会领域发挥唯一管理者的权力,而需要通过与社会权力的互动形成合作关系和合力,形成社会关系的同构。

地方社会秩序的形成不是由外而内的政治、法律和权力单向塑造的,同时,还将根据当地的自然生态、文化传统、风俗习惯和内部秩序进行内部调整。例如,对边远民族地区的治理,往往建立在传统治理、新兴社会力量和民族习惯的基础上。在全球化和信息技术时代,政府和市场的双重失灵使政府管制盛行的地方治理模式受到重大挑战,从而赋予公众参与政府社会的权利。但事实上,控制社会变迁的仍然是以政府为中心的发展模式。

在实践中,地方社会治理对政府权力的态度是复杂的:一方面,认为政府权力是必要的,可以通过政府权威实现资源的强制性调整和公共服务的福利供给,从而在法律框架内基本保证社会秩序的稳定和安全;另一方面,政府权力渗透的地方社会领域缺乏自力更生的主体性和多样性,无法应对复杂时代的挑战,缺乏生动的社会实践,治理效果无法凸显。虽然权力制约是法治的核心,但过度驱逐政府权力可能导致地方社会的混乱,因此,在国家法律框架内,政府的权力治理对地方社会也具有重要意义,其关键在于如何控制界限和划定界限,以及如何激发多元社会力量发挥其合作与规范作用,从而在动态基础治理中形成治理权威。

社会权力权威在基层社会治理中逐步确立,实现真正的社会导向,这是能够赋予价值的定向视角和管理实践的结果。[①] 从社会权力的产生、发展和成熟的角度,可以分析社会权力在社会规则形成中的重要地位,同时,我们可以看到,社会权力在动态的地方治理活动过程中发挥着重要作用。这从地方法治领域治理权威形成路径中的社会权力机制中可以看出:一是社会权力代表了社会主体的合作理性。地方社会治理秩序的稳定性和治理效果的确定性要求治理权力本身具有组织结构和确定性权力。社会权力本身是以个体集合为基础,进而形成相对稳定的社会组织关系,保证社会成员目标的一致性、成员的团结性和行动的统一性。在集体行动中,它可以防止成员的个体任意性,促使个体成员在集体理性意识下参与社会治理活动。正如但丁·阿利吉耶里(Dante Alighieri)所言:"人们不是被要求像动物一样生活,而是被要求遵循美德和知识。"内部权力结构的合理化保证了社会权力外部化的理性行为。在社会权力合理化的影响下,主体在地方治理领域的理性意识会增强,更容易掌握社会行为的基本规范。"他们将知道在这样一个庞大的群体中应该遵守什么秩序,采取什么步骤,以便他们能够始终如一地朝着共同的目标前进。"[②]个体意志服从代表社会群体意志的社会权力要求,内生秩序在社会主体内部和社会群体之间生根。正如安东尼奥·吉诺维西(Antonio Genovesi)所言"这是宇宙的一条法则,一个人如果不让别人快乐,就不能让自己快乐"。二是社会权力与地方政府权力的合作提供了一定的共生机制。社会权力作为介于个人权利与政府权力之间的保障领域,作为政府权力侵害个人权利的保障机制而存在。在法治中,以社会权力为代表的市民社会为二者的相互融合提供了合作机制和互动平台。社会权力制约着地方政府的权力,并在社会公共领域与政府权力相互配合,形成了保护地方公共权力的多渠道方案和制度机制。"每一个行为模式相对稳定的社会秩序都必须依赖于某种行动协调机制——通常依赖于影响和理解。"[③]在合作共生理念下,社会权力主体特别是社会组织和自治组织在与地方政府沟

① See Giuseppe Argiolas, *Social Management Principles*, Governance and Practice, Springer International Publishing AG 2017, p. 79 – 124.

② [法]托克维尔:《论美国的民主》(下),董果良译,商务印书馆 1988 年版,第 646 ~ 647 页。

③ [德]哈贝马斯:《在事实与规范之间——关于法律和民主法治国的商谈理论》,童世骏译,三联书店 2003 年版,第 172 页。

通、协商、参与和服务的过程中，通过理性表达意见，以社会力量维权、提供服务，这一过程必然增强组织成员对地方政府立法、政策、行政行为乃至决策的理解、善解和认同，这不仅提高了地方政府的公信力，同时也增强了社会成员对社会权力的信任，使治理过程更快，治理活动更有效，逐步建构社会权力的权威。三是社会权力的民主法治价值为社会秩序提供了内在要素。建立在政府权威基础上的社会治理往往呈现管理和控制的特点，容易导致社会关系的滞后和社会互动结构的固化，社会状态缺乏生机和活力。政府权力对社会的治理会导致控制、命令等社会关系和社会话语模式的出现，这已不符合文明社会发展的趋势。纵向治理的微观效应为社会权力尝试横向合作提供了契机。“如果社会关系的结构总是处于民众的横向接触和动态发展的过程中，就会促使人在竞争中寻找人力资本的最佳组合，使社会在民众的横向接触中形成合作态势，更能形成一个国家或民族的凝聚力，而不是纵向的等级关系。”①社会权力属于横向合作结构的关键环节。地方治理中社会权力的关键词是信任、合作、民主、互助、公益、法治、服务、慈善、责任，几乎完全符合治理理论和民主法治实践的要求。基于这些共同的价值观和目标，社会权力团结了公众，通过相互的集体行动培养了广泛而牢固的社会责任感和法治精神，确保了交往民主、协商民主和参与民主，确保各社会主体以更强的责任感理解和尊重政府治理、积极参与政府治理。

① 黎珍:《正义与和谐——政治哲学视野中的社会资本》,人民出版社 2008 年版,第 338 页。

第 二 篇

实践现状篇

第四章　成渝地区双城经济圈市域社会治理的实践现状分析

一、经济维度：成渝地区协同化的实践探索

2020 年 1 月 3 日，习近平总书记在中央财经委员会第六次会议上提出成渝地区双城经济圈的概念。重庆市委五届八次全会、九次全会，四川省委十一届七次全会、八次全会，都以推动成渝地区双城经济圈建设为主题或主要内容，从战略提出到清晰的顶层规划，成渝地区双城经济圈仅用了不到一年时间，成为推进最快的国家战略，这背后是国家高层的重视，也是川渝两地政府积极推动的结果。川渝两次召开党政联席会议，共同制定一系列实施方案，在最初的短短一年时间，签署各类合作协议达 236 份；共同推动开工建设 27 个标志性引领性项目，完成投资 354 亿元；包括产业合作在内的重大项目总投资额超 5500 亿元；两地首批遴选 101 名干部互派到重要部门和岗位挂职；干部专题培训超 6000 人；科技专家信息资源共享超 3 万人等。成渝地区双城经济圈建设上升为国家战略以来，川渝合作乘势而上，党政交流愈加密切，推进合作机制不断完善，政策协同持续强化，先行项目得到了实质性突破，社会共识得到了更广泛的凝聚，各项协同工作快步、有序、稳定地推进，呈现全面深化成渝地区双城合作的良好态势。2021 年 11 月 18 日，《成都都市圈发展规划》获批，《国家发改委关于同意成都都市圈发展规划的复函》（发改规划〔2021〕1661 号）要求，“落实成渝地区双城经济圈建设总体部署，充分发挥成都辐射带动作用和德阳、眉山、资阳优势，推动一体化、同城化发展，全面推进基础设施互联互通、现代产业协作共兴、对外开放协同共进、公共服务便利共享、生态环境共保共治，加快建设具有全国影响力的现代化都市圈，为推动成渝地区双城经济圈

建设提供强劲动力和坚实支撑”。①

20世纪后期,随着国内外发展形势的不断变化,我国国家发展战略也出现了重大调整,这为成渝地区发展创造了前所未有的发展机遇,多个战略交汇使成渝地区发展战略牵引力增强。国家相继提出西部大开发、“一带一路”倡议、长江经济带发展等多个国家战略,而成渝地区刚好处在以上战略的交汇点上,这进一步打开了成渝地区发展的未来空间:西部大开发使成渝地区成为西部投资和产业的集中承载地;“一带一路”拓展了成渝向西、向南发展空间,通过中欧班列、陆海新通道建设,成渝地区一跃成为西部内陆对外开放的新高地;长江经济带战略加强了成渝地区与东部发展地区的产业合作的深度和力度,有利于加快成渝产业多领域升级。新形势、新变化使成渝地区在新发展格局中扮演着越发重要的角色。近年来,成渝地区加快打造现代产业生产体系、加快承接东部产业的内陆转移,是全国为数不多的工业完整性较高、产业体系较完备的地区,全国40个工业大类中,成渝地区就有39个。这为成渝地区在未来产业竞争越来越激烈的情况下提供了重要的基础和发展支撑。同时,相比东部地区,成渝地区外贸依存度相比沿海城市群较低,有利于发掘内部市场潜力、拓展市场空间,在构建国内国际双循环中展现出独特的成渝优势。

(一)成渝协同化的发展目标②

为加快实现川渝地区经济社会高质量发展,推动成渝同城化建设,川渝两地按照不同维度,按照起步(初始)期、成长期、提升期三个阶段分步骤推进,在推动经济高质量发展、打造新发展理念、扩大对外开放、改善生态环境、提升民生福祉、增强治理效能等多个方面制订了发展规划,提出了发展目标,谱写出成渝同城化发展的新篇章。在成渝同城化时期,应当逐步提升成渝地区双城经济圈的经济实力、发展活力、国际影响力,增强支撑全国高质量发展的成渝作用。全面增强现代产业协作引领功能、创新资源集聚转化功能、改革系统集成和内

---

① 《国家发改委关于同意成都都市圈发展规划的复函》(发改规划〔2021〕1661号)。

② 参见《中共四川省委关于制定四川省国民经济和社会发展第十四个五年规划和二〇三五年远景目标的建议》,载四川省人民政府网,http://www.sc.gov.cn/10462/sydlb/syspbb/2020/12/10/2b6d34a876914938a1de212abd6561c9.shtml。

陆开放门户功能、人口综合承载服务功能，合力建成面向未来、面向世界、具有国际竞争力和区域带动力的(西部)都市圈。①

在经济高质量发展上，融合新发展理念，改革开放新高地建设取得决定性进展，在“十四五”期间达到高标准市场体系基本建成，重点领域和关键环节改革取得重大进展，立体全面开放态势更加巩固，更高水平开放型经济新体制基本形成。科技创新对经济增长贡献显著增强，研发经费投入强度提升幅度高于全国，建成国家创新驱动发展先行的城市经济群。

在改善生态环境上，能源资源利用效率大幅提高，资源配置更加合理，主要污染物排放总量持续减少，环境突出问题得到有效治理，生态文明制度体系不断健全，生态环境持续改善，城乡人居环境更加优美，绿色低碳生产生活方式基本形成，长江上游重要生态屏障更加巩固，人与自然和谐发展。

在提升民生福祉上，实现更加充分更高质量就业，居民收入增长和经济增长基本同步，城乡居民人均可支配收入增速高于全国，分配结构明显改善。基本公共服务均等化水平明显提高，公共文化服务体系和文化产业体系更加健全，人民群众精神文化生活日益丰富，全民受教育程度不断提升。社会文明程度得到明显提高，社会主义核心价值观深入人心。

充分利用战略机遇，占据“同城化”优势。利用好成渝地区双城经济圈建设、成都“东进”、“十四五”规划、重庆西进等重大战略机遇，将两地的发展主动融入国家大战略中。将经济增量融入“同城化”产业集群。在“总量”上攻坚，扩大经济发展规模，在“同城化”区域建设中提高“份额”。实施产业优化工程，加快发展培育主导产业、现代服务业、现代农业，提升内生动力支撑。力促区域联动，共享“同城化”优质资源。加强协商交流合作，共推区域经济协同发展。充分利用临空经济区、成都天府国际机场等优势平台，加快政策、项目、产业和人才的对接，实现真正的成渝“同城化”建设目标。②

---

① 参见《中共重庆市委关于制定重庆市国民经济和社会发展第十四个五年规划和二〇三五年远景目标的建议》，载重庆市人民政府网，http://www.cq.gov.cn/zwgk/zfxxgkzl/fdzdgknr/ghxx/gmjjhshfzgh/202012/t20201203_8614488.html。

② 参见陈天华、刘勇、金苗：《“同城化”区域比较中看资阳如何发展？》，载《四川省情》2021 年第 1 期。

（二）成渝协同化的效果初显

1. 成渝协同化给成渝双城发展拓宽了空间，带来了机遇

（1）交通基础设施建设，轨道交通、航空枢纽等领域建设空间巨大。当前，成渝地区交通基础设施互联互通水平与东部地区发达经济圈仍存在一定的差距，推进交通基础设施建设，完善成渝交通网络仍是成渝地区双城经济圈建设的重要任务之一。在提出成渝地区双城经济圈时，中央便将加强交通互联互通作为成渝地区双城经济圈建设的重点领域。2020 年 7 月，川渝交通部门共同出台了《成渝地区双城经济圈交通一体化发展三年行动方案（2020—2022 年）》，提出两地将聚焦基础设施补短板，加快构建内畅外联、快捷高效的区域交通运输体系，共同建设成都—重庆国际性综合交通枢纽，构建多层次“1 小时”交通圈，支撑打造 1 小时经济圈。两地在《中共四川省委关于制定四川省国民经济和社会发展第十四个五年规划和二〇三五年远景目标的建议》（以下简称《规划建议》）中提出，将加强交通基础设施建设作为推动成渝地区双城经济圈建设的重要任务。其中，四川省政府提出建设“四向八廊”战略性综合运输通道，打造一批全国性和区域性综合交通枢纽，加密区域城际铁路，加快建设市域（郊）铁路，打造轨道上的都市圈和经济圈。同时，进一步加强成都对外通道建设，打通成都至北部湾南向陆海联运大通道，开辟成都经达州至万州港的东向铁水联运新通道；加快推进国家民航科技创新示范区建设，建设成都全球性航空枢纽。①《重庆市国民经济和社会发展第十四个五年规划和二〇三五年远景目标的建议》提出，建设现代基础设施网络。建设国际门户枢纽，提升内联外通水平。共建世界级机场群，打造国际航空门户枢纽，建设轨道上的双城经济圈。可以预见，未来五年，随着《规划建议》的落地实施，成渝地区交通基础设施投入将进一步加大，在城际轨道、公路网络、国家航空枢纽建设等领域将进一步加快。②

---

① 参见《中共四川省委关于制定四川省国民经济和社会发展第十四个五年规划和二〇三五年远景目标的建议》，载《四川日报》2020 年 12 月 10 日，第 1 版；范锐平：《关于〈中共成都市委关于制定成都市国民经济和社会发展第十四个五年规划和二〇三五年远景目标的建议〉的说明》，载《成都日报》2020 年 12 月 31 日，第 1 版。

② 参见《中共重庆市委关于制定重庆市国民经济和社会发展第十四个五年规划和二〇三五年远景目标的建议》，载《重庆日报》2020 年 12 月 3 日，第 1 版。

（2）制造业地位进一步加强，电子信息、汽车等装备制造、生物医药、新能源汽车等战略性新兴产业迎来新的发展机遇。打造以制造业为主的现代产业体系是应对当前国内外形势变化的重要举措，也是成渝地区双城经济圈建设发展的重要支撑。"十四五"时期，提升产业链现代化水平，加快构建现代化产业体系是成渝地区产业发展的重要方向，制造业提质升级是其中的重要一环。2020年4月，重庆在《中共重庆市委关于立足"四个优势"发挥"三个作用"加快推动成渝地区双城经济圈建设的决定》中便提出，要加大电子信息、汽车装备等优势产业发展力度，加强大数据智能化创新，培育新的经济增长点、形成发展新动能。四川在《中共四川省委关于深入贯彻习近平同志重要讲话精神、加快推动成渝地区双城经济圈建设的决定》中提出，将聚焦电子信息、汽车制造、先进材料、医药健康等重点领域，高质量承接东部地区和境外产业转移；同时，协同重庆整合提升汽车、智能制造、电子信息等优势产业，打造电子信息、重大装备制造等世界级产业集群，并前瞻布局战略性新兴产业和未来产业。两地在《规划建议》中提出，打造全球重要的电子信息、装备制造等产业集群，培育人工智能、生物工程、量子信息等未来产业集群，加快壮大战略性新兴产业，支持生物医药、新能源汽车及智能网联汽车等产业集群集聚发展。可以预见，随着《规划建议》的实施，成渝两地制造业规模将得到进一步提升，电子信息、汽车等优势产业发展将提质升级，生物医药、新能源汽车等战略性新兴产业将实现快速发展。

（3）城镇化建设进一步加速，房地产、城市公共基础设施、教育、医疗等重点领域发展空间广阔。近年来，我国推进城镇化建设工作进入关键时期，我国整体城镇化率将进一步提高。相比东部地区而言，川渝两地城镇化进程相对缓慢，2019年，四川、重庆两地城镇化率分别为53.8%、66.8%，与东部城市70%以上的城镇化率仍有不小差距。同时，两地在公共资源共建共享方面仍存在较大改进和提升空间。2021年1月，两地共同出台《成渝地区双城经济圈便捷生活行动方案》，推动实施交通通信、户口迁移、就业社保、教育文化、医疗卫生、住房保障6方面16项重点任务，赋予两地人民群众更大的生活空间、更多的就业选择，加快两地公共服务共建共享。两地在《规划建议》中也提出，推进以人为核心的新型城镇化，推进区、县城镇化，补短板、强弱项，分类引导小城镇发展。

其中,四川提出常住人口城镇化率提升幅度高于全国。同时,两地还提出,将推进公共服务资源合理布局,基本公共服务实现均等化,使城乡区域发展差距和居民生活水平差距显著缩小。可以预见,成渝地区内城镇化建设将进一步加快,房地产、城市公共基础设施等城镇化领域将有巨大融资需求,成渝地区对文化、教育、医疗等公共服务的需求空间将得到进一步拓展。

2. 成渝双城目前正在大力推动成渝地区双城经济圈建设,正向着新的增长极的目标稳步推进

(1)交通基础设施建设加快,互联互通水平进一步提升。特别是2020年以来,成渝地区双城经济圈交通基础设施建设不断加快,互联互通水平明显提升。首先,铁路方面,截至2019年年底,成渝两地建有成渝铁路、成遂渝铁路、成渝高铁三条铁路线路。2020年以来,成渝两地加快部署一批铁路项目。截至2021年年底,渝西高铁正开展可研报告鉴修工作,渝昆高铁(川渝段)项目施工图已完成初审,成渝中线高铁完成可研鉴修审查,成达万高铁项目完成可研审查并获得国家发改委批复。2020年12月6日,成渝客专提质改造项目通过验收,成渝两地间步入"一小时生活圈"。其次,公路方面,截至2019年年底,川渝两地间高速公路通道达到12个,已通车高速公路里程超过1万公里。2020年以来,川渝强化公路通道建设,共规划了25条高速公路通道,目前已建成11条。广安过境高速公路东环线及渝广高速支线、渝武高速扩能等6个高速公路项目均在有序快节奏建设。再次,航运方面,2019年,嘉陵江正式全江通航,航道等级由五级提升为四级,通航标准达到单船500吨级。2020年,川渝加快推进嘉陵江利泽航运枢纽、涪江双江航电枢纽、渠江航道整治等一批重大水运项目建设,其中,作为嘉陵江全江渠化的控制性工程,嘉陵江利泽航运枢纽将使得嘉陵江通航能力从500吨级提升至1000吨级。2020年9月,《成都港总体规划》获批,成都港规划范围为成都市境内岷江、沱江段以及湖泊水库等33个通航水域。主要以岷江、沱江及其支流的通航水域和三岔湖为主,以朝阳湖、石象湖等其他湖泊库区及支小河流为辅。共规划168个码头(560个泊位),其中锦江港区51个(含锦绣天府塔码头群、城市阳台码头群、望江楼码头群、金融城码头群、南湖码头群、锦江生态带码头群及黄龙溪码头群等7个码头群),沱江港

区 53 个(含毗河码头群、小三峡码头群、淮州新城码头群、沱江第一弯码头群、简州新城码头群及简阳码头群共 6 码头群。其中包括货运码头 7 个),其他湖泊库区码头 64 个。规划利用各类岸线总长约 25,615 米,其中已利用岸线 3865 米,规划利用岸线 16,666 米,预留岸线 5084 米。成都港以践行交通运输与旅游融合的新思路,以内河航运高质量发展的新要求,将其功能定位于以旅游客运为主,适度发展货物运输,最终发展成为国际知名的旅游港口。① 最后,机场方面,截至 2019 年年底,成渝地区共建有民用机场 9 个,2019 年完成旅客吞吐量 11,040.1 万人次,增长 8.2%。其中,成都双流国际机场、重庆江北国际机场旅客吞吐量分别达到 5585.8 万人次、4478.7 万人次,分列全国机场第四、第九位。《西南地区机场生产统计简报》显示,2020 年,成都双流国际机场实现旅客吞吐量约 4074 万人次,位居全国第二。国家民航局信息显示,2020 年,重庆江北国际机场累计完成旅客吞吐量 3493.8 万人次,位居全国第四。② 同时,在全国各省(区、市)旅客吞吐量增速上,成渝地区也增速较大,排名领先(见表 4－1)。2020 年 11 月,成都天府国际机场完成试飞工作,2021 年 6 月 27 日,四川省委书记彭清华正式宣布,成都天府国际机场正式投入运营,成都成为全国第三个拥有两个国际机场的城市。交通基础设施建设是成渝地区双城经济圈发展的重要基础。

当前,成渝地区内交通互联互通水平仍相对较低,区域城市间人流、物流、信息流未实现顺畅流通,无法达到成熟经济圈的发展要求。未来,成渝两地应认真落实《规划建议》部署,在加强内部轨道交通建设、打造立体交通网络的同时,还应聚焦“外畅”打通多向外出大通道,构建陆海互济、东西畅达、南北贯通的战略性综合运输通道格局。在东西南北四向通道基础上,向东加快规划建设沿江高铁、沿江货运铁路;向南推动川渝两地中欧班列向西部陆海新通道延伸;向西规划建设兰渝高铁,释放兰渝铁路货运能力;向北释放襄渝铁路货运能力,

① 参见《成都港总体规划》。

② 2020 年民航机场吞吐量排名,根据民航资源网显示:第一位,广州白云机场,43,760,427 人次;第二位,成都双流国际机场,40,741,509 人次;第三位,深圳宝安机场,37,916,059 人次;第四位,重庆江北机场,34,937,789 人次;第五位,北京首都机场,34,513,827 人次;第六位,昆明长水机场,32,989,127 人次。

实现“渝满俄”常态化运行。从而形成能够满足发达经济圈建设和国家战略需要的综合交通体系。

表4-1　各省(区、市)旅客吞吐量及增速

地区	增速排名	旅客吞吐量/万人			地区	增速排名	旅客吞吐量/万人		
		2020年	2019年	增减/%			2020年	2019年	增减/%
全国合计		85,715.9	135,162.9	-36.6	宁夏	16	783.5	1122.0	-34.2
西藏	1	515.4	575.0	-10.4	陕西	17	3356.3	5109.0	-34.3
青海	2	674.8	812.5	-17.0	黑龙江	18	1644.9	2508.7	-34.4
重庆	3	3638.3	4645.0	-21.7	广东	19	9942.3	15,303.4	-35.0
甘肃	4	1363.3	1825.2	-25.3	山西	20	1298.7	2037.1	-36.3
四川	5	4991.8	6713.6	-25.6	吉林	21	1042.4	1648.5	-36.8
贵州	6	2253.2	3030.9	-25.7	广西	22	1808.2	2903.8	-37.7
河南	7	2405.4	3257.3	-26.2	福建	23	3181.8	5173.5	-38.5
海南	8	3248.6	4501.0	-27.8	山东	24	3847.8	6269.6	-38.6
河北	9	1046.8	1463.4	-28.5	内蒙古	25	1685.1	2754.0	-38.8
浙江	10	4996.4	7015.1	-28.8	天津	26	1328.5	2381.3	-44.2
云南	11	4983.7	7051.8	-29.3	辽宁	27	2241.2	4201.9	-46.7
湖南	12	2356.9	3361.1	-29.9	上海	28	6164.2	12,179.1	-49.4
江西	13	1272.8	1845.7	-31.0	新疆	29	1896.4	3758.5	-49.5
安徽	14	1032.9	1519.2	-32.0	湖北	30	1776.1	3530.9	-49.7
江苏	15	3922.7	5843.8	-32.9	北京	31	5060.5	10,820.9	-53.2

(2)现代产业体系加快建立,协同创新能力不断增强优势产业快速成长,现代产业体系初步建立。近年来,成渝地区加快自身产业发展和东部产业承接步伐,加强协同创新力度,初步构建了现代产业体系。重庆方面,重庆加快打造以制造业为主的现代产业体系,形成了汽车、电子为代表的支柱产业。2020年,重庆有汽车生产企业41家,形成了年产400万辆汽车的综合生产能力;聚集了规模以上汽车零部件企业近千家,具备发动机、变速器、制动系统、转向系统、车

桥、内饰系统、空调等各大总成完整的供应体系。重庆拥有电子信息企业600多家,主营业务收入排名全国第七。2020年前三季度,重庆汽车、电子产业强劲复苏,汽车、规模以上电子产业增加值同比分别增长8.2%、12.2%。《重庆市汽车电子产业发展指导意见》(渝经信发〔2020〕1号)指出:"依托重庆市电子信息和汽车产业现有基础优势,以推动产业集聚为主线,以加强技术创新为抓手,突出整车带动,优化发展环境,完善产业布局,把发展汽车电子作为推动我市汽车产业转型升级的引领工程,努力打造具有影响力的汽车电子产业高地。"成都方面,2018年7月10日,成都市公布《成都市高质量现代化产业体系建设改革攻坚计划》,加快形成一批世界级现代化产业集群,全面塑造城市发展新优势。构建先进制造业、现代服务业和新经济为支撑的"5+5+1"①的现代化开放型产业体系。2020年前三季度,成都优势产业支撑有力,全市规模以上电子信息企业实现主营业务收入2724.3亿元,同比增长12.7%;软件服务业实现主营业务收入3203.9亿元,同比增长12.5%。新兴服务业快速发展,2020年1月至8月,成都规模以上信息消费服务业、科技服务业、高技术服务业营业收入分别增长19.2%、10.9%、9.8%。新经济快速成长,截至2020年9月底,成都新经济企业注册数共计43.6万户,增长32.5%。创新投入力度不断加大,协同创新能力进一步增强。

近年来,成渝两市不断加大创新资源投入力度,加快创新平台建设,协同创新能力得到较大提升。创新投入方面,2019年,重庆全社会研发经费支出达到460亿元,同比增长12.1%;同时,重庆知识价值信用贷款规模达66亿元,进一步加大金融对创新的支持。2019年,成都共投入研究与试验发展经费(R&D)452.54亿元,比上年增加60.23亿元,增长15.4%;研究与试验发展经费(R&D)投入强度达2.66%,比上年提高0.16个百分点,高于全国0.43个百分点。创新平台建设方面,2019年,重庆新增国家地方联合工程研究中心5家、省

① 第一个"5"是指电子信息、装备制造、医药健康、新型材料和绿色食品五大产业;第二个"5"是指着力发展会展经济、金融服务业、现代物流业、文旅产业和生活服务业五大重点领域;"1"是指进一步发展新经济培育新动能,全面构建"人工智能+""大数据+""5G+""清洁能源+""供应链+"为核心的高技术含量、高附加值开放型产业体系,着力将成都建成最适宜新经济发育成长的新型城市。

级工程(技术)研究中心66家。2020年12月11日,重庆国家应用数学中心揭牌,成为科技部首批支持建设的13个国家应用数学中心之一。2019年,成都新增国家地方联合工程研究中心5家;国家重点实验室1家,总数达12家;新增省级科技创新平台75家。2020年11月,成都超算中心建成运行,成为我国西部地区首个国家超级计算中心。协同创新方面,截至2021年年底,成渝两地相互开放国家级和省级科技创新基地、科研仪器设备、科技文献;共建西部技术转移联盟、共建国家技术转移西南中心重庆分中心,推动科技成果交易。

2020年以来,成渝两地加快建设区域协同创新体系。2020年4月,两地签署协议,按照"一城多园"模式,合作共建西部科学城。① 构建现代产业体系、提升产业整体竞争力是建设成渝地区双城经济圈的重要支撑,也是将成渝地区双城经济圈打造成全国经济增长级、推动形成新发展格局的重要举措。当前,成渝地区虽形成了较为完备的产业体系,但产业能级整体不高、创新发展支撑不强,产业整体竞争力不强等问题突出。未来,成渝两地在落实《规划建议》任务的同时,还应针对两地同质发展的产业,建立分级协调、统放有度的管理机制,在省(直辖市)级层面统筹产业发展,避免同质竞争、重复投资。同时,构建协同创新合作机制,强化两地在科技创新领域的合作,共同打造成渝地区双城经济圈科技创新先行示范区。同时,提升基础领域创新能力,共同争取在区域内布局一批国家实验室、大科学装置等重大科技基础设施;建立成果高效转化的机制,为成果转化提供专业化、公共化服务。通过以上措施,进一步加强产业创新和协同发展,提升产业整体竞争力,为经济圈发展提供重要支撑。②

(3)生态环境保护不断加强,公共服务均等化水平日益提升。近年来,成渝地区不断加强生态环境保护力度,加快提升公共服务均等化水平,在生态环境改善和公共服务共建共享方面取得较大进展。生态保护协同方面,成渝地区双城经济圈自提出以来,两地加大生态领域的协同力度。当前,两地已先后建立了水污染联防联治、大气污染联防联控、危险废物跨省转移、环境执法、环境应

---

① 参见吴景双:《成渝新格局点亮"第四极"》,载《中国发展观察》2021年第2期。

② 参见《中共重庆市委关于制定重庆市国民经济和社会发展第十四个五年规划和二〇三五年远景目标的建议》,载《重庆日报》2020年12月3日,第1版。

急等方面的 8 项机制。2020 年 4 月，川渝两地在全国率先建立了危险废物跨省市转移“白名单”制度。同时，两地将共同推进长江、嘉陵江、乌江、岷江、涪江、沱江等生态廊道建设，深化跨流域跨区域生态保护合作，研究建立常态化跨区域生态补偿机制。2021 年 11 月 25 日，四川省十三届人大常委会表决通过了《四川省嘉陵江流域生态环境保护条例》。《四川省嘉陵江流域生态环境保护条例》在其第七章中重点强调了区域协作，要推动与相邻省、直辖市人民政府建立健全嘉陵江流域生态环境协同保护机制，按照统一规划、统一标准、统一监测、统一责任、统一防治措施的要求，共同推进嘉陵江流域保护。① 同日，重庆市第五届人民代表大会常务委员会审议通过《重庆市人民代表大会常务委员会关于加强嘉陵江流域水生态环境协同保护的决定》。②《重庆市人民代表大会常务委员会关于加强嘉陵江流域水生态环境协同保护的决定》强调重庆市人民政府应当推动与四川省人民政府建立健全嘉陵江流域水生态环境保护协同机制，按照统一规划、统一标准、统一监测、统一责任、统一防治措施的要求，推进嘉陵江流域水生态环境保护。③ 这两项关于成渝协同环境治理的立法标志着川渝协同立法再上新台阶。公共服务共建共享方面，2020 年以来，川渝加快推进公共服务一体化。当前，两地已在教育、医卫、体育、交通、政务等领域构建机制、开展合作。教育领域，两地将组建学前教育、基础教育、职业教育、高等教育等多领域教育联盟，共建长江教育创新带等。医疗领域，两地将建立成渝地区突发公共卫生事件联防联控机制，共建突发公共卫生事件应急防控指挥中心、医疗物

① 参见《四川省嘉陵江流域生态环境保护条例》，载《四川日报》2021 年 11 月 30 日，第 6 版。

② 参见《重庆市人民代表大会常务委员会关于加强嘉陵江流域水生态环境协同保护的决定》，载《重庆日报》2021 年 11 月 30 日，第 4 版。

③ 《重庆市人民代表大会常务委员会关于加强嘉陵江流域水生态环境协同保护的决定》要求重庆市会同四川省人民政府及其有关部门协同开展工作的主要内容：(1)建立嘉陵江流域水生态环境保护联席会议协调机制；(2)健全嘉陵江流域水生态环境信息共享系统；(3)推动与四川省人民政府建立健全嘉陵江流域水生态环境横向补偿制度；(4)建立跨界河流生态流量调度机制；(5)协商统一制定嘉陵江流域生态环境准入清单；(6)协商统一嘉陵江流域水污染排放等地方生态环境标准和风险管控措施；(7)建立健全跨界河流、水库水环境质量监测和水污染物排放监测等监测网络体系；(8)建立嘉陵江流域联合河湖长制；(9)建立健全嘉陵江流域突发水污染事件预警和协同处置机制；(10)建立联合执法机制，统一执法程序、裁量基准和处罚标准；(11)建立健全嘉陵江流域水生态环境保护司法工作协作机制；(12)建立监督协作机制，协同开展执法检查、视察、专题调研等活动。

资储备中心、演练培训中心等。

(4)对外通道建设不断加快,内陆开放高地逐步形成。近年来,成渝地区积极融入长江经济带和“一带一路”等重大国家战略机遇,加快对外通道建设,对外开放水平得到显著提升、内陆开放高地逐步形成。首先,对外通道建设方面。近年来,成渝加快打造长江黄金水道、中欧班列、西部陆海新通道等对外通道,对外联通能力得到显著提升。截至 2020 年 11 月,重庆向南的西部陆海新通道累计开行铁海联运班列 2607 列,通道服务品类超过 300 类,辐射 96 个国家和地区的 246 个港口;向西的中欧班列(渝新欧)开行 5784 班,辐射 26 个国家 40 个城市,已成为亚欧间重要的国际物流通道;向东开通渝甬班列,累计开行 549 列;向北开行“渝满俄”班列,经满洲里口岸出境,联通中蒙俄经济走廊,累计开行近 2000 列。成都对外通道全面拓展,截至 2019 年年底,成都开通 12 条国际铁路和海铁联运通道,境外直达站点增至 26 个,辐射范围拓至欧洲、日韩、东南亚和美洲东海岸地区。中欧班列(成都)合计开行量超过 6000 列,运送货值近 2000 亿元,开行量、发送箱、回程占比排名全国第一。2020 年前 11 个月,成都的国际班列累计开行超 1200 列,同比增长 45.5%;中欧班列开行超 600 列,同比增长 78.8%,国际班列、中欧班列开行量双双持续领跑全国。2021 年 11 月 23 日,成都双流空铁国际联运港—钦州港—东南亚的海铁联运班列正式发车,这标志着联运港实现了国际航空航线、铁路国际班列网络、海运国际航线三者有机融合。其次,对外贸易方面。2019 年,在全球贸易增长停滞的大背景下,川渝两地合计完成进出口贸易 12,559.7 亿元,占西部地区的比重达 46.5%,两地外贸同比分别增长 13.8%、11%,均高于全国平均水平(3.4%)。其中,成都外贸进出口达到历史最佳水平,进出口总值达 5822.7 亿元,同比增长 16.9%,占四川进出口总值的 86.1%。2020 年前三季度,川渝进出口额达 10,530.6 亿元,其中,四川进出口总值 5916.7 亿元,同比增长 22.7%,增速位列全国首位;成都进出口 5231.5 亿元,增长 25.3%,占四川省的 88.4%。2021 年 1 月 1 日 10 时,成都国际铁路港和重庆国际物流枢纽园区中,首列中欧班列(成渝号)列车,起程开往欧洲的波兰罗兹和德国杜伊斯堡。从此,成渝两地开行的中欧班列全部冠以

“成渝”名号。[①] 中欧班列(成渝号)首发,成为成渝地区双城经济圈建设的重要组成部分,这是中国首次批准两地中欧班列统一品牌,并使用统一名称开展品牌宣传推广。[②] 通过开放平台,更好积聚产业效益,共商共建共享,中欧班列有利于成渝两地双城价格联盟的统一形成,更好地提升海外议价能力,更好地统筹海外偿债资源线条,可以提质、降本、增效,做到中欧班列高质量,可持续的发展。成渝两地间迸发出前所未有的合作活力,“双核驱动”的高质量发展圈建设正在起步,西部迎来新格局。

二、社会维度:成渝地区政社合作的实践探索

政社合作是现代社会治理的有效方式,可以实现政府和社会组织之间的优势互补,在社会治理方面具有协同增效、服务替代和拾遗补缺的功能。目前,政府与社会组织正处于依附性与独立性交错的发展阶段,要适应成渝地区双城经济圈社会治理的现实需要,建立互动共赢的新型政社合作关系。那么,基于成渝地区政社合作现状,探索成渝地区政社合作的发展方向,便成为了不可回避的课题。

(一)社会组织的发展现状

成都市社会组织建设从2009年开始,截至2019年9月,成都市社会组织超过1.2万家,主要包括行业协会商会类、科技类、公益慈善类、城乡社区服务类社会组织四大类。在社会组织建设上,成都市成立了成都市社会组织社区和社工人才服务中心,该中心旨在总结宣传成都市本土社工实务实践经验、反思项目实践价值,学习全国优秀社会工作经验和实践模式,探索成都社会工作服务未来的新发展模式。针对市级直接登记社会组织普遍存在的“小、散、杂”等实际情况,成都市提出“以成熟社会组织党组织来指导一般社会组织”的内生型党

① 参见江毅、赵宇飞、李力可、胡旭:《川渝“一盘棋”跑出“加速度”——成渝地区双城经济圈建设一周年记》,载新华网2021年4月2日,https://xhpfmapi. zhongguowangshi. com/vh512/share/9665061?isview = 1&homeshow = 1&newstype = 1001;江毅、赵宇飞、李力可、胡旭:《成渝:西部新增长极撬动枢纽支点》,载《经济参考报》2021年1月25日,第8版。

② 参见赵觉成、青木:《中欧班列爆发式增长背后》,载《环球时报》2021年1月23日,第4版。

建思路。为推动成德眉资四市社会组织规范化运作和高质量发展，引导社会组织积极有效参与基层社会治理，由成都市社会工作协会组织开展的成德眉资社会组织骨干人才培养人员培训示范项目开班仪式于2021年10月在成都举行。当前，社会组织发展正处在由“数量递增”向“质量提升”的阶段。

2015年10月21日，重庆市实施社会工作服务项目的37个区县中，引进社工服务组织的区县已经超过55%。截至2018年3月22日，重庆市已经建成4.4万人的社会工作专业人才队伍，已建成2075个社区社会工作室。[①] 截至2021年10月，重庆市登记社会组织18,231家，其中市级1603家，区县级16,628家。按类型划分，社会团体8212家，基金会88家，社会服务机构9931家；按类别划分，经济类3046家，科学研究类1711家，社会事业类8391家，慈善类1543家，综合类3540家。全市登记社会组织固定资产总值210亿元左右，各类从业人员22万人左右。市民政局社会组织管理局积极引导社会组织参与乡村振兴、矛盾调解、慈善服务、志愿服务、疫情防控等活动，他们的参与为服务中心工作、参与民生保障、促进社会和谐等发挥了重要作用。重庆市加强社会组织建设的举措主要有：去行政化，推进脱钩改革；推行直接登记；开展综合评估；实现党建全覆盖。此外，重庆市引导社会组织以“邻里守望”为主题，为重点群体和困难群众提供关爱服务，为平安建设、乡村振兴提供支持力量。并且重庆市通过整改一批内部混乱的社会组织，激活一批效能不高的社会组织，进一步优化社会组织结构，净化社会组织发展环境，促进社会组织高质量发展。2020年5月，《重庆市2020年边远贫困地区、边疆民族地区和革命老区社会工作专业人才支持计划实施方案》(渝民〔2020〕110号)印发，要求“提升当地社会工作服务水平，充分发挥社会工作专业人才在助力脱贫攻坚、促进乡村振兴、创新社会治理中的积极作用”。

当人们通过分配不同的角色和状态来实现特定的目标或需求而形成一个群体时，称为社会组织。相互关联的个人和团体共同创造了社会组织。它是人与人之间社会互动的结果。社会组织是国家治理体系和治理能力现代化的有

---

① 参见陈波：《重庆专业社会工作者已达4.4万人》，载《重庆日报》2018年3月22日，第2版。

机组成部分,是社会治理的重要主体。现代政治学认为,一个成熟的社会,是政府、企业和社会组织三种力量基本均衡的社会。① 在着力提升成渝地区双城经济圈社会治理现代化水平的过程中,各种社会组织承担着越来越重要的时代使命,同时也面临发展中的各种困境和掣肘。

1. 社会组织自治性薄弱

自治蕴含"独立""自由""自主""自决"之意。由于受地理环境和民俗文化的影响,成渝两地区居民对社会组织并不十分熟悉。因为受传统观念的影响和社会公众受教育程度参差不齐,人们对社会组织的存在和功能缺乏真正了解,一旦遇到问题,往往向政府寻求帮助,而不是转向社会组织。长此以往,社会组织便丧失了发挥其社会治理功能的现实基础。加之,从我国社会实践中分析,我国的社会组织最初都是在政府的扶持下建立起来的,其从诞生之初,就对政府存在严重的依赖或者依附关系。社会组织的成立(包括人员的配置)到运营几乎都依赖于政府的发起和财政投入,其结果就是,在参与社会公共服务的过程中,社会组织会受到政府行为的制约和影响,其很难做到自我指导、自力更生、自给自足,缺乏应有的自治性。

2. 资金和人员短缺

物质保障是一切社会活动的基础和前提。资金是支撑社会组织运行的原动力,缺乏充足的资金支持,任何社会组织都难以为继,更无可能为社会治理提供助力。② 由于社会组织本身的公益性性质,自身缺乏足够的资金来源,主要依靠地方政府的财政收入为其活动经费。近些年,成渝地区经济发展迅速,但区域之间经济发展不均衡的问题依然突出,在那些经济发展水平欠发达的地区,社会组织往往无法获得充足的财政资助,极大限制了社会组织提供社会公共服务的能力。即使在那些经济发展水平较高的城市,政府通常将公共服务的重心放在招商引资、基础设施建设方面,而忽视了其他社会大众广泛需求的公共服务项目的重要性,造成社会公共服务体系的畸形发展。由于资金的缺乏,社会

① 参见鲍绍坤:《社会组织及其法制化研究》,载《中国法学》2017 年第 1 期;廖鸿、石国亮:《中国社会组织发展管理及改革展望》,载《四川师范大学学报(社会科学版)》2011 年第 5 期。

② 参见刘艳菊:《我国西南地区社会组织发展研究》,载《企业科技与发展》2019 年第 7 期。

组织也难以吸引专业的社工人员加入其中，社会组织建设发展滞后。① 总之，在资金没有得到有效保障的情形下，社会组织提供公共服务的数量和质量也很难得到有效保证。

3. 社会组织的能动性和行动力不足

社会管理模式的长期存在，让政府在行政管理地位上处于优势地位，其结果就是，社会公众对社会组织参与社会治理的地位和作用缺乏正确的认知，一些地方政府也没有厘清自身与社会组织之间互动合作的关系，加之社会组织自身管理方式落后，造成社会组织开展活动的社会基础薄弱，提供公共服务的能动性差、效率低下。首先，在社会公众的认知里，社会组织是社会公共利益的“代言人”，其活动目的应符合人们对公平正义的价值追求，有利于社会和谐，有利于增加公众福祉。但大多数社会组织与政府之间或多或少存在一种“利益契合关系”，使行政权对社会组织形成一种客观外在的干扰，受利益关系的驱使，社会组织在提供公共服务的实践中往往要遵循政府的“指示”或者“安排”。久而久之，容易形成社会组织依赖政府开展工作的局面，使社会组织丧失自身的能动性，这往往导致社会组织在提供公共服务时因循守旧、效率低下。其次，社会组织行动力不足也是制约社会治理提质增效的另一问题。当前，部分社会组织自身管理方式陈旧，传统的“家庭式管理”普遍存在，社会组织内部没有建立监督与问责机制，这同样会导致社会组织在提供公共服务时效率低下。最后，一些社会组织在实践中背离了社会公益这一宗旨，在提供公共服务的时候唯利是图，不顾受惠群众的切身感受，使自身与盈利团体的界限越来越模糊，在无利可图的社会公共服务项目面前消极对付，最终导致公共服务项目长期得不到有效落实，使社会公益成为空中楼阁。②

4. 缺乏公信力

从公信力本身的内涵上进行理解，公信力也可以称为“公共信誉”，是指政府或者社会组织的影响力和吸引力。这是其行政能力或者履行社会服务职能

---

① 参见刘艳菊：《我国西南地区社会组织发展研究》，载《企业科技与发展》2019 年第 7 期。

② 参见谭日辉：《社会组织发展的深层困境及其对策研究》，载《湖南师范大学社会科学学报》2014 年第 1 期。

的客观结果，也是公众的评论，反映出他们对政府和社会组织的满意度和信任程度。[①] 公信力是社会组织发挥其社会治理功能的基本前提，如果社会组织缺乏公信力，社会组织向公众提供社会服务的时候，公众就会对其提供服务的质量持有怀疑态度。如果在社会生活中遇到问题时，公众将不会寻求社会组织加以解决，社会组织的功能将很难起到应有的作用。近年来，不少社会组织在参与社会治理的过程中常出现自我寻租、违法违规现象，导致社会组织的公信力受到了严重的影响。美国的麦肯锡公司（McKinsey）曾称“中国社会并不缺少善心，缺少的是对公益性社会组织的信心”。所以，“公信力不足是制约我国社会组织健康发展的根本原因”[②]，确定的是，要提升社会治理现代化水平，必须要提高社会组织的公信力，这也是成渝地区社会组织建设必须面对的一个突出问题。

（二）社会组织与政府合作的范式

社会组织与政府的合作范式，即社会组织与政府开展合作达到社会治理目标的具体形式。关于政社合作的具体形式，学界大体形成了四种观点：一是敬乂嘉的观点，其认为政社合作可以提炼出四种模式，其中包括购买服务与合作治理两种治理模式，且这两种模式在实质上并无优劣之分，是一种递进关系，即合作治理是比购买服务更高阶段的合作范式。且提出合作治理的两种转化途径分别是共同决策与进入社区治理结构。[③] 二是王飞提出四种合作范式：购买公共服务、公私合营、社会组织参与公共政策的决策、政府与社会组织合作创新社会治理模式。[④] 三是夏国永在总结不同国家政社合作经验的基础上，提出的购买服务、授权委托及政策引导三种范式。[⑤] 四是齐久恒提出的“分类控制体

---

① See Zhe Zhu & Jiang Wu, *Houghts on How to Increase Government Credibility: In View of GovernmentSociety Relation*, Management Science and Engineering, Vol. 8, No. 4, 2014, p. 1 - 5. http://www.cscanada.net/index.php/mse/article/view/6089/6731.

② 鲍绍坤：《社会组织及其法制化研究》，载《中国法学》2017 年第 1 期。

③ 参见敬乂嘉：《从购买服务到合作治理——政社合作的形态与发展》，载《中国行政管理》2014 年第 7 期。

④ 参见王飞：《政府与社会组织合作形式研究》，载《创新》2015 年第 5 期。

⑤ 参见夏国永：《国外政府与社会组织合作治理的经验借鉴与启示》，载《经济研究导刊》2012 年第 6 期。

系”和“嵌入性”发展的范式。两者也是由此及彼、发展变化的关系,“分类控制体系”,即政府为了实现一定的公共利益目标,在社会组织进行社会服务的过程中,对其有选择的加以管理和控制。“嵌入性”发展既有国家向社会组织的嵌入,也有社会组织向国家的嵌入,强调政社合作中政府和社会组织在履行职能方面的交融。[①] 上述四种观点虽然在表述上有差异,但其在本质上有着共通之处,为方便本文论述,我们将政社合作的范式大致分为如下几种。

1. 购买服务

政府购买公共服务,是指政府将本该自身提供的公共服务事项,通过公开招投标等方式交给有资质的社会组织来完成,并根据协议付给社会组织报酬,实质上是社会组织对政府职能的代为履行。在传统的行政管理理论上,公共服务的生产和供应应该完全由政府来完成,在此理论下便不存在政府向社会组织购买服务。理查德·阿贝尔·马斯格雷夫在其著作《公共财政的理论与实践》(*Public Finance in Theory and Practice*)中认为,公共服务的供应是政府的职责,而公共服务的生产则不必全依靠政府来实现,而是由政府运用公共财产(公共财产的基本目标是管理公众的基本需求,如食品、住房、卫生、基础设施和教育,以使基本的公共需求得到满足,并为公众和经济的发展作出贡献)[②]进行社会化选任具有一定资质的社会组织代为履行,政府只对社会组织应该具备的资质要作出前置性规定。这一理论为政府采购公共服务奠定了理论基础。

根据敬乂嘉的观点,购买服务是政社合作最基本的范式,目前,国内学者对这一范式的研究主要采用两种方法。一是基于政社合作的理论认知,阐释政府和社会组织的各自角色,政府应该在公共服务中提供服务规划和财政支持,而社会组织应该提供的是专业化的服务,两者达成优势上的互补以共同完成社会公共服务项目。二是从实践的立场出发,以政社合作的案例为分析对象,分析政社合作在购买服务中存在的各种问题,以及探索问题之解决进路。关于政府

① 参见齐久恒:《从“分类控制体系”走向“嵌入性发展”——政府与社会组织之间互动关系及其优化》,载《西南大学学报(社会科学版)》2015 年第 2 期。

② 也有学者认为,公共财政的范围不仅限于管理财政,还侧重于维护适当的基础设施,为国民经济作出贡献,减少失业,管理经济的财政支柱,保持国家的卫生和清洁,税收分析,确保税收负担不应过高,监督和执行财政和财政政策,维护广大公众的信心等。

购买服务的基本意义，学者已经达成了普遍共识，政府向社会组织购买服务可以弥补政府失灵，借助社会力量的专业优势推动社会治理现代化建设。就政社合作的未来发展而言，其具有广阔的施展空间。

政府购买服务，实质上是将原本由政府提供公共服务的职能交由更加专业的社会组织来履行，这不仅能提高公共服务的质量，也可以推进政府转变职能。在社会组织承接政府公共服务项目时，必须要明确以下几个问题：一是政府行政职能与社会组织的专业能力应当有机结合，行政权不能过度干预社会组织提供社会服务的活动。二是社会组织承接服务建立在市场机制的基础上，但不完全以营利为主要目标，其提供的服务具有显著的社会公益性。三是社会组织承接政府公共服务项目的方式必须依据相关规定。四是完善对社会组织提供公共服务的监督，探索政府监督与社会监督并存的有效监督方式。当前，我国主要采取"立项、招标、管理、评估"的方式开展社会组织购买服务，政府对社会组织进行事前资质审查、事后项目评估以实现对服务项目的监督，而在社会组织内部往往缺乏有效的制约与监督机制，法律法规对社会组织内部的管理也缺乏完善的规定，这也是需要在未来加以完善的内容。

2. 合作共治

合作共治也称合作治理，是公共治理的重要内容。① "合作治理"一词所包含的内容，包括社会服务的规划与提供之间的分离，治理问题开始出现，涉及各方利益的一致性、动机、信息对称性和风险倾向。良好的合作治理允许通过治理机制确定其合作成员是谁，谁拥有权力，以及他们应该如何在社会治理中共同行使这一权力。一个成功的合作治理需要在信任、透明度、谨慎决策和对成员的反应之间取得微妙的平衡。随着社会治理的需求和愿望发生变化，保护合作治理实践的完整性比以往任何时候都更加重要。

就本质而言，"合作治理"与"合作参与公共政策"高度契合。简言之，合作治理可以理解为原本应当由政府履行的职责由政府和社会组织共同来履行，其旨在建立良好的社会治理秩序。在当今社会治理的实践中，合作治理意味着社

---

① 参见敬乂嘉：《极限条件下的公共治理》，载《复旦公共行政评论》2021 年第 1 期。

会组织与政府同为社会治理的主体，与政府不同的是，社会组织作为民间组织，具有深厚的群众基础，起着连接政府和社区居民的纽带作用。政府在制定公共服务项目建设的相关政策和规划时，由于受自身能力的限制，很难兼顾各个群体的不同利益需求，即便考虑到大多数人的利益诉求，也难以在实践中一一亲自落实。在市场经济迅速发展的今天，政府在制定政策时，更需要紧密联系群众，谨慎审查政策的实用性和可行性，此时，应该认识到社会组织更加贴近社会公众，更了解他们的实际需求，社会组织对社会大众的利益有着更深刻的认识。因此，政府在制定社会治理政策时，应该让社会组织参与其中，发挥其紧密联系公众的优势，促进政府决策的科学性、合理性和适用性，此即所谓的“合作参与公共政策”。①

3. 嵌入性发展

嵌入理论是社会经济学中的重要理论，格拉诺维特认为，嵌入理论承认人与人之间持续的社会关系网络阻止了渎职行为。人们根据过去与人的互动来引导他们的选择，并继续与他们信任的人打交道。嵌入性意味着参与者的偏好只能在关系、制度和文化背景下理解和解释。这与新古典经济学分析、理性选择理论和新制度经济学的重要分支所依据的基本假设形成了直接对比。

有学者认为，我国社会工作的嵌入性发展经历了一个长期的过程，这个过程大致可以分为三个阶段：从我国的社会工作教育恢复重建到 1999 年为第一个阶段；2000—2006 年为第二个阶段；2006 年以后为第三个阶段。② 社会工作嵌入性发展的三个阶段不仅反映了国家治理和社会工作之间的关系，也反映了政府和社会组织在社会服务方面的互动关系。③ 就社会治理中引入嵌入理论的定义而言，是指社会组织提供的社会服务应当与整个社会治理协调发展，政府、社会组织和接受社会服务的对象之间是一种相互融合、相互促进的关系。在政社合作过程中，如何理解这一理论的融入特质呢？我们认为，应当作如下理解：

---

① 参见范和生、唐惠敏：《社会组织参与社会治理路径拓展与治理创新》，载《北京行政学院学报》2016 年第 2 期。

② 参见王思斌：《中国社会工作的嵌入性发展》，载《社会科学战线》2011 年第 2 期。

③ 参见王思斌：《中国社会工作的嵌入性发展》，载《社会科学战线》2011 年第 2 期。

一是社会组织、政府和接受社会服务的对象之间的关系不应当被分离，应当作为一个社会治理循环整体，或者说，一个机体（组织体）。在这个组织体的正常运行过程中，政府和社会组织各自发挥自己的合力作用，政府负责规划社会服务的提供方案，社会组织负责实施这个规划。二是政府和社会组织作为社会治理的有机体存在“相互制约和相互监督关系”。在这一组织体中，政府居于权力格局的主导地位，一旦社会组织得到政府的合法性认可后，就可以获得体制内的资源，并可以借此发展壮大自己。社会组织在获得政府认可的同时，也受到了政府的一些限制，反映了政府与社会组织的嵌入关系。① 一旦社会组织成为政府合作对象，那么就应当严格履行其提供社会服务的义务或者责任，将政府的社会治理方案进行有效落实。对此，政府将严格监督其履行义务。但是，由于政府的方案是一种基于顶层设计的规划，该方案是否真正适用于社会治理的实践需要社会组织在提供社会服务的时候去落实、检验，一旦出现不符合科学发展规律的措施，应及时反馈给政府，以便政府对方案进行及时修订。三是接受社会服务的对象在这个组织体中起着效应展示作用。嵌入强调的是切合正好的融入。在社会治理过程中，社会服务的提供者是否能得到社会服务的接受对象的认可直接关系到三者之间是否形成了嵌入型发展关系。如果得到了正向反馈，那么我们就认为这属于嵌入型社会治理，如果是非正向反应，三者应当要修正，最终实现正向的“嵌入式效应”。简言之，即嵌入的合作共治，而非形式的合作共治。

（三）政社合作的未来发展方向

当前，成渝地区的政社合作还面临一系列普遍性问题，如政府和社会组织责任分担不清晰、公众参与社会治理的意识不强、社会服务的市场机制不完善、参与社会治理的渠道较少、参与方式单一、信息不对称等。胡锦涛同志在中国共产党第十七次全国代表大会上曾作了题为《高举中国特色社会主义伟大旗帜为夺取全面建设小康社会新胜利而奋斗》的报告，报告明确指出，要健全党委领

① 参见杜玉华、吴越菲：《从“政社合作”到“互嵌式共治”：社区治理结构转型的无锡实践及其反思》，载《人口与社会》2016年第1期。

导、政府负责、社会协同、公众参与的社会管理格局,健全基层社会管理体制。[①]这是社会治理在顶层设计上的创造,对于实现社会治理现代化意义重大。[②] 探寻成渝地区政社合作未来发展的新方向,必须审视成渝地区当前政社合作的实际,必须紧密结合依法治国方略、强化政府职责、推动社会协同,否则难以实现政社合作的社会治理现代化效果。

1. 确定政府和社会组织的责任

在社会治理系统中,政府、社会组织和被服务的对象之间是一种什么样的关系呢?它们之间的权责如何定义呢?我们认为,在这个系统中,政府的法律地位主要有:一是社会服务规划的决策者和主导者。这就要求政府注重了解社会民意和社会大众的需求,根据需求出台社会服务规划。二是社会服务的采购者。由于社会经济的发展,当代社会服务的多样性需求与日俱增,传统的由政府提供公共社会服务的模式已经无法适应社会的客观需要,因而政府采用了政社合作的方式为社会提供公共服务。政府在采购社会服务的过程中,通常以行政协议的方式与社会组织进行政社合作。行政协议约定了政府和社会组织之间各自的权责。三是社会组织的监督者。就行政协议本身而言,政府是协议主体之一,社会组织是相对方。双方应当严格按照协议的规定,履行各自的责任。但行政协议毕竟不同于传统的民事协议,由于协议本身的公共性或者公益性的存在,导致政府负有监督社会组织履行其义务的职责。另外,作为被服务对象的社会大众,在接受社会服务过程中,对服务的质量和效果是直接的体会者,对社会服务的质量最有发言权,因此其也是社会组织的监督者。上述三者之间权利与义务配置的终极追求是保障政府的规划得到有效落实,社会需求得到有效的满足,社会组织提供高质量、高效率的社会服务。[③]

2. 加大对社会组织的支持力度

社会组织是政社合作模式下公共服务的提供者,但社会组织自身的服务能

---

① 参见胡锦涛:《高举中国特色社会主义伟大旗帜　为夺取全面建设小康社会新胜利而奋斗——在中国共产党第十七次全国代表大会上的报告》,载环球在线网,https://www.chinadaily.com.cn/hqzg/2007-10/25/content_6205616.htm。

② 参见程琥:《公众参与社会管理机制研究》,载《行政法学研究》2012 年第 1 期。

③ 参见叶响裙:《政府购买服务中"政社合作"关系的构建》,载《新视野》2014 年第 3 期。

力参差不齐，提供的公共服务质量得不到有效保证。要改变这种状况，要求政府加大对社会组织的支持力度，提高其专业化程度，提升其公共服务能力。

首先，完善对社会组织发展的扶持机制。在资金方面，政府要根据公共服务的发展规划制订合理的年度预算，对偏远地区加大财政补贴力度，在税收上给予社会组织以优惠，鼓励其参与到公共服务项目之中。用财政补贴和税收优惠吸引专业型人才进入社会组织，缓解社会组织服务与社会治理需求乏力之间的矛盾。从全世界来看，社会组织的发展在很大程度上需要政府的指导、帮助和扶持（见表4－2）。

表4－2　欧洲三个主要国家社会组织的经费来源①

国家	社会组织经费来源及占比/%	
意大利	政府43	其他57
法国	政府60	其他40
德国	政府70	其他30

从上面的数据分析，政府提供经费是社会组织必要的运营前提。同时，为保障社会公共服务项目的有效供给，政府可以有目标的重点培育一些服务项目类型化、常态化的专门组织，并建立长期的合作伙伴关系。

其次，对社会组织的管理体制要适当变革。我国对社会组织的管理采取的是双重管理体制，由登记部门和职能部门直接管理，现实中一些社会组织的存在具有明显的合理性和必要性，但没有对其进行管理的职能部门，使之不能取得合法性，限制了社会组织的发展。对社会组织管理体制的变革，尽管《国务院机构改革和职能转变方案》规定，对于优先发展的一些社会组织，由民政部门登记即可。但我们认为，应当进一步放开社会组织的登记制度，推行注册备案制度。同时，鼓励社会组织组建自己的行业协会，实现行业协会的自律管理，从而有效达到“以社带社、以社治社”的社会效果。

最后，要加强社会组织的公信力建设。社会组织的公信力具体指社会组织

① 参见王达梅：《政府向社会组织购买公共服务的问题与对策分析》，载《城市观察》2010年第5期。

的影响力、可靠力和吸引力。这是其履职能力的客观结果,也是社会公众对其的评价标准,反映出他们对社会组织的满意度和信任程度。实践中,社会组织在社会治理中的作用未实现,一个主要原因就是社会组织缺乏公信力,导致社会公众不愿意依靠这种民间组织解决问题,而更愿意向政府寻求解决办法。社会组织公信力的缺乏,既与社会组织出现的消极不作为、以权谋私等问题有关,也与社会公众对社会组织的地位和作用认识不清有关。所以,要提高社会组织的公信力,为此应当开展如下工作:一是创建公信力的基础。社会组织应当不断加强自身服务的建设,重点突出自己的业务主流和专业能力。二是应该考虑结合提供社会服务的具体内容,展示组织履行承诺的方式,履行其义务,并自由分享与公众决策有关的信息。关于有目的地构建和维持双向对话,目的是倾听、回应和吸收公众的意见。三是要完善社会组织机构内部的监督制约机制,让服务运行透明化,明确服务项目的公示范围、程序。四是强化政府对社会治理履职的监督职责,确保社会组织依法履职尽责,高质量、高效率提供公共服务项目。五是拓展社会大众对社会组织履职行为的监督渠道,提升社会组织参与社会治理的信誉度。

3. 完善市场机制

在经济学中,市场机制指的是一种市场工作体系,其中供求力量决定了交易商品的价格和数量。当不平衡发生时,这种机制让市场进入一个新的平衡点。社会需要作出选择,即应该生产什么,如何生产这些商品和服务,以及允许谁消费这些商品和服务。对于传统经济学来说,市场通过供求关系的运作来回答这些问题。在竞争条件下,在没有市场干涉的情况下,市场决定产品的价格,而价格决定了生产什么以及谁有能力消费。

社会治理本身的重要内容是提供社会公共服务,而提供者已经不再是单纯的政府,而是广大的社会组织。政府通过购买服务的方式让社会组织提供公共服务,这就是政社合作的典型模式。那么,政府如何选取优秀的社会组织提供高质量的公共服务呢?这就需要通过市场竞争来实现,让市场机制起到应有的作用。

从世界范围来看,一些西方政府从 20 世纪 80 年代开始将公共服务外包给社会组织和企业,从而节约了成本并提高了服务质量。如今,越来越多的国家采取政社合作的方式提供公共服务,并且政府向社会组织购买公共服务的形式也是多种多样的。从中不难发现,各国都是利用竞争机制来消除社会组织服务态度消极、服务质量低劣的弊端,且取得了明显的效果。从实践上分析,我国社会组织发展起点相对较低,能力不足。但同时,我们也发现,对于这种情况,政府应当采取的策略是以市场手段激发社会主体自我发展和自我完善,而非均衡化的选择社会组织从事社会公共服务,否则,将滋生腐败,打开"寻租"空间,不利于社会组织的优胜劣汰。市场竞争下,要求社会组织将社会整体利益放在首位,提供符合社会公众所需的优质服务,这同时也倒逼社会组织提高服务质量,从公共服务的供给入手提升社会治理水平。①

4. 推进政社合作的制度化、法治化

社会和经济活动必须有序。随着社会从紧密联系的亲属群体演变为更大、更多样化、活动更复杂的社区,对更正式规则的需求增加。政社合作制度化、法治化是社会治理现代化的必然要求,将政社合作纳入法治轨道,能扫除传统社会管理制度对社会组织发挥其功能的阻碍,化解政府与社会组织在社会治理中的冲突,推动政社合作的可持续发展。社会治理现代化的基本内容和衡量标准在于法治,这可以从几个方面进行解读:一是对政府公权力的约束,从权力本身的属性而言,其本身是排斥对其进行限制的,但如果不对其进行适当的约束,就会发生异化,这是被无数经验实践所证明了的。二是公民和社会主体的权利只有在法治化的社会中,才能得到真实的保障,而不能离开这一特定的环境。三是社会治理法治化本身就在于协调政府、市场和社会之间的关系。从博弈经济学的角度分析,政府、市场和社会始终处于不停的博弈之中,如何有效协调它们之间的关系,平衡它们之间的利益,历史实践和社会规律已经无数次的说明,法治化是最好的社会治理工具。

政社合作制度化、法治化除了能规制政府和社会组织的利益博弈、确立合

---

① 参见王才章:《政府购买公共服务中政府与社会组织的关系——一个组织社会学的新制度主义视角》,载《学术论坛》2016 年第 3 期。

作主体的平等法律地位外,另一重大意义就在于,"在法治基础上的社会治理,其治理方式和结果都有明确的可预见性和确定性,能够增强人们对社会治理行为的认同感和信任感"①。制度化、法治化的政社合作,规则优先、程序正义成为政府和社会共同遵守的价值,只有政府和社会共同遵守法律和程序规则,其合作才能够建立在互信和预期明确的基础之上,推动政社合作持续健康发展。②

三、法治维度:平安成渝的法治实践

(一)立法改革的先行先试

根据党的十九届四中全会《决定》,党中央首次提出了以完善党委领导、政府负责、民主协商、社会协同、公众参与、法治保障、科技支撑的社会治理体系,强调构建基层社会治理新格局。成渝地区作为我国发展战略中的重点布局,对推动构建现代化社会治理体系有着非常重要的作用,因此成渝地区立法改革的先行先试对我国后续的发展战略起到推动的作用,通过成渝地区的立法改革试点将社会治理现代化推向极致。关于成渝地区的发展,党中央在不同的时期有着不同的建设安排,通过一次一次的试点改革,最终才形成一个最符合我国的发展战略。首先是从成渝经济区到成渝城市群的社会治理,分别从 2011 年国务院批复实施的《成渝经济区区域规划》到 2016 年国家发改委、住房和城乡建设部联合发布《成渝城市群发展规划》的改变,说明了成渝地区的改革试点得到了进一步的升级强化,也说明了成渝地区的立法改革在国家发展战略部署中的重要地位。然后是从成渝城市群到成渝地区双城经济圈的社会治理,提出了从城市群到经济圈的立法改革,发展定位上从之前的"新的经济增长极"改进为"高质量发展的重要增长极",成渝地区双城经济圈深刻改变了成渝地区的能级和发展格局,打造内陆开放战略高地的"国家战略"。③ 成渝地区在我国西部城

---

① 唐皇凤:《法治建设:转型中国社会治理现代化的战略路径》,载《江汉论坛》2014 年第 9 期。

② 参见庄士成、刘平平:《政社合作的路径依赖困局与路径创造——基于新制度经济学的分析视角》,载《经济问题探索》2016 年第 1 期。

③ 参见蔡操、吴江:《成渝地区双城经济圈建设下市域社会治理联动机制构建》,载《重庆行政》2020 年第 5 期。

市群中占据重要的影响力，面对当前我国东西部经济发展不平衡的现象，迫切需要在西部城市群中建立起能与东部沿海城市群相匹配的区域经济发展城市群，而成渝城市群无论是经济发达程度、城市发展规模以及战略部署地位和GDP总量都远超其余的西部城市群。因此，成渝地区双城经济圈的立法改革对于带动我国西部地区发展非常重要。

成渝作为两个不同行政级别的城市，在法治建设中存在一定的差异，虽然当前川渝两地为促进经济协同发展建立了许多合作平台，像成渝轴线区（市）县协同发展联盟、渝西川东经济社会发展协作会等合作平台，但由于我国地方管理上采取行政主导的体制，使得像这类合作平台受到许多约束。因此，要建设成渝地区双城经济圈一体发展，推动成渝地区法治改革，需要建立健全更高层面跨区域协调发展的体制机制，制定两地通行的法律制度，以适应成渝地区经济社会发展，突破两地所受到的政治、法律以及社会因素的限制。在推动两地体制机制改革的同时，必须强化顶层设计的引领作用和组织领导，争取国家层面的更多支持和机制化协调，在国家整体发展战略这盘棋中走出重要的一步，更加全面的去开展体制机制改革与创新，更加有效的配置区域发展资源，让生产要素突破行政壁垒有序自由流动，实现全方位开放合作发展，实现一体化共同发展目标。① 在国家提出的关于推动成渝地区双城经济圈建设的大背景下，必须进一步明确成渝地区双城经济圈一体化发展战略方向，推动成渝地区法治改革，完善成渝地区社会治理体系，推动两地互通互助互治，合力打造西部地区开放经济发展的重要阵地，增强成渝地区综合经济实力，使成渝地区双城经济圈在国家发展战略区域发展和对外开放格局中发挥更加重要的作用，从而深入推进我国西部地区区域协调发展。② 成渝地区双城经济圈的多元化为两地社会治理带来了一定的挑战，在针对两者多元化差异的背景下，成渝地区立法改革的首要步骤就是互相尊重各自治理理念，发挥各自独特优势，梳理各自优势资

---

① 参见韩声江：《长三角一体化要让生产要素突破行政壁垒有序自由流动》，载澎湃新闻网2019年4月20日，https://www.thepaper.cn/newsDetail_forward_3323558.

② 参见张志强、熊永兰：《成渝地区双城经济圈一体化发展的思考与建议》，载《中国西部》2020年第2期。

源,探索并建立社会治理各项资源交换机制,利用各地区各优势载体,合力推动成渝地区党委、政府、社区、市场等治理主体开展跨区域互联互通互补。成渝地区双城经济圈作为西部大开发的"主阵地"和"前沿窗口",以及"一带一路"倡议、长江经济带发展等国家区域战略深入全面实施的重要支点和引擎,应当在国家大力实施区域协调发展战略中当好"排头兵",实现新作为。① 成渝地区的立法改革是促进成渝地区经济社会发展的法治保障,通过立法改革的先行先试,试出成效、试出问题,通过总结发现试行中出现的影响成渝地区双城经济圈的建设发展的问题,进行解决修正,从而保证成渝地区双城经济圈的建设顺利进行。

(二)执法过程科学规范

在当前现代社会条件下,国家行政执法活动在复杂的社会关系结构中处于关键位置,一部好的法律能否体现出其价值,往往需要在执法的过程中才能发现,社会主体在执法过程中对法律适应社会的能力以及受到社会认可的能力进行评价。执法过程的科学规范是保证执法公信力的关键所在,将社会主义核心价值观的内容要求贯穿于规范化、程序化执法的全过程,这个融入过程的完全实现,是核心价值观对执法活动形成的价值引领和具体要求的结合,具有丰富的内涵。因此,应当以党规与国法衔接为切入点,坚持党对道德领域和法治领域的一体化领导。在执法依据、执法过程、执法保障因素上,综合地促进社会主义核心价值观内化为执法内容、执法程序环节和执法者意识要素。②

执法过程的科学规范成为目前行政机关执法的首要注意事项,执法过程科学规范能够将现代社会文明充分展示出来,能够体现出社会的进步。随着社会的进步,人民自身素质的提高,对行政执法机关也有了更高的执法要求和认识,科学执法逐渐成为全体社会成员对执法人员的基本要求,过去简单的执法形态已经被社会所摒弃。社会治理中的执法过程科学规范把我国法律上的程序性思维以及执法的合理性、合法性融入执法过程中,并作为执法的中心思想,规范

---

① 参见曹清尧:《成渝城市群一体化发展的战略思考》,载《经济》2018 年第 14 期。

② 参见肖峰:《社会主义核心价值观融入严格执法的价值内涵及其实现》,载《新疆师范大学学报(哲学社会科学版)》2019 年第 1 期。

执法人员在执法过程中的行为,有效推动整个社会文明发展进程,促进社会治理的良好的体制机制的形成。执法过程的科学规范就是要求行政机关、执法人员在执法过程中要合理、合法、符合程序,坚持以人为本、依法行政、执法为民,保障行政相对人的合法权益,坚持教育和处罚相结合、管理和服务相结合的基本执法路线,从而不断地提升行政执法能力,为建设和谐社会和法治社会提供强有力的保障。[①] 成渝地区的执法现状相对之前的状态,已经得到很大的改善。当前,成渝地区行政执法人员在其执法前都已经接受了大量的岗前培训,其内容包括对执法人员的法治素养、法律思维等进行培训,通过系统化、规范化的培训,那些前些年时常在网络上曝光的执法人员和商贩之间的暴力事件以及执法人员的执法依据来源权责不清、程序不当、执法依据缺乏等问题大大减少。这些问题的存在不仅对我国的社会风气造成严重的影响,同时对当地政府的公信力也造成了严重的破坏。成渝地区对执法过程的重视程度得到了很大的改观,《成都市城市管理 2020 年工作总结和 2021 年工作要点》(成城发〔2021〕1 号)显示,成都市城市行政执法能力全面增强。成都市深入开展“强转树”专项行动,践行“721”工作法,多层次开展教育培训,城管队伍政治素养和业务水平持续提高;畅通执法信息公示渠道,建立全覆盖的执法全过程记录体系,健全法制专员审核、法制部门审核、案审会审定、逐级审批的案件法制审核机制,“三项制度”落地有声、落实有效、实施有序。通过科学规范的执法,有效促进城市管理工作的健康运行,推动成渝地区双城经济圈城市管理改革进程。

成渝地区双城经济圈的社会治理涉及异地跨行政级别的治理,在这样比较复杂的情况下,对于成渝地区双城经济圈的执法更不能不考虑科学性与规范性,因为两地所属不同的行政机构,各地区的实际社会情况存在一定的差异性,不可单取一方的法律法规来对整个成渝地区双城经济圈进行笼统的适用,会存在排斥性,在成渝地区适用四川的法律法规有可能会阻碍重庆地区的经济发展。同理,在成都地区适用重庆地区的法律法规也可能存在适应性的问题,毕

---

① 参见马建华:《文明执法——促进城市管理的和谐发展》,载《财讯》2018 年第 6 期。

竟重庆属于省级行政机构，成都只是四川省的省会城市，因此在执法过程中就更要强调执法的科学规范。应在成渝地区双城经济圈范围内，调研两个地区实际社会治理情况和经济发展模式，针对两地的差异性，制定通用的法则，以此促进成渝地区双城经济圈的经济发展，两地政府应通过设立专门的成渝地区社会治理部门，对涉及跨两地的执法问题进行统一规划协商，以此体现出科学性与规范性。此外，还要求成渝地区两地行政机关的执法人员具备共同体理念，将两地的行政相对人、社会公众置身于同一个社会治理共同体下，综合考量成渝地区的实际社会情况。当前阶段，在我国全面依法治国的背景下，要求科学立法、严格执法、公正司法、全民守法，在社会治理上，更要求严格执法，这里的严格执法并不是完全机械化地去操作法律文本，执法权是对社会生活不同方面的总体抽象概念，涵盖了不同行业的各类事项，而实质上的利益调节是由具体的执法行为来达成。社会主义核心价值观对执法活动，不仅要在宏观上进行价值引导，也要对微观行为进行价值规训。大量立法中涉及道德价值因素，许多传统规范和社会伦理也不宜由法律直接调整，需要执法者在个案中发挥智慧。[①]对于成渝地区双城经济圈的社会治理，要确立适应制定法与社会现实互动的执法内容，满足社会实际需求。对于制定法与社会现实互动的执法内容，也就是在法律有明确规定的地方，我们当然要适用明确规定的法律规则，但执法人员执法权的行使需要与相对人义务的履行之间有弹性处理空间。成渝地区双城经济圈的执法方式与执法程序需要优化，以保障其执法方式与程序科学高效。

（三）司法诉讼流程的精简创新

成渝双城案件纠纷解决机制也需要拓展，需要对司法诉讼流程进行创新，以便其更能适应社会纠纷处理的实际情况。就京津冀地区创新纠纷解决流程而言，京津冀地区法院将纠纷解决机制与信息技术深度融合，依托司法人工智能将案件的办理逐渐从线下转移至线上，使部分案件的诉前分流、立案、审判、执行通过全流程在线方式解决。这是京津冀地区法院传统审判方式的一次革

---

① 参见肖峰：《社会主义核心价值观融入严格执法的价值内涵及其实现》，载《新疆师范大学学报（哲学社会科学版）》2019 年第 1 期。

命性的流程再造。[①] 成渝地区双城经济圈涉及四川、重庆多个地区，在这个区域产生的纠纷案件具有跨地域的特点，在案件纠纷审理中，成渝地区传统司法的缺陷是程序烦琐、封闭、程式化严重。案件当事人如果依照传统线下的审理或调解模式，就可能会导致案件处理的成本过高。在成渝地区双城经济圈建设的新时代，互联网、人工智能已经融入该地区社会经济生活的各领域，社会公众的生活领域也逐渐开始发生变化，从传统线下向线上迁移，信息传递的方式也从实体过渡到了虚拟模式。大量的信息可以通过互联网进行传递，既快捷又简便，还能节约成本，为适应此种新模式，司法诉讼流程也应当进行改革创新，让其更具有开放性、便捷性、即时性和灵活性，以便能够给当事人、社会、法院带来新的体验感和便捷感。精简创新需要将纠纷化解的诉与非诉渠道分流，同时也需要将案件审理方式进行繁简分流。通过这样的分流模式，使法院审理案件时，可以拓宽纠纷解决的渠道，实现成渝地区双城经济圈社会治理的协同化，消除各行业、各部门各自为政的"信息孤岛"现象，提高司法需求与解决纠纷方式的匹配度。[②]

随着科学技术的发展，信息化司法诉讼已不存在技术上之障碍。一旦司法服务落后于技术更迭，就会出现社会脱节，从而可能引起社会公众的不满。人

---

① 参见刘畅：《京津冀地区纠纷解决机制的司法流程再造——以诉源治理推进纠纷"一站式"多元解决为视角》，载《天津法学》2019 年第 4 期。京津冀地区的司法诉讼流程再造之经验。第一，建立科学的开发与检测机制，强化法官的主导责任和作用，发挥法官在技术开发过程中的"导师"作用，坚持以制度为先导、以需求为方向、以技术为支撑，引入 JEC 的开发模式，即法官—法院信息处工程师—外包互联网公司三方智慧的乘积。第二，组建专业审判团队，提供专业的意见，精准解决案件纠纷。第三，对案件进行要素化分解，通过大数据分析，制定类案相应的起诉材料要素化格式版本和类案规范化证据目录，将分散的法律知识进行梳理，重构形成涵盖海量知识的法律图谱。通过图谱对案件进行归纳整理，从而实现精简的目标。第四，加强各部门之间的数据共享与司法业务的深度融合。通过大数据的共享，能够有效解决法院与公、检等之间的数据鸿沟与"信息孤岛"问题。司法诉讼流程的创新之处还可以在诉讼前、中、后端体现出来：在诉讼前端，融合各方资源使纠纷在诉前分流，通过结构化起诉、在线调解、在线司法确认、在线诉调对接的方式提高司法办案的效率；在诉讼中端，在线要素式审理使简单案件类案速裁，通过在线庭审、要素式裁判文书一键生成、类案推送、电子送达、网上执行的方式，完成案件审理从传统线下模式到线上模式的变革，既保障了效率问题，也体现出了智能化的趋势，让法官办案变得更加精细化，也使司法程序变得更加透明化；在诉讼后段，集约化智能化服务法官和当事人，促进诉讼服务人性化、法院管理科学化。

② 参见龙飞：《推进改革系统集成，破解法院人案矛盾》，载《人民法院报》2017 年 4 月 19 日，第 2 版。

民法院不仅局限于案件本身的审理,以及满足当事人最基本的程序性权利需求,更需要去适应信息时代的开放、便捷和个性的需求。信息化改革的目标是实现成渝地区双城经济圈司法信息化、智能化和数字化,提高法院的司法功能与效果,扩大司法供给,满足人民群众日益增长的多元化司法服务需求。

关于成渝地区双城经济圈的司法流程的精简创新,需要提供诸如诉前、立案、审判、执行的全流程在线、高效便捷的诉讼与非诉程序,进行线上线下全方位切换,通过机器提供比人工更为智能和精准的服务等。通过信息网络推动全流程线上化多元纠纷解决机制,实现司法流程的精简创新。目前,四川地区已经开始尝试对纠纷解决机制的司法流程的精简创新与再造,如四川省高院推出的"要素审判信息系统",其具有辅助查明案件事实、梳理案情、当事人身份核验、查看当事人关联案件、要素式审判辅助、自动提取本案诉情、自动匹配本案审理要素、自动生成待审要点、智能匹配裁判说理、计算工具智能辅助、裁判文书智能生成等功能。成都市中级人民法院推出"和合智解"e调解平台,该平台一端是当事人,另一端是包括司法调解、行政调解、人民调解、行业调解、民间调解等调解组织和特邀的专家学者、律师、优秀陪审员、退休法官等调解员在内的各种社会调解力量,法院通过建立裁判规则导引、纠纷案例学习、调解资源整合、远程视频调解、诉调对接、调解员准入、经费保障"七大机制"链接两端,为当事人提供经济、方便、快捷、高效的纠纷解决渠道。这两大法院的试点创新为成渝地区双城经济圈的司法诉讼流程的精简创新提供了模式样板。①

重庆南坪街道"三调合一"的创设充分体现除了成渝地区双城经济圈的司法诉讼流程的精简与创新,"三调合一"机制有效化解了矛盾纠纷,维护了社会和谐稳定,得到社会充分肯定(见表4-3)。

① 参见刘畅:《京津冀地区纠纷解决机制的司法流程再造——以诉源治理推进纠纷"一站式"多元解决为视角》,载《天津法学》2019年第4期。

表 4－3　重庆南坪街道“三调合一”的主要内容

主要做法	社会效果
(1)“三调合一”调解中心集中司法、公安、信访工作力量，提升了基层化解矛盾纠纷的能力，让更多的群众就近解决了实际问题	成立以来至 2020 年 12 月底，南坪街道调解中心共调解纠纷 3812 起，其中进行司法确认 63 起，纠纷调解涉及金额 4790.43 万元（合同金额超 4 亿元），调解成功率达 97.2%，执行率 100%
(2)强化法治托底功能。以调解为纽带促使群众合法表达诉求，以案例为依托将每个调解案件转为对群众的普法教育，加大法治宣传力度，在基层为群众建立解决矛盾纠纷的法治渠道，体现法治在基层治理的托底作用	截至 2020 年 12 月底，南坪街道调解中心受理群众自行申请矛盾纠纷 479 起，占矛盾纠纷总量 12.6%，化解农民工欠薪、连环贷款纠纷等群体性纠纷 40 余起
(3)对节约社会资源有着非常重要的作用	从群众的角度看，就地就近解决问题，避免了信访、诉讼等漫长的环节和费用，节约了时间成本，提升了对政府和司法机关的满意率。从行政的角度看，以法治的思维为导向，以居民自治的方式解决矛盾纠纷，有效节约了公安、审判、行政等宝贵资源，从源头上解决了群众问题，缓解了维稳压力，也提升了群众满意度，有效改进了社会治理方式。调解中心专业化的服务、柔性化的管理、社会化的运作，能够第一时间发现和化解局部矛盾，增强了社区治理的针对性和实效性，让各类居民的需求、诉求得到有效解决，居民归属感、安全感、满意度和幸福感显著提升

（四）守法实践的自主性与网络化

法治不仅只是立法机关、执法机关等部门的职责，同时也是全体社会成员应该自觉信守的法律理念，守法的义务对于全体社会成员来说就是一种自主性、自觉性的义务。这种义务应始终在内心坚守，无须任何人、任何机关对此进行提醒与强制要求。“全民守法”不仅仅强调守法主体的最普遍性和最广泛性，也要求守法主体的自觉性与自主性。其追求的不仅是法作为调处社会关系的工具性价值，更上升为“全民”的法治文化培养，以达到对法治的信仰状态。①

① 参见朱玳萱：《“全民守法”与深圳基层治理法治化路径研究》，载《法制与社会》2020 年第 4 期。

随着互联网时代的发展，守法实践的范围已然从现实社会扩大到虚拟社会，国家法律的规制范围也从现实社会延伸到虚拟的网络社会，网络社会虽然是一种虚拟社会，但也要遵守相应的法律法规。近些年，网络违法案件逐渐上升，守法实践的网络化成为热点话题，网络守法实践也应该向社会守法主体进行宣扬教育，引导网民们合法上网，做一个遵纪守法的合格网民。守法实践的网络化涉及跨地区、跨行政区域，对于跨区域的网络侵权违法案件的审理程序等较为复杂、社会影响大。因此，为了减少网络侵权违法案件的发生，引导网民正确使用网络的普法教育就显得十分重要。

普法与守法之间有着紧密的联系。普法教育既是实现“全民守法”的有效途径，也是保证守法主体自觉履行守法义务的基础，普法教育对守法实践的自主性有着促进作用。守法实践也是社会治理中的重要一环，守法主体的守法行为决定了社会治理程度的高低，同一区域的社会主体在守法实践中的自主性高低决定了该区域社会成员的法治素养，对于社会治理的进程有着很大的帮助。应将全民守法的培育制度深入成渝地区双城经济圈，制定针对性普法教育培训，紧紧扣住守法实践自主化的主题，定期展开区域性居民普法活动，重点宣传《宪法》《民法典》等法律，着力培育成渝地区双城经济圈民众的法治精神。守法的自主性既要求对法律法规进行自觉遵守，也要求守法主体依法维护自己的合法权益。当然，守法实践的自主性与网络化并非一蹴而就，而需要辅助之相应的保障措施，让人们对法律的认识提升到一个新高度。推进网络化服务，必须大力推进信用体系的建设，且辅之惩戒措施，因为社会守法主体实现守法实践的自主性也需要靠背后的强制性来推动，如此才能促进全社会形成良好的法治风尚。推进守法的自主性与网络化是一个长期复杂的社会系统工程，既要注重充分培育和发挥守法主体的主观能动性，使守法成为一种文化自觉，也要注重完善社会制度的各项保障，提高现代治理能力和水平，使守法成为一种社会行为模式。守法精神也是现代社会固有的特殊的法意识形态，近代法的实施必须以公民的守法精神为前提，通过塑造影响个人行为和选择的内在动因来促进守法，这比政府从上而下的法律规制更为低成本、易操作，并且效果更加稳固和长久(见表4－4)。

表 4－4　成都高新区在普法教育中的典型做法

做法	介　绍
成都高新区西园街道的“天全芯说法”法治工作站	(1)“天全芯说法”是具有特色的法治宣传阵地，每月定期都有普法宣传活动，覆盖了防诈骗、消保法、环保法、劳保法、未成年人保护法、消防法、保险法、治安管理处罚法、食品安全法、宪法等领域，基本能满足社区居民在日常生活中产生或者遇到的法律问题；同时，法治工作站配有相应的人民调解员、社区律师和心理咨询师，包含了法律咨询、调解纠纷、法律援助和心理辅导等服务内容，全方位覆盖了普法、懂法、守法与用法等四个维度。通过为社区居民提供法律服务帮助居民学法、守法、尊法、用法，养成法治思维和依法办事的行为习惯。 (2)法治工作站建有“全知天下”HIFI 有声馆，该场馆提供了十多个配有耳机的学习座位，配合场馆内的法治图书角，社区居民能够在这里有效进行有声法律学习。 (3)法治工作站建有“天全电影厅”社区影院。该影院每日排放不同的法治宣传电影，既有专业性较强的普法节目，也有故事性强以培养居民法治思维为主要目的的影片
成都高新区合作街道的清江社区群众工作之家	(1)建立了法治工作站。工作站主要有居民矛盾调解、法律援助和普法宣传三方面的功能，工作站建立了基层信访代理委托制度、基层信访接待登记制度、基层信访矛盾纠纷调解制度，并组建了一支超过 50 人的调解队伍。 (2)群众工作之家主要包含三类服务：一是针对居民的生活和休闲娱乐需求，建设了青少年体育俱乐部、儿童之家、心理辅导室、舞蹈室等；二是设置了微党校，定期开展道德教育；三是建设了请见社区军队离退休干部管理服务站。该站吸纳了社区内几十位军队离退休干部，既为他们提供服务，也利用这些正直、勇敢的军队离退休干部对社区居民施加正面影响

重庆市南岸区天文街道中一路社区的“四微治理”在社会治理守法实践中非常具有创新性。2019 年以来，中一路社区坚持党建引领，围绕基层“党建＋”，整合辖区资源，探索“四微治理”机制，大处着眼，细微着手，微心愿累聚大幸福，全面提升公租房社区群众获得感、幸福感、安全感。关于中一路社区“四微治理”的做法是要求社区以问题为导向，党建引领，整合辖区资源，通过区域共治、多方联动、多元共治、探索社区“四微治理”机制，构建“微组织”体系，建立“微网格”，打造“微服务”，创建“微文化”，实现“微心愿”，聚民心、聚众智、聚正气（见表 4－5）。

表4-5　天文街道中一路社区“四微治理”的主要内容

做法	内　容
1. 大力提升社区党组织的凝聚力和向心力，助推“幸福城南、睦邻家园”的建设，促进社区和谐稳定	(1)要求区域共治，构建“微组织”体系，推行“1+N”区域化党建模式，以社区党支部为核心，驻社区企事业单位、社会组织及党组织共同参与，聚焦社区“主战场”，形成既分工负责、各司其职，又协调一致、整体联动的工作格局。 (2)组建“微组织”建立党小组。依托辖区企事业单位，采取单独组建、片区组建、企业联建等方式，按照“社区党支部+党小组”的架构，分组团建立3个楼宇党小组，构建扁平化、全覆盖的组织体系。 (3)依托社区社工站、睦邻互助会等社会组织承接认领党群服务项目，组织有专业特长的党员、群众成立“微联盟”志愿者团队，参与便民利民、扶弱帮困、环境保护、康乐兴趣等志愿服务156余次，并加强党员的教育管理，将党员参加志愿服务纳入“微积分”，明确党员服务时长，同时开展爱心银行积分兑换机制，吸引更多的党员、群众成为社区服务的中坚力量。 (4)发挥社区公益站作用，链接社会资金参与社会治理，发动企业、单位、热心群众参与帮扶活动，将企业单位及个人捐赠的物资及资金纳入社区“微益”互助基金，为助贫帮困提供资金保障
2. 多方联动，建立“微网格”治理机制	(1)网格优化调整，重新划分社区“微网格”。按照“地域相邻、构成相似、规模适度、方便管理、便捷服务”原则，将区域内的人、地、物、事、组织等基本要素纳入网格管理和服务，把6、7、8组团划分为40个网格。 (2)建立楼栋管家“微队伍”。由党小组组长牵头，将社区网格长、流管员、社区民警、律师、区住房保障中心房管员、物业楼管员、楼栋长(热心党员、群众)纳入网格队伍，建立“八位一体”的“楼栋管家”队伍，制作楼栋网格化服务公示栏，亮出身份、职责、联系方式。 (3)建立网格“微服务”工作机制。建立网格微信群，开展管家“三活四清”“零距离”线上线下服务，让楼栋管家成为本网格的活信息、活档案、活地图，让管家做到网格内“家庭情况清、人员类别清、区域设施清、隐患矛盾清”。并建立楼栋管家“六员”服务工作机制，当好网格的党建联络员、政策宣传员、人口信息员、治安消防巡逻员、卫生监督员、矛盾纠纷调解员。宣传党的政策、收集民情民意、了解家庭信息、排查环境卫生、消防安全、社会治安隐患，调解家庭、邻里矛盾，帮扶困难户、帮教重点人员等服务374余次
3. 多元共治，打造“微服务”品牌	(1)建立区域化“微服务”体系。 (2)建立网格“微例会”制度。 (3)推出党员群众“三认一错”“微服务”品牌

续表

做法	内　容
4. 全员参与，创建“微文化”阵地	(1)联合住保中心、物业、幼儿园、商业等单位，投入资金 59.1 万元，在 6 组团打造“睦邻”文化休闲长廊，修建科普体育公园，晒党建文化，秀党群风景，展优秀党员、最美家庭、身边好人等事迹，让群众在“润物细无声”中坚定认知，弘扬主旋律，传播正能量。 (2)大力弘扬社会主义核心价值观，厚植“公租房 · 百姓家”文化。在 8 组团修建城南大舞台，举办“爱在公租房”社区邻里节，每年在春节、端午等传统节日开展文艺汇演、趣味游园等群众性文体活动，组办梦想学堂、科普大学、老年大学开展各类培训讲座，进一步营造公租房社区和乐共融、和谐共居的良好风气。社区“四微治理”项目的实施取得了阶段性成就，提升了居民参与治理的意识和自治的热情，真正实现“需求从群众中来，服务到群众中去”的宗旨，探索实践社区治理新机制

四、技术维度：成渝双城市域社会治理的智能化建设

市域经济圈的发展对于城市之间的互相联动起着关键作用，成渝地区双城经济圈坚持绿色可持续发展，使本地区成为全球重要经济和科技创新中心。[①]城际之间的空间距离需要借助科技的手段缩短，两地社会治理的差异要求进一步的协同。社会治理也需要城市之间的联动，科技智能化在其中起着关键的纽带作用。本部分通过信息技术在城市治理的应用分析，形成适合于成渝经济圈的技术指标体系，这可以为成渝经济圈的社会治理提供一定的参考。

（一）技术创新对社会治理的机遇与挑战

1. 技术创新对社会治理作用的总体认识

创新是指改变既定事物，尤指通过引入新方法、新思想或新产品。如现有的思维模式提出有别于普通人的思路或者想法。在现有的物质基础上，以社会需要为导向，去创造新的事物等方式。技术创新是以创造新技术为目的的创新，例如，创造出一种新的技术，同时以现有的技术为基础进而开发一种新的产品和服务。技术创新对企业的发展不言而喻，其是企业竞争优势的重要来源和可

---

① 参见蔡操、吴江：《成渝地区双城经济圈建设下市域社会治理联动机制构建》，载《重庆行政》2020 年第 5 期。

持续发展的重要保障。

技术创新不仅对企业的发展作用明显,而且在社会治理的应用中同样发挥其显著作用。地方政府社会治理创新逻辑的一条重要路径,就是依赖技术的创新在治理中的运作。以公共服务的提供为例,现实的诸多国家性制度困境导致服务型社会组织的培育和发展面临困难。① 应用技术创新提升政府社会治理和公共服务提供的效能,是解决现实社会治理困境的突破方式。具体的措施有很多种,例如,寻求社会治理方式的柔性化转变、促进基层社会服务型组织的发展和提高居民社区参与的投入度等。就成渝地区双城经济圈的社会治理而言,因空间距离和两地治理的差异,城际之间社会治理的协同发展呈现出不一样的特点。信息技术的应用可以有效打破两地空间的阻隔,而技术指标体系的构建,可以有效弥补和促进两地社会治理的协同发展。

2. 技术创新对社会治理的机遇

社会管理到社会治理虽然只有一字之差,但表明了党在新时代历史背景下治理思路的转变。市域社会治理的一个重要趋势是,技术创新在治理过程中的作用变得越发不可或缺。② 简言之,技术创新是现实的客观需要,这与改革开放初期的社会总体治理呈现较大差异,总体性的管理到个别化、精细化的治理是重要的变化趋势。在市场经济的不断深化中,"风险"一词从经济层面渗透到社会治理层面。风险意味着社会治理的不确定性和社会转型过程中遇见的各种问题,这种社会治理风险和政策性的风险相互影响,技术的应用成为社会和政府规避风险的理性抉择。从管理的切入时间点考虑,技术性的创新可以使政府的治理更多的向前移,而不再是以前简单的被动式的事后预防,例如,网上信访和社会风险评估机制可以将社会治理的风险降到最低。

市域社会治理是中国的国家整体治理的内在组成。自 2012 年以来,党中央和政府在重视市域社会治理的基础上召开了系列会议和部署了行动方向。党的

① 参见黄毅、文军:《从"总体—支配型"到"技术—治理型":地方政府社会治理创新的逻辑》,载《新疆师范大学学报(哲学社会科学版)》2014 年第 2 期。

② 参见张福磊、曹现强:《城市基层社会"技术治理"的运作逻辑及其限度》,载《当代世界社会主义问题》2019 年第 3 期。

相关会议明确指出,科学机制的创新体制的建立和完善,在国家的治理体系和治理能力的提升上起着关键作用。科技创新治理,不仅有着党和政府的重视,而且也是在新时代的社会背景下的高目标和前进方向。科技创新对于民族的伟大意义在于,其可以促进我国的经济从低质量转向高质量的发展,使我国平稳地迈入世界国家发展的前列。简言之,在今后中国的社会治理中更多引入技术的因素是社会治理的一个重要发展方向。在从权威型政府转向服务型政府的过程中,要抓住技术对于政府职能的改变,以求适应新时代中国的社会治理现状。

3. 技术创新对社会治理的挑战

机制和政策的选择掺杂着价值判断,技术手段的应用和创新在社会治理过程中当然也并非十全十美,而是一种利大于弊的现实抉择,技术创新同样会遭遇现实的挑战。正如前所述,技术创新是适合现实的一种社会治理手段,那么在讨论社会治理的技术层面时就不是技术的存废问题,而是技术的优点发挥和缺陷控制的问题。

事物发展的一般规律的突破往往是由某个点造成的意想不到的结局。引入马克思的论述,这体现的是适度的问题。就技术在社会治理的应用而言,探究技术创新的边界可以明晰这种利弊的动态平衡。对于技术创新挑战的应对,明确其应用的限度和范围是首要考虑的问题。有的学者指出,基层社会治理并未摆脱社区行政化和居民自治乏力的状况。在简单的基层民主的现实下,实质性所表现出的是社会赋权并未产生,缺少实质权力的主体需要依附或者围绕权力体系而运作,这直接造成了技术的异化和人主体性的消解。或许这可以从技术治理的单向性和国家基础权力的双向互动寻求解决办法。[①] 简言之,国家的部分权力需要社会主体的互动完成,也可以说是通过社会主体而构建起来的权力。技术创新在此部分权力的体现是单向性的互动,而此部分权力的双向互动必然与技术创新形成冲突。

以大数据时代下的社会治理困境为例,信息爆炸让社会治理陷入新的

---

① 参见张福磊、曹现强:《城市基层社会“技术治理”的运作逻辑及其限度》,载《当代世界社会主义问题》2019 年第 3 期。

困境。[①] 数据的积极意义使其成为一种重要的生产要素，同时数据的消极作用也较为明显。抑制其消极作用的技术机制和相应的技术手段并未跟进，人们并未建立起对数据的到来而制定的法律规定和管控机制，这也是技术信息在社会治理中所面临的挑战。

具体而言，一是社会治理思想层面的挑战。传统的权力本位思想容易导致政府权力运行的专属和单向性，政府作为一个管理者，是较为强势的一方。与之相对应的是，社会民众作为被管理者并不具有这种权力的属性，在社会治理中呈现被动和消极接受的特征。在此基础上，政府对于社会公共事务的垄断导致了政府职能的扩展，这带来的一个重要影响是政府行政成本的显著上升。政府行政职能的扩张同时还影响了社会治理的效率，这与新时代的社会治理背景严重不符。[②] 二是治理主体层面的挑战。政府长时期作为单一的社会治理主体，无法与其他社会主体之间形成治理的互动。[③] 在新时代科技日新月异、发展创新显著提升的背景下，政府作为市场的管理者，对于新问题的解决显示出滞后性的特点，而这种悬而未决或者处理不恰当的问题加剧了政府和社会其他主体的冲突。三是信息资源层面的问题。毫无疑问，政府在社会信息方面是重要的占有主体，但在新技术的发展和市场经济的深化过程中，市场其他主体的信息数据资源同样数量巨大。例如，市场平台主体对于消费者的相关信息，数量众多的企业在经营活动中形成的信息等。收集信息所花费的成本和信息在生产过程中具备的生产要素属性，使社会主体与政府分享信息的欲望并不那么强烈，这在政府和社会主体之间形成了信息的隔离，这在社会治理中是需要解决的重要问题。

（二）信息技术在社会治理的创新性应用

1. 信息技术在社会治理运用的前提

在成渝地区双城经济圈建设下的社会治理机制的联动中，信息技术的支撑

---

① 参见刘佳：《大数据时代的社会治理困境与创新发展路径》，载《学术探索》2015 年第 4 期。

② 参见黄骏：《论中国共产党在少数民族地区的社会治理创新》，载《江汉大学学报（社会科学版）》2018 年第 4 期。

③ 参见黄麟：《大数据时代如何推动社会治理创新》，载《人民论坛》2018 年第 9 期。

作用尤为明显。从主体方面考虑，政府、企业和社会的数据的整理应用需要信息技术发挥作用；更进一步而言，政府的公共服务的有效提供、市场的监管和政务服务平台的建设都需要信息技术的广泛应用。[①] 数据和平台的建设均需要寻求科技的创新。在数据的整理分析方面，打造前瞻性的算法模型，可以有效提升预测社会需求的精准度和适应水平。

市域社会治理中信息资源垄断的破解是信息技术得以在成渝地区运用的前提。权力在传统社会治理的语境下包括信息资源的占有，社会治理的变革的重要出路就是打破占有的主体，形成信息的开放性。[②] 社会治理主体对信息公开的态度而言，是消极抵触的，即使这与现代民主的延续等相关理念相违背。既有的社会治理模式延续了传统的特征，这种社会模式背后反映的思维范式框架让人固定在其中。传统的权威结构在新时代遭遇了巨大的挑战和冲击，改革是一条解决的路径。但在既有或者说是传统的框架体系下，新的社会治理体系的构建难度相当大，更不用说制度的进一步运行。政策背景的鼓励和党的提倡和重视，在整个社会深入推进改革的背景下，依托技术的创新实现社会治理的变革是社会治理转型的契机。只有这样才能解决社会治理中出现的新问题，从而减少此类情形以社会危机或事故的方式呈现出来。就信息垄断而言，权威结构既有的社会治理主体和信息垄断之间的动态发展呈现反方向的关系。具体来讲，现有的社会治理主体在面临冲击的加大和权威结构的削弱时，维护权威成为自然的选择。在单一的社会治理主体的背景下，社会和市场主体对权威的制约作用微小时，权威就较容易形成对信息垄断的支持。[③]

新技术在当代的发展，使互联网的构建越来越坚实。互联网一个重要的特征是开放和信息共享，这种新的公共空间使传统的社会治理面临挑战。以前信息隔离的主体之间形成了更广泛交流，即公民之间的信息交换日益增加。同时，这种范围进一步扩展，自由讨论的主体增加到不限于拥有表决权的公民之

① 参见蔡操、吴江：《成渝地区双城经济圈建设下市域社会治理联动机制构建》，载《重庆行政》2020 年第 5 期。

② 参见张康之：《打破社会治理中的信息资源垄断》，载《行政论坛》2013 年第 4 期。

③ 参见张康之：《打破社会治理中的信息资源垄断》，载《行政论坛》2013 年第 4 期。

间，而是所有的社会主体都可以参与进来。就信息的交流而言，政府应该放下传统权威的架子，主动加入这种公共空间中。这种技术构建起来的平台对于政府的好处是显而易见的，界限之间的松动使我们靠近一个信息公开时代，而信息公开又将为我们赢得一个开放的政治系统。从二者的相关性来看，如果流行的价值观念是极为务实的，那么权力阶层就有可能是务实的。[①] 虽然政府系统的开放性会使社会主体对其形成更强的影响，但在主动与被动之间应当选择后者，即前者对后者形成积极的引导。

2. 信息技术运用的具体方式

结合上文的信息垄断思考社会治理中信息技术和数据应用的具体方式，从主体方面考虑，政府和公众是一对相互联系的主体。具体而言，政府内部信息的整合和搭建以公众为中心的技术平台是解决办法。[②] 同时，如何促进内外联动是需要思考的重要问题。

就政府内部信息的整合和向社会的联动而言，可以参照相关的法律法规，例如，国务院 2017 年出台的《政务信息系统整合共享实施方案》。该方案的重点任务是在政务信息整合平台共享的基础上，促进中央和地方的政务信息之间相互连通。成都和重庆地区政务信息的互联互通在本区域的社会治理上起着关键作用。就成渝地区的实践情形而言，重庆南坪街道的“三调和一”中心可形成范例。重庆南坪街道的联动联调机制构建在群体性事件和矛盾突出的领域，例如，小区的物业纠纷和拆迁遗留问题形成的联合调解。如果纠纷需要政府部门提出意见，那么可以邀请部门和专业性的组织进行现场解决。成渝地区双城经济圈是国家的重大战略，在政府内部信息的资源整合方面可以依托国家的数据整合平台，同时在社会治理信息方面可以单独建立双城子系统，就数据和信息的交换和分析形成更深入的有效协同。

就以公众为中心的平台建构和向政府的联动而言，以公众为中心是信息技术的建构目标，平台的搭建要方便、高效和便民。具体的实施办法要借助电子

---

① 参见张康之：《打破社会治理中的信息资源垄断》，载《行政论坛》2013 年第 4 期。

② 参见张玲、李颖：《利用新兴信息技术助力政府治理能力现代化》，载《电子政务》2015 年第 1 期。

设备,例如,手机的应用。在手机智能化软件开发中,要借助流量大平台的接入,如微信等。在具体的应用种类中,与人民生活密切相关的事项,例如,医疗和交通等要及时搭建信息推送平台,扩大信息技术在公共服务领域的范围。平台的搭建还应当尽量满足不同群体的多种需求,例如,电话、门户网站、微博和网上社区等多种途径,方便社会主体和政府之间的信息传递,使社会主体的投诉和建议能够及时为政府相关部门所知悉。

2021 年 4 月,在重庆南岸区社会治理现代化的工作会议上,相关部门表示,信息技术在社会治理中的应用实践取得良好的社会实效。相关主管部门指出,社会治理必须主动去拥抱智能化大数据等新技术、新手段,借助网络的力量,用永远在线的平台联系群众,使互联网这个最大变量成为事业发展的最大增量。南岸区做好的网络工具箱,例如,“掌上新时代文明实践中心”,其下载用户已超过 29 万,政民沟通的渠道需要进一步打通,把有价值的意见从网民的“手机上”落实到政府部门的“行动上”。做实线上和线下两个空间,让干部生活在群众中,群众活动在组织中,组织扎根在网络中。

数据、计算和分析与公众利益密切相关,在数据的采集方面,视频图像数据具有相当重要的比例。视频图像信息技术是社会治理现代化手段中高效和必要的补充。① 信息技术的迭代发展速度非常快,这需要政府把保障社会治理的社会功效与保护公民隐私权利相结合。统一标准、统筹部署的问题要在成渝地区分别推进基础上,考虑两地的系统兼容对接、系统性能优化等需求。在视频图像的安全问题上,例如,前端非法接入和图像数据泄露问题、云上数据安全等,要在两地的司法机关之间建立起协同打击机制。在图像信息治理及应用方面,需要注重结果导向,防止政府和企业的过度搜集,对数据的搜集应形成事前审查与事后审查相结合的管理模式。

(三)技术指标体系在社会治理中的构建

技术指标体系的建构,需要在信息技术的充分应用后才能发挥作用。体系

---

① 参见杨凯、高岩:《视频图像信息在推进社会治理能力现代化中的应用》,载《中国安防》2020 年第 11 期。

的建构需要结合信息技术的应用情形作出切合本地区的技术指标体系。限于篇幅,本书仅罗列成渝经济圈社会治理建设的一级指标内容。通过第二部分的信息技术创新性应用可知,技术指标体系在社会治理的建构需要考虑以下三方面共计五部分的因素。一是信息技术在社会治理创新应用的合规性。二是政府方面的内容,包括政府信息技术平台建构的完整性和信息的透明度。三是公众方面的内容,包括公众获取信息的便捷度和公众的参与度。

1. 技术指标体系的合规性

法律配套的依据是需要优先考量的重要指标,在成渝地区双城经济圈社会治理的智能化建设下,最高人民法院在《关于为成渝地区双城经济圈建设提供司法服务和保障的意见》中指出,司法工作的智能化建设需要切实落实以下相关内容:智慧法院的建设需要推进科技和司法的深度融合;成都和重庆的法院基础信息设施的配置也需要提升;在具体的司法活动中,如法院的传达、执行和在线庭审方面切实促进法院的审判工作;具体来说,成渝两地法院在信息技术软件的开发和使用中以及在与软件相关的平台建设和信息数据的运用中,实现两地的资源共享,提升司法信息的利用效率。① 司法层面与技术创新和应用联系最为密切的一个方面是知识产权,技术创新成果需要司法予以保护。② 保护信息技术创新主体的既得利益,有助于促进其转化信息技术成果,而这种创新成果在城市的技术指标体系的构建中具有重要参考意义。对于具有重大科学价值和得到国内外自然科学界公认的社会治理方面的技术成果,要及时依据国家相关科技奖励措施给予鼓励,促进相关主体在信息技术和方法实践方面的创造性转化。③

2. 政府层面技术指标体系的构建

政府信息技术平台建构的完整性和信息的透明度构成政府方面具有逻辑关联的两个方面。

---

① 《关于为成渝地区双城经济圈建设提供司法服务和保障的意见》(法发〔2021〕4 号)第 12 条之规定。

② 参见陈一新:《调研工作要重“选题”“破题”“领题”“评题”》,载中国长安网,http://www.chinapeace.gov.cn/chinapeace/c100007/2020-11/28/content_12420046.shtml。

③ 《国家科学技术奖励条例》第 10 条之规定。

政府信息技术平台建构的完整性是信息透明度实施的前提要件。就前者而言，增加收集公民信息的渠道，掌握社会治理的精准信息是社会治理的前提，也是社会治理智能化平台建设的起点。大数据的网络信息对于市域社会治理的作用不言而喻，因此需要提升信息技术平台建构的完整性，同时这种完整性的构建是一个动态的调整过程。[①] 就重庆南岸区的平台建构而言，政府相关的数据整理分析显示，在智能化建设方面精选化的社会治理还有一段距离。具体来说，基层治理缺乏信息系统做支撑，自下而上反映问题和自上而下处置解决反馈问题基本都靠纸质记录和电话报告，情报信息不灵，运用大数据、智能化开展精细化治理还有差距。政府信息平台的建构要延展到社会治理的末梢，平台建构考量的内在因素理应包括提高基层自治组织的自治能力，让基层政府和民众之间围绕公共事务开展平等的对话。[②] 数据的支撑使社会治理的精细化越发变得可行，政府信息技术平台建构的完整性是衡量技术社会治理指标体系下的重要一级指标。

信息的透明度是结合第二部分的打破政府信息垄断提出的另一个指标，信息的收集和整理只是技术社会治理的前端，如果这种信息集中在政府手中只会增强传统的权威结构，这会使需求信息的双方的差距进一步拉大。从这个意义上讲，信息的透明度是对信息的完整度的深化。结合成渝地区的实践，信息的透明度方面需要注意以下两个问题。首先，需要注意信息内容的深度性。这种深度以表层为前提，例如，信息类型的格式化和文字的表述，官方用语与社会通常情形存在一定的距离，附带相关的解释性信息和转换不易于理解的官方用语信息是重要的内容。如果相关的主体缺乏一定的理解能力和知识水平，那么在实践中容易出现信息的隔离等情形，所以说信息的表层处理是判断信息透明度的一个重要的二级指标。信息内容的深度与信息数据的整理和分析相关，在国家、社会和公共利益优先的情况下，公开相关处理后的信息对于信息的透明度有着深化的意义。其次，需要注意信息的标准性。2020 年 3 月发布的《中共中

---

① 参见唐有财、张燕、于健宁：《社会治理智能化：价值、实践形态与实现路径》，载《上海行政学院学报》2019 年第 4 期。

② 参见欧黎明、朱秦：《社会协同治理：信任关系与平台建设》，载《学术论坛》2009 年第 5 期。

央国务院关于构建更加完善的要素市场化配置体制机制的意见》表明,数据的生产要素属性决定了其可在市场进行相关的资源配置。就社会治理而言,数据作为信息重要的表现形式和载体,在国家治理现代化中有举足轻重的作用。这份文件的出台,可以缓解政府将获取的信息仅用于自用的弊端。①

3. 公众层面技术指标体系的建构

公众获取信息的便捷度和公众的参与度,构成技术指标体系在公众层面两个最重要的指标。前者更多的与政府层面的指标构建相关,在此着重讨论公众的参与。公众参与首先是全程参与,不管是政府决策前、决策中还是决策后,公众参与应该贯穿于全过程。就三个过程的重要性而言,决策后的参与与其他两种相比,其重要性要降低一点。根据公众参与行政决策的互动程度的不同,可以将其简单分为单向和双向互动,成渝地区技术指标体系的构建更应该侧重于后者,例如,咨询是双向关系,这可以使公众参与政府的决策。②

公众的参与度是一个全方位的过程,参与的方式包括线上和线下两个方面。公众技术指标体系的建构的一个重要内容是政府的线下引导,线下的指导需要更多体现人文关怀和人民中心的理念。重庆沙坪坝地区的和顺茶馆践行着新时代的枫桥经验,这种致力于基层共建共治共享的基层治理综合体使矛盾解决在基层,这对于公众的参与意义重大。就线上而言,需要考虑以下影响公众参与的因素。一是线上参与的统一性。软件的开发和应用使信息的收集变得便捷,但这也容易出现五花八门的各类平台。一个解决办法是通过前期的适用,后期在区与区之间形成整合,进而在川渝地区形成统一的信息收集平台。二是线上参与的便捷性。这种便捷性需要结合公众的具体情形考虑,例如,年龄和知识水平与平台建设的熟悉度。同时这种便捷也包括平台使用的便捷,这更多的与技术水平相关。三是还应坚守线上参与的社会公益性质。这意味着,在聚集大量数据和用户的前提下,政府不能成为营利性质的第三方主体。

---

① 参见胡仙芝:《我国政务公开的现状、挑战与进路》,载《国家治理》2021 年第 9 期。

② 参见刘小康:《政府信息公开的审视:基于行政决策公众参与的视角》,载《中国行政管理》2015 年第 8 期。

第三篇

问题分析篇

第五章　成渝地区双城经济圈市域社会治理存在之问题分析

一、问题类型：关键问题之提炼

2011年4月24日，国务院正式批复实施《成渝经济区区域规划》，旨在使成渝地区实现区域间的联动发展，建成西部地区重要的经济中心、全国重要的现代产业基地、深化内陆开放的试验区、统筹城乡发展的示范区和长江上游生态安全的保障区。[①] 创造继京津冀之后的西南部经济中心，同时发挥区域联动作用，扩大辐射范围，带动周边地区的发展。[②] 成渝双城要实现区域联动，实现共同发展，一个必经途径就是要推进成渝双城的联动社会治理，社会治理是社会发展的一个重要环节；另外城市要经济发展、社会稳定、人民生活安宁，必然离不开良好的社会秩序。混乱无序的社会环境不仅会影响人民生活的幸福指数，而且会极大增加社会的不稳定性，严重阻碍城市的进步和发展。构建成渝双城社会治理的联动机制，既有利于促进成渝区域的快速发展，也有利于带动周边地区的协同发展，还有利于成渝地区双城经济圈早日成为西部地区的经济中心。但从这几年发展来看，成渝地区社会治理工作仍存在诸多的问题，例如，法制规范、自治规范、道德规范、信息技术、人工智能、评估体系等的创新和实践都有待进一步深入。也正是因为这些问题的存在，使得成渝地区协同发展的进程缓慢，并没有达到理想的目标。

（一）社会治理法治化、规范化不足

目前，成渝地区的联动发展效果并不理想，其中一个突出的问题就是社会

---

① 参见李杰：《国家发展改革委关于印发成渝经济区区域规划的通知》（发改地区〔2011〕1124号），载《京华时报》2011年5月6日，第2版。

② 参见陈一新：《推动新时代市域社会治理现代化》，载《人民日报》2018年7月17日，第7版。

治理的法治化、规范化不足。社会管理侧重于组织、指导和规范，是政府一方行使行政管理权力的体现，而社会治理强调的是多方合作、协同和参与，能够体现决策的民主性和公众的参与性，这一点是社会治理与社会管理的本质区别。[①]成渝地区双城经济圈的社会治理就是要加强两个地区在社会治理中的群众参与性和协同性，让广大的人民群众参与其中，一起为打造西部经济中心贡献各自的力量。

社会治理的法治化包括完备的法律制度、法律规范和良好的法律运行机制。法治化不足主要表现在以下几个方面：第一，法律规范不完善。成渝地区双城经济圈要实现联动发展，必然需要有一个完备的法律规范体系作为制度支撑。一方面，没有相关的制度保障，就会出现说服力、约束力不强，群众参与积极性不高等问题，同时也会使社会主体在社会治理的过程中不能尽心参与到其中；另一方面，法律制度的缺失也会降低社会治理的效率，没有法律政策的明文规定，社会主体就无法有效参与社会治理，工作效率自然就会降低。相反，有了明确的规章制度，社会主体就会依照制度的既有规定，积极参与社会治理，并能发挥主人翁精神，为社会治理建言献策，贡献自己的智慧和力量。第二，行政机关依法行政水平有待提高。在成渝地区双城经济圈的社会治理中，地方政府滥用权力的现象时有发生，导致社会治理没有按照原有的计划进行，偏离了原有的治理轨道，这既耗费了大量的公共资源，又阻碍了社会治理的进程，因此，地方政府的权力需要必要的限制。政府滥用行政权力，不仅破坏了社会治理的进程，而且会打消群众的积极性，有损政府的权威。无论从哪个方面来说，政府滥用权力对成渝地区打造成西部经济中心都是不利的。第三，决策民主性有待完善。在成渝地区双城经济圈的社会治理环节中，各种决策如果不是通过民主的方式作出的，那么就可能出现各种问题，比如，决策过于武断，没有经过实地的走访调研，这样作出的决策难免在实践中会增加操作难度，并且有可能根本不适应社会治理的现实需要。第四，司法保障制度不够健全。社会治理需要有一个公正

---

① 参见窦玉沛：《从社会管理到社会治理：理论和实践的重大创新》，载《行政管理改革》2014 年第 4 期。

严明的司法体系作为支撑。在成渝地区双城经济圈的社会治理中,有一些司法机关没有很好运用司法权力去约束那些破坏社会治理的行为。更有甚者,极个别司法人员徇私枉法,给司法的权威带来极大的损害。司法不公在很大程度上将会阻碍社会治理工作的有效推进,延缓成渝双城打造经济中心的进度和进程。

规范化就是指一切事项能有条理、有秩序地进行。社会治理规范化就是说在社会治理的进程中,关于治理的所有要素和指标都要按照既定的顺序进行,要有秩序、有条理。治理要素要达标,所有指标要合格,绝对不能放低要求,简单过关。成渝地区双城经济圈社会治理的规范化不足,表现在以下几个方面:一是关于社会治理的观念或者理念过于陈旧。虽然成渝经济圈的社会治理取得了一定的效果,但仍然存在将社会治理等同于社会管理的现象,创新意识不强,没有摆脱社会管理的影子。在社会治理的进程中,需要改变传统的管理观念,加强创新,增强社会治理的规范化,从根本上将社会管理转变为社会治理。二是基层治理的基础薄弱。在社会治理中,规范化不足的一个方面就是基层治理基础过于薄弱,一些基层干部疲于应对上面安排的各项工作和任务,自治功能难以有效发挥,没有将联系群众的工作落到实处。在社会治理中,群众扮演着至关重要的角色,基层干部如果忽略了群众的重要作用,广大群众就没办法在社会治理中发挥出自己的智慧,那么必然会脱离社会治理工作的实际。群众的积极性不高,社会主体的作用就不能有效发挥出来,社会治理就无法达到预期的效果。三是制度设计不够规范。如果治理部门的职能划分不够清晰,那么就没办法让各个部门各司其职。职能只有有效划分,各部门才能够发挥最大的作用。相反,职能划分不清晰,就很可能出现各部门工作懒散,积极性不高,甚至相互推诿的现象。四是信息收集不够规范,过于笼统。在社会治理中,需要对相关的信息数据进行分类收集和整理,但并不是没有选择和没有重点的把所有信息归纳在一起,有选择、重点的归纳信息可以在我们需要相关资料时能够快速找出,提高工作效率。在双城经济圈的社会治理中,只有明确治理指标,才能确定治理工作该如何开展,而成渝地区双城经济圈在社会治理的进程中,虽然列举了一些大致的指标,如社会公平、公共服务、社会安全等,这些指标在宏观上能够给社会治理工作一定的导向,但在微观上可操作性不强,即只有比较空泛的指向,无法指导治理工作的实际开展。因此,怎样将这些指标要素落实到实际工作中仍然是一个难题。

(二)社会治理信息化不足,且存在技术滥用的现象

当今社会是一个信息技术高度发展的社会,在社会的各行各业中,都有信息技术的渗透,各项工作的开展,也离不开信息技术的支持。那么,社会治理的信息化也成为社会关注点。怎样利用信息技术本身的特性为社会治理带来一些便捷与帮助,是双城经济圈社会治理值得考虑的一个重要问题。然而,就这几年的发展情况来看,在双城经济圈的社会治理中,并没有很好发挥信息技术的特有优势,以至于社会治理的效果不是特别理想。信息化是计算机作用下的互联网应用手段,那么社会治理信息化就是指在社会治理的进程中合理应用计算机带来的便利条件,加快社会治理的进程,提高工作效率,达到预定的治理目标。当前,我国已经成为全球使用手机、微信等信息工具人数最多的国家,互联网如此全面的渗透到我们生活的各个方面,在为我们的生活带来便利的同时,也给我们提出了更多的新挑战。首先,网络犯罪增加,打击网络犯罪的成本提升。其次,网络舆论往往会影响司法决策,事件一旦在网上发酵,网友们的各种评论会形成强大的舆论指向,给司法审判带来很大的舆论压力,如果舆论本身是误导性、虚假的,那么将不利于司法工作的正常开展。最后,就是网络信息的不安全性导致网上保密信息的泄露,给国家和社会带来很多隐患和不安定因素。[①] 所以,面对以上无法避免的信息化本身所固有的各种不利因素,在社会治理的进程中,我们要充分认识到这些弊端的存在,克服这些弊端,最大限度地发挥计算机网络的信息化功能,为双城经济圈的社会治理作出贡献。

在社会治理中,还存在滥用信息技术的现象。社会治理本就是一个复杂庞大的治理系统,涉及的事项很多。就信息化本身而言,利用信息技术就是为了给社会治理带来便利,加速社会治理的进程,但信息技术的滥用会导致一些重要信息被泄漏,如果被不法之人利用,会导致破坏性极强的后果。比如,在社会治理中,一些人利用自己掌握的信息技术,去盗用社会治理的数据信息,这种行

---

① 参见郑康:《网络舆情引导机制构建路径》,载《人民论坛》2016 年第 24 期。

为给社会治理工作带来了负面效应。就本质上而言，如果合理使用计算机技术，就会给社会治理工作带来很多的便利，但一旦滥用，造成的破坏也是很严重的，所以要充分认识到这一点，让信息技术在社会治理中起到正向积极的作用。

（三）社会治理的目标体系模糊、指向不清楚

目标体系是通过各级目标而形成的立体目标管理系统。在事物的发展过程中，目标体系有着核心的地位，缺乏目标就意味着缺乏了指向，这不仅意味着预期目标难以完成，更严重的是导致整个工作系统的瘫痪，如管理无序、不负责任、推诿扯皮等。

在重庆市进行社会治理调研过程中，在与当地的社会治理参与者交流过程中，我们提出了这样一个问题，“社会治理的目标是什么呢”，他们回答是“社会平安”。当然，此种回答不完全对，也不是完全错。但至少说明，人们对于社会治理的真正目标还是不清楚的，还停留在社会治安的综合治理问题上，以及将社会治理简单等同于社会矛盾纠纷的化解问题上。成渝地区双城经济圈的社会治理也是同样的道理，如果没有明确的目标，那么就不知道究竟该在哪些地方着力。着力点找的不准，方法自然也不对，也不会清楚到了什么样的程度代表治理的工作有了真正的成效。在治理过程中，不能及时弄清楚哪些工作的方向不正确，就会偏离社会治理的终极目标。比如，成渝地区双城经济圈的社会治理并没有明确“市场”在这个过程中的重要地位。成渝双城要联合打造成为西南地区的经济中心，就需要把两地的市场优势融合发展，在社会治理中突出市场的作用，将市场作为追赶世界先进经济圈的突破口。市场无论是在双城经济圈的社会治理中，还是在经济中心的打造中，都有着举足轻重的作用。只有将市场结构优化、产业互补、经济开放等作为明确的社会治理目标，才有利于社会治理工作的开展。① 相反，没有明确这些目标，社会治理工作就不知道应该在哪些方面做更多努力，也会造成社会治理工作效率低下，很难使工作如期完成。社会治理不仅要坚持需求导向，同时也要坚持问题导向，不仅要有科学的体系

---

① 参见朱振辉：《创新社会治理体制与构建平安中国》，载《中共云南省委党校学报》2014 年第 2 期。

设计、正确的政策指引，还要有明确的社会治理量化考核指标体系。在社会治理工作开始之际，就需要设计出一个明确的社会治理目标体系，以此来指引社会治理工作的有效开展，让社会治理工作沿着既定的目标前进，保障社会治理工作更加有效率进行。

（四）社会治理的评估体系和评估机制的运行存在问题

评估体系是成渝双城社会治理评估指标的逻辑范式，也是评估工作得以开展的基本依据。构建合理的评估体系对成渝双城社会治理有着至关重要的作用，其重要作用主要体现在以下几个方面：第一，通过合理的评估体系能够让我们准确而客观地认识社会治理的现状。只有依靠一系列的评估指标，人们才能判断治理的绩效，才能及时发现社会治理工作中出现的各种问题，才能在最短的时间内解决问题。第二，合理的评估体系是成渝双城社会治理的指南。成渝双城社会治理评估指标实质上是国家在打造西南经济中心的大政方针的展现，反映了一定的政治倾向，而社会治理就是完成国家任务，实现经济的创新性发展和人与自然的和谐发展。第三，合理的评估体系能够反映成渝双城社会治理的现状与理想目标之间的差距，只有找到差距，才能对社会治理的方案进行改革，才能推动社会治理高效而稳定进行。第四，通过合理的评估体系可以发现不同经济圈之间在治理结构和治理体制等方面的差异，能够更好地了解和尊重各个地区的现实情况和地区特色，取长补短、互相借鉴。① 例如，在立足于本地方现实情况的前提下，可以参考京津冀经济圈建设的宝贵经验，进行有选择性的学习和采纳。成渝双城社会治理要准确反映两地区在社会治理工作中的创新性探索经验，集中体现我国市域社会治理理论研究成果，有效提升我国在国际城市治理评估交流合作中的地位和影响力。要站在国际视角，提出能够体现我国特色的社会治理评估体系和评估机制。双城经济圈的社会治理评估体系有反映现实、服务改善、探索规律、促进发展等多方面的作用。

从实践分析，成渝双城社会治理中的治理评估体系和评估机制等仍存在问

① 参见刘泰山：《以“三个转变”创新城市治理“零距离”——广东省佛山市的实践》，载《人民日报》2015 年 3 月 29 日，第 6 版；俞可平：《关于国家治理评估的若干思考》，载《华中科技大学学报（社会科学版）》2014 年第 3 期。

题,主要集中在以下方面:一是评估体系不健全。评估体系应该是一个能够体现评估绩效的一系列规范性指标,而评估体系不健全意味着评估中缺少某些必要的评估指标,也就是说,如果没有列举这些评估指标,那么在评估的时候就不会考虑这些方面,无论是好是坏,没办法得出一个定论。不健全的评估指标体系不仅会降低社会治理工作的效率,而且还会影响社会治理的水平和质量。所以,一定要收集评价指标,并且进行数据分析和对比。各个指标之间要找出其中的差异,有的指标是必不可少的,那么就可以具体列为一级指标。对于一级指标,必须要进行严格的评估,评估工作一定要仔细认真,不能出现任何疏漏。有的指标相对于一级指标而言,必要性可能要弱一点,那么就列为二级指标。对于二级指标可以有选择性地进行评估。二是评估工作效率低,部分地方出现相互推诿的情况。进行社会治理的重要主体是基层政府,各个政府部门需要各司其职,相互配合,出现问题要一起商量对策,及时解决。在现实中,各个政府部门为了减小自己的工作负担,会推卸责任,相互踢皮球,有了问题一拖再拖,没有部门愿意站出来带头解决问题。不难想象,这样的工作态度势必会让社会治理的时间延长,而且,如果社会治理主体的工作人员都是如此消极的态度,那么又怎么带动群众一起参与到社会治理的进程中来呢?三是评估内容落后,不够现代化。现代社会治理的基本问题就是治理能力和治理内容现代化,其中治理内容现代化就包括治理体系现代化、治理手段现代化。评估体系的内容要通过治理结构、功能的比较,反映成渝双城社会治理体系现代化的水平。治理手段现代化评估要体现结果导向原则,通过对政治、经济、社会、文化、生态建设等的成效,市民群众对社会治理的满意程度、参与程度,以及政府处理问题的效率等进行比较,反映成渝双城社会治理的现代化水平。社会治理的评估结果对治理体系和治理能力现代化建设具有示范性作用。

(五)社会治理的协同机制不畅通

社会治理协同机制是指在党的领导下,政府、企业、社会组织及公众在维护社会秩序、保障公共安全、协调社会关系、促进社会公共事务发展中的相互配合、相互协作、共同行动的运行方式。社会治理协同机制的核心在于“协同”,即参与社会治理工作的主体要有同一的目标,在实现目标过程中要有行动上的协调、配合。社会治理协同机制建设是国家治理现代化的必然要求。实现国家治理现代化,即要实现国家治理体系现代化和国家治理能力现代化,前者主要涉及治理制度、机制的先进性,后者则涉及治理方法、举措的效果。社会治理协同机制建设也是构建基层社会治理新格局的必然要求。推进社会治理重心向基层下移是创新社会治理的重要任务,这对基层社会矛盾化解、公共服务体系建设、基层社会安全和基层社区建设都有重要的积极意义。

但是,社会治理协同机制如何为国家发展和社会进步提供助力?是否能有效运用该机制?值得我们思考。长期以来,党在社会治理协同机制建设的各环节发挥了领导核心的作用。面对纷繁复杂的社会事务,还需其他主体积极参与。一是要求政府承担主要责任、发挥主导作用。社会治理工作的政府负责,不是指政府要包揽一切事务。但现实情况是强政府、弱社会,导致社会组织对政府形成高度依赖,缺乏自主性和独立性。值得注意的是,政府对社会治理大多具有较强的政绩导向,往往追求短期治理效果或社会效益,而且也束缚了其他主体的参与活力,多元主体协同治理不足。二是在社会治理工作中,党组织、政府、社会组织等缺位、越位、错位的问题同时存在。随着社会主义市场经济体制的建立,我国传统的单位制逐步解体,社区、社会组织等迅猛发展,而党的组织和党的工作还没有全面跟进。因此,只有各个主体广泛参与,强化合作理念,才能形成社会治理的合力,才能实现社会治理的目标。三是现代社会治理中,政府难以负责全部社会生活,对于此种情况,社会组织可以成为政府与人民群众之间的重要纽带并发挥特殊作用。社会组织可以有效管理和利用社会资源为社会提供公益性产品与公共服务。现实情况是,虽然社会自治组织、民间组织蓬勃发展,但其行政化色彩较为浓厚,而真正富有公信力的社会治理志愿参与机制尚未真正形成,社会组织建设有待加强。① 在社会治理工作中,如何让成渝双城的社会组织积极参与有效沟通还存在问题。总之,社会治理协同机制的核心"协同"一直是难以突破的症结。四是社会治理协同机制建设离不开法治这一保障机制。法治运行的保障机制是提高社会治理社会化、法治化、智能化、

---

① 参见江治强:《基层社会治理机制的构建设想和路径》,载《中国民政》2013 年第 9 期。

专业化水平的重要条件。成渝地区双城经济圈社会治理工作开展过程中，相应的法律法规制度和社会治理主体之间协同合作的法律运行机制仍需要完善。如果社会协同治理的法治运行保障不充分，就会导致社会治理协同机制不畅通，此将不能很好实现社会治理的目标。

二、原因分析：差异与共性之比较

（一）差异与共性面临的时代背景与当代挑战

成都和重庆两城相距300公里左右。成渝之间的城市竞争是显性的。大致来看，重庆大都市区与成都经济发展势均力敌。当前中国经济发展东部超过西部，东西呈现发展不平衡之势。成渝双城位于中国西南部，整体而言，在我国改革开放之初，其在全国的经济地位不是特别突出。而当今世界以及国内经济发展和社会变迁迅速，时势使然，成渝未来发展亦发生变革。2004年，成渝签订《关于加强川渝经济社会领域合作，共谋长江上游经济区发展的框架协议》。2016年，国务院发布《成渝城市群发展规划》，使成渝双双荣升"国家中心城市"。2017年，国务院发布《"十三五"现代综合交通运输体系发展规划》，其中首次明确成都—重庆为全国四个将重点打造的最高等级的"国际性综合交通枢纽"之一，这也是中西部地区唯一一个。确实，成渝目前交通运输承载力很强，这也为其加快融入世界经济建设提供了助力。2020年，中央财经委员会第六次会议明确提出推动成渝地区双城经济圈建设，将成渝区域协同发展上升为国家战略。会议指出，强化重庆和成都的中心城市带动作用，将成渝地区定位于具有全国影响力的经济、科技创新中心。2021年10月20日，中共中央、国务院印发《成渝地区双城经济圈建设规划纲要》，特别强调这是构建以国内大循环为主体、国内国际双循环相互促进的新发展格局的一项重大举措。之所以有此战略，究其原因是我国人口众多、幅员辽阔且东西部经济发展不均衡。在不断深化改革的政策指导下，"西部大开发""成渝城市群发展规划"等多个重大战略的加持下，成渝地区双城经济圈的战略意义重大。况且，欲要调动国内生产力和国民活力，需要有能够容纳千万级别人口的城市作为支撑。站在更高的格局和视野来看，强强联合，将毗邻的中心城市联合起来，形成区域经济联动发展将是新态势。

从全球视角看，和平与发展是民族繁荣富强的前提条件，但国际形势动荡不安，一些国家动荡乃至政权颠覆，已然展现忽视社会建设和社会治理的严重后果。当前和今后一个时期，我国发展面临新的机遇和挑战。当今世界很重要的趋势是新一轮科技革命和产业变革深入发展，国际力量对比深刻调整。我国已转向高质量发展阶段，但发展不平衡不充分问题仍然突出。面对国内国际新形势，由我国主导的“新丝绸之路”力图加强国际合作、互利互惠。成都和重庆所在的地理位置是陆上“丝绸之路”的核心地带，因此，利用好成渝双城的枢纽作用，就能更好地结合起国际与国内市场。另外，我国大城市社会治理处于大有可为的战略机遇期。社会全球化时代已经到来，其基本特征是城市化、信息化快速发展，流动性、社会性特征明显增强。当前，我国大城市社会治理走在前列，摸索出了诸多有益经验。像京津冀、长三角、珠三角等三大城市群都能为成渝地区双城经济圈的社会治理提供有益经验和借鉴。

推动成渝地区的发展是不言而喻的，同时它们各自都有一定的发展优势和潜力。但我们也要审时度势，从客观实际出发，洞察当代面临的一些挑战。诚然，成渝双城之间的中部城市发展水平有待提升是困扰成渝地区社会治理的一大症结。所谓“中部城市发展水平有待提升”是指成渝两市与周边其他城市经济差距太大，导致成渝两市对周边城市的虹吸作用强于带动作用，从而形成强者越强，弱者发展受阻的循环现象。这造成资源多集中在成渝两座核心城市，与成渝地区其他城市难以形成协同发展效应。由于牵扯太多的复杂因素，想要克服社会治理协同发展的诸多阻力问题，需要一定时间进行创新。

（二）差异的表现及其原因分析

近年来，我国“大城市病”日渐凸显，表现为大城市人口快速膨胀、公共服务资源紧缺、环境保护压力增大、城乡结合部管理难度加大等，社会治理问题复杂。世界通行惯例是依托城市群来解决这类问题。在我国社会治理实践过程中，各地纷纷创新社会治理体制，出台了一些社会治理创新项目并付诸实施。但结果是，有的项目制度昙花一现，有的成为典型模式在全国推广。究其缘由在于，社会治理是通过项目设计和制度规划的具体落实来实现的。有些项目制度规划自身拥有的特质或经验使这些模式取得成功,因而社会治理结果与项目制度规划自身的性质和特点有着密切联系。[①] 在京津冀、长三角、珠三角粤港澳大湾区之后,锚定成渝地区双城经济圈,要探究成渝地区双城经济圈社会治理结果差异,应从主客体双视角切入。从主体来看,政府顶层设计显得格外重要。如今成渝地区双城经济圈的发展速度是有目共睹,这得益于新一轮的城市建设,在人口、产业、交通、区位等优势的多方支撑下,成渝地区双城经济圈迎来了新的发展机遇。[②] 成渝两座城市如此相似而又迥异,成都重庆各有其特点。一是区位优势不同。虽然两座城市同坐落于四川盆地,但其依赖的资源还是有差异。成都坐拥气候宜人土壤肥沃的川西平原,地势平坦有较为广阔的经济腹地。重庆控扼川江水系,正处在"一带一路"和长江经济带的联结点上,是长江最上游的门户,与长江中游的武汉、下游的上海连为一体,是西部地区重要的内陆开放高地,但地形多山地丘陵,经济拓展空间不及成都。因此,在社会治理发展等方面,成都依靠自身开阔平坦的地势,率先发展铁路运输后,又大力发展航空。根据《民航机场生产统计公报》统计,2018 年双流机场旅客吞吐量为 5287.7 万人次,2019 年双流机场旅客吞吐量为 5585.9 万人次,排名全国第四,西南地区第一。《2020 年民航机场生产统计公报》显示,2020 年成都双流机场旅客吞吐量内地第二。而重庆依三峡工程占据川江航道优势,在航运方面一骑绝尘。川江航道无险阻,千吨轮可以直接抵达重庆港。二是从人口数量来看,根据《重庆市第七次全国人口普查公布》显示,截至 2020 年 11 月 1 日,重庆的常住人口为 32,054,159 人。而成都公布的人口普查数据显示,2020 年成都的常住人口突破 2000 万大关,达到 2093.78 万人。人口数量对第三产业发展意义深远,尽管重庆有着超过 1.5 倍于成都的人口,但成渝两地的第三产业发展旗鼓相当,这就说明成都的第三产业要比重庆发达。比较两城的产业结构,都是第二产业占比重较大。产业结构比例大致相似,但还是略有差异。重庆的制造

---

① 参见王洛忠、孙枭坤、崔露心:《社会治理创新的结果差异研究——基于多项目实践过程的实证分析》,载《甘肃行政学院学报》2020 年第 1 期。

② 参见戚原:《成都邛崃"钱景"项目引社会资本热捧》,载《中国县域经济报》2017 年 3 月 27 日,第 7 版。

业发展优于成都,然而成都制造业虽比不上重庆,但在IT、互联网、航空航天等技术密集型产业比重庆有过之而无不及。谈及人口数量还要考虑人口素质。社会力量是社会治理创新主体中的重要参与成员,只有社会公众、社区、社会组织积极参与到社会治理过程中来,才能真正实现目标。人口素质方面,成都的高等教育、人才教育、科研实力具有较强的竞争力。原因在于:成都通过顶层设计,举四川之力发展教育,政策推动在其中起着不可磨灭的作用。当然,重庆有直辖市的体制优势。重庆市是西部唯一的直辖市,行政层级和三级行政体制使重庆在制度创新上较成都和西部其他省份更具优势。另外,社会治理更多体现在基层民主自治建设上,要提高全体社会成员尚法、守法、护法的自觉性。① 当我们在构建成渝双城社会治理蓝图时,社会治理目标和方案的确定,必须建立在充分了解和尊重人民群众意愿的基础上。② 政府规划的制度如何与具体情况相协调这一问题,衍生出相应的社会治理机制。但这些最终都要通过人的参与才能发挥作用。地区间、城乡间、不同群体间社会服务保障有很大差异。两地比较优势的深度关联和互补,既是实行成渝双城国家战略的客观基础,又是该战略得以取得成效的现实可靠保障。

综上所述,成都与重庆在社会治理中存在差异的根本原因是地缘格局差异。从国家层面看,各级各区域要协同发展,成都的地理位置决定其需要与陕西、甘肃、宁夏等地联系。重庆靠东与江南一带联动。在一段时间内,重庆选择向北发展,成都选择向南发展。当然,两城自然资源不同,发展主辅有别,本应该遵循客观规律,发挥自身优势,但却呈现同态竞争、同质竞争。事实上,走出真正适合自己城市禀赋的发展道路,避免双城发展叠加的僵局,打造优劣互补的协同治理才是正确的选择。

(三)共性的表现及其原因分析

如前所述,成渝两地因地貌差异各自有适合自己的发展领域。在重庆成为直辖市之前,成都是整个西南地区铁路运输的中心,发达的交通运输线承载了

---

① 参见郑科扬:《推进社会治理现代化:以“治”致“理”》,载《社会治理》2017年第3期。

② 参见李夫泽、朱红文:《提高社会治理现代化水平——加强和创新社会治理须走出几种误区》,载《人民日报》2017年11月6日,第7版。

这个城市的兴衰。然而自从重庆剥离出四川省成为独立的直辖市后,重庆为了自身的发展继而修建四通八达的铁路。观察两城的铁路建设规划,很明显地发现两城都试图将自己打造成为西南地区铁路运输中心,谁都没有放弃建设铁路枢纽的计划。虽然成渝的铁路建设速度之快,铁路线呈网状铺展开来,大大提高了运输能力,但实际上,成渝相似的规划建设非但没有使双方从中获取应有的利益,相反却互相掣肘,削弱了各自的优势,进而影响各自的长远发展。因此,在这一方面,有待优化交通运输结构,提高资源集约利用水平。防止上述同态发展,显然已成为社会治理协同发展的重要课题。从表面上看,成都占据空运优势,重庆占据航运优势,所以两者以铁路运输为竞争焦点。深究原因,产业结构单一导致出现如此规划。成渝两城的经济发展依靠第二产业拉动,而第二产业属于资源、资本密集型的产业,需要中央或地方财政上扶持。伴随长三角、珠三角地区产业结构优化升级,相当数量的传统产业和劳动密集型产业向中西部地区转移。在此际遇下,重庆依靠其地理优势承接长三角、珠三角地区的电子加工产业转移。几年的时间,电子制造业成为重庆的支柱产业。同时,成都对发达地区的产业转移依赖也很深。这样导致成都与重庆的产业结构极其相似。产业同构导致竞争加剧,重复建设造成资源浪费。要再次强调“一盘棋”“一体化”理念,围绕交通基础设施、现代产业体系、协同创新等方面达成共识。

面对上述情况,结合当今发展趋势。产业结构优化升级对成渝而言是不言自明的事情。国家支持成渝建设国家新一代人工智能创新发展实验区。通过顶层设计,成渝都需要利用人工智能有力推动成渝双城的创新发展。重庆作为历史厚重的老牌工业城市,搭乘智能化转型正逢其时。成都可以利用丰富的科教资源,加强人工智能基础研究和前沿技术研发,形成人工智能与经济社会发展深度融合的典型模式。基层社会治理工作琐碎性大,智能产品的嵌入有助于基层社会治理能力现代化的推进。例如,通过大数据助力防范化解重大风险,对社区内的重点人群单独标记,重点跟踪,构建随时监控检测,将不安全因素尽早预防;通过智慧社区为民众提供更便捷的发现和反馈问题的渠道;通过网络客户端和手持终端的应用,为社区的建设发展建言献策。众所周知,科技便捷性减少了不必要的人力,而且提高了精准度,同时科技又大大缩短人们之间的交流,拉近距离打破时空的限制,因此,利用好科技可以破除社会治理的难点,即实现充分的政策信息的共享,社会成员的参与。值得注意的是,提高社会治理智能水平,不能仅依靠人工智能技术的进步,还要注重法治的保障和促进作用,为社会治理智能化寻找合适的法治路径。①

公共服务创新面临的问题,究其原因是过于强化政府管控力,片面消极看待社会组织。长期以来,政府所延续的仍是常用和热衷的"一揽子"思路。然而,在新时代语境下其严重阻碍了社会组织的参与。社会组织本身发展较缓慢,且行动力不足,再遇到政府的强势介入,社会组织想要在社会治理实践中有长足发展,形势不会乐观。② 政府需要转变治理思路,加大政策扶持力度,培育发展各类社会组织。推进政府购买公共服务,进行公共服务生产与提供的转移,使社会组织承担更多公共服务。

由于经济建设是当前主要任务的观念深入人心,经济建设和社会治理何为首要的问题影响着社会治理工作的有序开展。大多数的做法仍是大力发展经济建设,放缓社会治理。显然,这种认识不利于加强和创新社会治理。虽然成渝地区双城经济圈建设有利于经济发展,大量政策向该区域倾斜,但忽略社会建设是不可取的。社会治理这一庞大的课题包罗万象,它能促进社会稳定、经济繁荣和行政高效运转等,倘若只关注经济发展就会顾此失彼。想要社会不断向前推进,就要各种要件共同迸发出活力。只有从这一长远角度考虑,才能发现社会治理的价值所在。在传统认识下,借鉴模仿成功的经验是一条便捷之路。我们应当保持谦逊的态度,学习优秀的社会治理经验,关注的虽是好的一面,着眼的却是如何为我所用并转化为成渝优势,进而走向符合自身特色的社会治理。照抄照搬的社会治理模式势必会遮蔽许多不应忽视的问题。譬如,成渝两地在早些年的发展抛弃了独特性,在规划和城市定位就出现重叠,以至于不能更好地发挥各自优势。鉴于此,只有因地制宜,才能发挥叠加效应的社会

① 参见刘伟、翁俊芳:《撕裂与重塑:社会治理共同体中技术治理的双重效应》,载《探索与争鸣》2020 年第 12 期。

② 参见邓斌、张丽梅、陈艳:《重庆市推进社会治理实践创新实践与思考》,载《社会治理》2017 年第 3 期。

治理效果。成渝地区双城经济圈的社会治理要克服社会治理难题,准确认识特有矛盾,才能不断提高社会化、法治化、智能化和专业化水平。

三、治理基础:应然选择与实然条件

(一)应然选择

1. 经济社会发展的多元利益格局

一直以来,中国的东西部地区经济发展水平差距较大。虽然西部地域辽阔、资产丰富,但其人口总量和经济总量都远低于东部。然而,在第一轮西部大开发20年的发展过程中,西部地区经济在逐渐崛起。虽然仍不能与东部地区相比,但与过去相比,它已经取得了显著的进步。2020年5月17日,国务院发布《关于新时代推进西部大开发形成新格局的指导意见》,新一轮西部大开发拉开了序幕。① 西部地区的开发被国家赋予了更加重要的战略意义,"成渝城市群"的重要性得到了进一步强调。川渝合作并不是一个新话题,从1997年川渝分治以来,川渝两地一直在努力加快"协同化""一体化"发展的进程,两地的经济在合作中得到了进一步的发展。两地区生产总值分别从1997年的3241.2亿元、1509.8亿元增长到2018年的40,678.1亿元、20,363.19亿元。川渝经济总量跃升至全国经济总量的6.8%左右,成为中国西部最具发展潜力和经济活力的地区。2020年,川渝两省市经济增速分别达到了3.8%和3.9%,高于全国增速1.5个百分点和1.6个百分点,其中重庆主城和成都市经济增速均超过4.0%。重庆高新技术制造业增加值同比增长13.3%,战略性新兴产业对工业增长贡献率达到55.7%。四川高新技术制造业增加值同比增长11.7%,高于规模以上工业增加值7.2个百分点,市场主体创新能力不断提升,发展新动能更加强劲。② 许多专家认为,成渝经济区完全有能力成为继珠江三角洲、长江三角洲和京津冀之后推动中国经济增长的"第四极"。

"成渝地区双城经济圈"将惠及哪些城市?成渝地区双城经济圈的范围是

---

① 参见路萍:《大型基建企业投资业务的管控分析》,载《建筑经济》2020年第S2期。

② 参见陈瑜:《2020年川渝GDP全国占比提高0.15个百分点》,载《重庆商报》2021年5月28日,第2版。

一个广义的区域城市群概念,而非单一的指代成都中心城区或者重庆市主城区,而是包括:(1)现代化程度较高的成都市主城区和重庆市主城区;(2)与成渝双城主城区联动紧密、配套设施完善的周边城市群;(3)受双城城市群辐射的区域内其他中小城市;(4)川渝地区带有鲜明地域特征且基础设施建设、组织建设和信息建设都相对落后的广阔农村。根据《成渝地区双城经济圈建设规划纲要》及其他文件显示,成都地区包括成都、自贡、泸州、德阳、绵阳(除北川县、平武县)、遂宁、内江、乐山、南充、眉山、宜宾、广安、达州(除万源市)、雅安(除天全县、宝兴县)、资阳15个市;重庆地区包括渝中区、江北区、沙坪坝区、九龙坡区、南岸区、渝北区、巴南区、大渡口区、北碚区、万州区、黔江区、涪陵区、綦江区、大足区、长寿区、江津区、合川区、永川区、南川区、潼南区、铜梁区、荣昌区、璧山区、梁平区、丰都县、垫江县、忠县27个区(县)以及开州区、云阳县的部分地区。

成渝地区双城经济圈的建设仍然需要进一步探索怎样有效地破除体制机制障碍和行政壁垒。城市战略专家冯奎表示,成渝地区双城经济圈在协同发展上相比较京津冀、粤港澳、长三角等地区而言,在治理体系建设中具有相对的优势,简洁的治理体系将更有利于创新突破(见表5-1)。

表5-1　成渝经济圈与其他区域相比较的协同社会治理的优势

区域	协同社会治理的优势
成渝经济圈	川渝山水相连、人文民风相似,工业和科技有发展基础,协同发展具有相对优势
京津冀区域	京津冀地区包括首都,各项工作的开展都需要处理好中央与地方的关系,协调过程比较谨慎
长三角区域	一个直辖市、三个省,由多个都市圈构成,大中小城市和小城镇数目众多,主体的高度多元化带来了协调的高难度
珠三角(粤港澳)区域	存在两种制度、三个关税区、四个核心城市,在制度和运转机制的设计中有更多的因素需要考虑

虽然成都和重庆的经济综合实力在西部地区居前,但与其他三大城市群的核心城市相比较,仍有较大的差距。在当今国家发展战略规划的指引下,成渝

地区不仅要克服零碎问题，探索协同创新发展机制，而且还需要进一步刺激川渝周边区域的经济发展，唱好“双城记”，不仅要在空间布局上携手发展，还要建立有序竞争、积极合作的创新发展格局。①

2. 良好的公民参与意识与高度的政治民主

社会治理本身就是一个不断改革的过程。新中国成立以来，我国的社会治理模式发生了深刻的变化。在经济和社会发展的不同阶段，社会治理具有不同的时代特征。改革开放以后，公共服务和社会事业的市场化体现为一种“社会管理”。在社会领域最早的体现就是“社会管控”，也就是国家对社会的全面控制和严格管理。在1988年国务院机构改革中，首次提出社会管理是政府的基本职能。2011年，社会管理及其创新成为国家重大战略任务。2013年，“社会治理”概念在党的十八届三中全会正式提出。从社会管理到社会治理，体现了党的治国理政的理论创新。② 社会治理需要良好的公民参与意识和有序的政治民主。

(1)良好的公民参与意识。社会治理要始终坚持以人为本的发展理念。成渝双城应坚持以人为本、共建共治的发展原则，而且经济社会建设需要有良好的公民参与意识。成渝双城社会治理必须激发所有社会主体的参与活力，鼓励所有的社会主体参与到社会治理中来，形成强大的治理合力。可以通过民主决策促进经济发展方式的转变，贯彻民主管理和民主监督，并在实践中发挥公民作用。一是从民主决策的角度分析，公民可以利用自己的知识和信息，对政府和企业转变经济发展方式提出综合建议。二是从民主管理的角度分析，公民通过积极参与本单位的民主管理工作，如职工代表大会，可以帮助和支持本单位经济发展方式的转变。三是从民主监督的角度分析，公民可以使用自己的监督权，对经济发展中不符合可持续发展的行为进行监督，提出批评意见、进行投诉等，督促相关企业做好转变发展方式的工作。那么该如何培养公民参与社会治理的意识呢？一是在我国推进全面依法治国的背景下，人民素质也在进一步提

① 参见余蕊均：《重塑竞合关系，川渝两地如何推动“第四极”崛起？》，载《每日经济新闻》2020年7月12日，第2版。

② 参见李杰：《新时代社会治理面临的问题与对策》，载《农村·农业·农民(B版)》2020年第6期。

高。公民在参与社会治理时,需要通过媒体、政府决策、互联网等各种渠道了解当前的政治形势,从而才能够提出合理的建议。二是社会治理也需要政府和国家的作为。针对社会治理的新形势、新特点和各种不适应问题,政府治理必须创新思维,找准定位。在思想观念上,要努力实现从重视经济建设、忽视社会治理向更加重视社会治理、经济社会协调发展的转变;在治理模式上,要努力实现从政府统管所有社会事务、实行强制单向治理向政府主导、多元参与并重的转变。政府要依法履行好自己的职责,把本该由政府治理的事情集中治理,把不该由政府治理的事情交给社会、交给市场,实现社会公共治理的社区化和社会化。要教育广大干部树立正确的政绩观和坚定的群众观,使人民群众真正感受到自己的权益得到保障,自觉接受治理,积极配合治理,积极参与治理,从而形成社会治理由政府主导,人人参与、人人共享的良好局面。三是国家、政府、媒体、集体和公民个人几大元素不是孤立存在的,他们需要通过集中的渠道相互沟通,才能建立稳定的社会格局。

(2)有序的政治民主。政府应当采取各种措施,鼓励非政府力量参与到社会治理中,通过民主协商共同治理社会,使社会大众共享治理成果。一是加强社会治理专业人才队伍的建设。提高社会治理的水平和效率,关键是管理城市要充分利用好大数据、物联网等技术。实现各部门信息平台与城市公共安全管理平台的数据共享和互联互通,支持网格技术和大数据的应用。城市公共安全构建基于网格技术和大数据整合的管理平台,按照统筹兼顾的原则实现协同管理,进行统一规划。政府应当加强社会治理专业人才队伍的建设,根据社会治理的内在特点和规律,在科学理论的指导下,培养专业人员,使他们掌握必要的技能和知识。同时,政府应加强人员的专业培训,通过出台良好的政策推动社会治理领域方面的人才积极聚集,以提高社会治理的专业水平。[①] 二是做好组织保障。加强和坚持党的全面领导,建立执行层、协调层和决策层三级运行机制,建立健全推进成渝地区双城经济圈建设的高效组织体系,定期研究并协调

① 参见李杰:《新时代社会治理面临的问题与对策》,载《农村 · 农业 · 农民(B 版)》2020 年第 6 期。

解决重大政策、重大规划、重大项目和重大问题，积极跟进国家规划和重大专项规划，制订实施行动计划和意见，细化项目主体，明确责任人和部门。[①] 三是动员各方的参与。坚持全面从严治党，激励广大党员干部努力工作、负起责任，彻底纠正官僚作风和形式作风。[②] 充分发挥党委在协调大局、协调各方的领导作用，支持人大、政府、政协等按照章程履行工作和职责，支持工商联合无党派人士、民主党派等积极建言献策，发挥妇联、工会、共青团等群众组织的作用。加强政策解读和宣传引导，推进成渝地区双城经济圈建设，增强社会共识，鼓励公众参与，团结力量，共同推进成渝地区双城经济圈建设。四是加强检查监督。促进成渝地区双城经济圈建设的重要保证是良好的工作作风和良好的环境。要形成一级抓一级、各级落实的工作格局，将重点事项和任务纳入综合目标考核内容，加强考核激励，定期进行督导通报、跟踪分析和效果评估，及时化解和消除工作中的障碍和负面因素，高效和强有力地推动成渝地区双城经济圈建设。此外，推进成渝地区双城经济圈建设，是党中央着眼于重点区域和关键领域，并根据时代要求准确规划和实施的重大区域发展战略，要求将成渝地区双城经济圈建设成为具有国家影响力的重要经济中心、科技创新中心、改革发展的新高地、高质量生活的宜居之地及高质量发展的重要增长极，从而促进西部乃至全国的高质量发展。因此，各级党组织和广大党员干部必须深入学习贯彻习近平总书记的重要讲话精神，全面贯彻落实省委的决策部署，增强“四个意识”、坚定“四个自信”、做到“两个维护”，把推进成渝地区双城经济圈建设作为使命担当和一项重大政治责任。

3. 开放的政策过程与良好的制度环境

一个国家内部的社会，其复杂的生态关系是由具有时代特征的人、组织和群体构成的。经济和社会一直是相互作用、相互依存、不可分割的。社会发展的基础是经济发展，社会发展是国家的根本目标。社会发展体系和经济发展体

---

① 参见《中共攀枝花市委关于加快“两城”建设　争创省级新区全力推动成渝地区双城经济圈建设的决定》，载《攀枝花日报》2020年8月4日，第1版。

② 参见张崇宁：《西昌坚决落实“两个整体提升”　加快建设攀西地区现代化国际性中心城市》，载《凉山日报(汉)》2021年1月19日，第4版。

系的建设需要步调一致、相互促进。[①] 因此,成渝地区双城经济圈的发展需要开放的政策和良好的制度。

成渝地区的开放格局相比东部地区,最大的不足是相对滞后的“制度开放”,这体现在商业环境建设与东部地区的差距,以及制度环境与成渝地区双城经济圈建设内在要求的协调困难。法律规则应该引导成渝地区双城经济圈构建新的开放格局。[②] 在成渝地区双城经济圈的建设中,川渝两地在一些内陆地区开放渠道、平台和环境方面面临着共同的困难,需要国家层面的政策支持。一是成渝地区开放格局中涉及多个国家和地区的“西部新海陆通道”建设,需要解决国际投资、各方协调合作和贸易规则等问题。商务部应与“一带一路”沿线国家进行商务领域事务的国际法谈判,明确沿线国家的权利和义务,同时也应当就上述事宜同东南亚等国家进行磋商。在目前的中欧合作机制、中国与东盟合作机制、世贸组织规则等基础上,建立国际合作机制,加快建设成渝地区对外交流的“新海陆通道”。[③] 二是成渝地区开放格局的重点是通过区域合作,开辟对外陆海通道,构建中国内陆与国际市场的新连接,探索“陆地自由贸易新规则”,[④]从产品创造和推广、标准化建设、法律支持、金融服务等方面积极探索实施要点。[⑤] 做好向西部地区复制推广制度和标准体系工作,增强西部内陆开放的制度优势。三是在成渝地区建立更多的司法机构,促进新的商业形式的发展。可以在驻渝第五巡回法院的基础上,依托重庆“长江上游”的区位优势,建立一批标准高、起点高的长江上游生态保护法院、金融法院、知识产权法院、破产法院、重庆海事法院等法治新载体,作为成渝地区双城经济圈建设的法治新支撑。[⑥] 四是以

---

① 参见夏先良:《新时代开放型社会治理体系的构建与完善》,载《人民论坛·学术前沿》2018 年第 6 期。

② 参见戴娟、周尤、陈国栋:《怎样唱好“双城记” 代表委员献良策》,载《重庆日报》2021 年 3 月 7 日,第 5 版。

③ 参见侯金亮:《“陆海新通道”建设该如何发力?》,载《重庆日报》2019 年 3 月 9 日,第 9 版;陈霄:《推动重庆高质量发展的重点路径及策略思考》,载《重庆科技学院学报(社会科学版)》2020 年第 5 期。

④ 参见俞芳:《重庆高质量推动成渝地区双城经济圈建设》,载《国际商报》2021 年 3 月 10 日,第 6 版。

⑤ 参见陈钰铃:《齐唱“双城记” 共筑新格局》,载《重庆政协报》2021 年 3 月 9 日,第 4 版。

⑥ 参见戴娟、周尤、陈国栋:《怎样唱好“双城记” 代表委员献良策》,载《重庆日报》2021 年 3 月 7 日,第 5 版。

法律资源和法律能力促进和保障成渝地区共同愿景的实现。可以授权成渝地区建立地方共同事务的联合立法、联合司法机制，形成适应新经济、新商业的新立法体制，营造法治化、市场化的国际一流商业环境。从法治化角度发现和防范区域金融风险，帮助经济社会发展的薄弱环节和重点领域配置到更多的金融资源，规范资本市场投融资秩序，更好地使实体经济满足多元化金融需求，帮助两地共同打造西部金融中心。充分发挥知识产权司法的促进作用和独特保护功能，激发社会的创造潜力、创新动力和创业活力。① 五是成渝成为区域法治协同共同体。加强政府法治工作协调，建立行政复议区域协同机制，推进行政复议信息和专家资源库共建、共享，推进行政复议规则制度创新，联合开展政府规章和规范性文件清理，统筹其内容，保持规章和规范性文件的一致性，重点开展政府规范性文件合法性审核。加强法治宣传与合作，联合开展成渝协调发展主题宣传活动，促进川渝法治文化融合共享。建立成渝区域立法、司法、执法、督察协调机制，打造成渝地区双城经济圈法治商业环境。② 六是成渝协同发展“法律服务共同体”。进一步优化成都天府新区的中央法务区建设，充分结合信息化建设，在管辖、诉调和非诉讼法律服务方面进行深度创新。继续推进川渝中央法务区建设，共同培育一批综合性旗舰品牌法律服务机构。共同组建专业法律服务团队，为成渝经济圈配套重大龙头项目，如重庆至四川多渠道、多交通建设、国际航运枢纽联合建设、西部航运港建设、长江上游流域水土保持建设、西部金融中心联合建设等提供“一站式”法律服务。

目前，国际国内环境正在发生复杂而深刻的变化，比如，出现了“贸易战”“科技战”“舆论战”。因此，选择发展基础好、人口密度大、经济增长势头强劲、产业集中程度相对较高的成渝城市群作为战略基础，辐射带动面积 2/3 以上的中西部地区的经济增长，可以进一步畅通内部循环；对外则有利于我国构建“东西双向开放、互利互济”的对外开放新格局，在更高层次、更广范围、更深层次融入“一带一路”建设，引领中西部地区进一步融入全球产业链、供应链、价值链和

① 参见《最高人民法院关于为成渝地区双城经济圈建设提供司法服务和保障的意见》（法发〔2021〕4 号）。

② 参见俞芳：《重庆高质量推动成渝地区双城经济圈建设》，载《国际商报》2021 年 3 月 10 日，第 6 版。

创新链分工体系,推动形成更高质量的对外循环格局。

(二)实然条件

1. 时代要求与多元利益格局的形成

(1)时代的要求。当今世界正经历百年未有之大变局,世界的经济格局和政治格局面临巨大的调整和变化,经济全球化遭受更多逆风和回头浪,国际经贸规则重塑,世界进入动荡变革期,人口老龄化程度持续加深,各类矛盾风险进入高发易发阶段;我国面临的外部环境不稳定性、不确定性更加凸显,传统安全和非传统安全挑战不断增多,各类风险的跨界性、关联性、穿透性、放大性显著增强,处理不好容易形成系统性风险。① 所以对城市全面开放和城市共建共治共享提出了更高的要求。当今时代,以互联网、大数据、人工智能为代表的新一代信息技术瞬息万变,给各国经济社会发展、社会治理、人民生活带来重大而深远的影响。信息技术革命使人类社会从物理生态走向智能生态,迈入智慧社会,如今数字信息技术和互联网已嵌入国家政治、经济发展和社会治理的每一个细胞中,社会治理模式也应在这一背景下变得更有“智慧”。当前,我国进入了中国特色社会主义新时代,我国的经济发展模式也从高速增长模式转变为高质量发展模式,我国经济发展的空间结构也在改变,诸如成都和重庆这样的中心城市正在成为承载发展因素的主要空间形式。如何推动高质量发展是目前和未来确定发展思想、制定经济政策和实行宏观调控面临的首要问题,也是建设现代产业体系所必须回答的问题。这就对仍处于发展阶段的生态文明建设提出了更高要求,即经济发展与环境保护的协调推进显得尤为迫切,城市间协调发展以及城市的绿色发展转型也显得尤为重要,以及人民对美好生活也更加充满新期待,因此关系到人民切身利益的成渝地区双城经济圈的社会治理问题亟须解决。当今社会,已经是一个合作的社会,国际治理、国家治理都应当是一个合作的社会治理。成渝地区的历史文化、经济社会发展、工作推动路径等具有一定优势,成渝地区相关政府部门对历史认识深刻、实战经验丰富、心得体悟独到。成渝两地应当通过资源共享、平台共建、合作共赢,促进各类人才的合理

① 参见郭声琨:《建设更高水平的平安中国》,载《全球商业经典》2020 年第 12 期。

流动和高效集聚,为推动成渝地区双城经济圈建设提供强有力的智力支撑;推进两地区域有序合作,社会治理机制不断健全,使成渝地区双城经济圈走进新时代,助力新征程,促进成渝地区双城经济圈社会治理问题的解决。在国内外环境不断变化以及新时代背景的要求下,我国提出"加快形成以国内大循环为主体、国内国际双循环相互促进的新发展格局"。立足中国西南部,辐射欧亚大陆的成渝地区,也肩负起向"东西双向互济、陆海内外联动"转变的新使命,构建新发展格局和推动成渝地区双城经济圈建设赋予我们新的重要使命。① 因此,关注成渝地区双城经济圈社会治理问题也显得迫在眉睫。

(2)多元利益格局的形成。在当今时代,社会呈现出了多元化。最初,人类的迁徙、文化的融合交流促使了当时社会多元化特征的出现,而随着世界全球化趋势的进展,人类社会的多元化特征更为清晰。我国改革开放之后,随着经济体制改革的不断深入,形成了多元格局的经济利益关系,传统的利益格局和利益集团渐渐分化,并形成了新的利益格局和利益集团的重组,多元利益格局随之出现。由于多元利益集团的产生,促使我国的社会利益结构也随之发生了空前未有的深刻变化。新的利益集团不断更新涌现,促使利益主体更加多元化,利益要求更加多样化,利益关系也更加复杂化。② 不同的利益集团所追求的利益内容是截然不同的,所以为了避免给成渝地区双城经济发展和社会进步带来不利影响,必然要制定一套能够协调各方利益关系的准确而有效的社会治理制度机制。在社会极速发展时期,只有调节好各利益集团之间的利益关系,才能保证公共利益的公平实现,这对成渝地区社会治理而言,提出了新的要求和挑战。实现社会治理的"公平正义"并非易事,因为其应当体现在社会经济生活的方方面面。多元利益格局的形成与成渝地区双城经济圈社会治理工作紧密联系,有必要采取各种措施来促进成渝地区经济的发展和多元利益的协调,使成渝两地各个阶层、各个群体都得到协调均衡的发展。

---

① 参见蔡操、吴江:《成渝地区双城经济圈建设下市域社会治理联动机制构建》,载《重庆行政》2020 年第 5 期。

② 参见方同义:《多元利益群体的利益表达与和谐社会建设》,载《浙江社会科学》2006 年第 6 期;杨春福、王方玉:《利益多元化与公民权利保护论纲》,载《南京社会科学》2008 年第 3 期。

2. 公民的权利意识、法治意识和公共意识日渐提高

(1)公民权利意识的提高。随着现代社会越发注重对公民权利的保障,公民的权利意识也在逐渐提高。就公民权利意识这一概念而言,其包括几层含义:一是公民的基本权利被现代国家的法律所认可和保护;二是公民对法律的相关规定比较了解,知道自己在社会中享有什么样的权益;三是如果公民的权益受到了他人的不法侵害,知道运用法律策略寻求救济,进而保护自己的权益。公民权利意识是作为个体的公民,以一种以法律理性认知对他人的行为所作出的反应。① 公民权利意识是公民意识的核心组成部分,国家的健康发展,民主法治文化根基的稳固,都离不开公民强烈的权利意识。公民权利意识的现代化与中国社会进步及成渝地区双城经济圈社会治理紧密相连,它既符合社会发展的客观规律,也具有历史必然性。自 1978 年改革开放以来,经济体制改革深入,经济结构重新调治,互联网经济迅猛发展,这些都全面而深刻地改变着我国公民的权利观念,使我国公民的权利意识不断提高。当今世界,全球化迅速发展、市场化不断深化、民主法治化进程加快、网络快速发展及公民主体意识日益增强,促进了公民权利意识的觉醒。公民的权利认知水平大幅提升、权利实现意识越来越强烈、权利救济范围日益扩大、双向权利意识日益显现,促进了公民权利意识的发展。当前,我国通过全方位措施的实施、对公民思想文化的开导、法律制度的规定引导、完善的立法、加快的制度建设,促进了公民权利意识的提高。当今社会,随着社会风气及社会观念意识的改变、教育理念的创新、社会包容度的提高、全民模范效应的发挥,使公民权利意识越来越强烈,维权意识普遍提高。公民的权利意识不仅是自己维护权利和行使权利的自由,也包括尊重他人的权利。无论我们怎样维护自己的权利,都不能妨碍和破坏他人权利,当然,无论是谁行使权利都必须在法律的框架下进行。公民权利意识的增强,有利于营造良好的权利文化氛围,有利于夯实法治社会的文化根基,有助于推动社会主义民主政治的发展,有助于让公民将权利意识在成渝地区双城经济圈社会治理中内化为观念,外化为行动。公民权利意识的提升,是在社会主义制度下与公民社会

① 参见袁惜语:《依法治国视域下公民权利意识提升研究》,电子科技大学 2016 年硕士学位论文。

中建设民主国家和法治社会的文化基础，是成渝地区双城经济发展的动力来源。

公民权利意识的提升，有效地推动了成渝地区双城经济圈的社会治理进程。公民权利意识的提升，是适应成渝地区双城经济发展的必然要求，也是实现社会主义法治现代化的必由之路。

（2）公民法治意识的增强。法治是政治道德的理想之一，它指的是法律本身以及法律制度在治理体系中的优势。法治包括若干正式和程序性原则，涉及社区的治理方式。正式原则涉及社会规范的普遍性、清晰性、公开性、稳定性和前瞻性。程序原则涉及管理这些规范的程序。法治最重要的要求是，处于权威地位的政府应该在既定公共规范的约束框架内行使权力，而不是根据自己的偏好或意识形态以武断、临时或纯粹自由裁量的方式行使权力。但法治不仅是政府的问题，它还要求公民尊重和遵守法律规范。当公民自身的利益与他人的利益发生冲突时，他们应该接受法律对其权利和义务的确定。而且，法律对每个人都应该是一样的，这样没有人可以凌驾于法律之上，每个人都可以获得法律的保护。但就法治本身而言，首先，法律应该在认知上易于理解：它应该是被作为公共知识颁布的一系列规范，以便人们能够研究它，将它内在化，找出它对人们的要求，并将它作为人们的计划和期望以及解决他们与他人的争端的框架。其次，法律机构及其程序应该为普通人所用，以维护他们的权利，解决他们的争端，并保护他们免受公共和私人权力的滥用。

法治意识包含公民对法律制度及法律制度中所创设的权利义务中所蕴含的价值是否接受和认同。[①] 公民法治意识是公民文化的重要内容，包含了法律理念、法律认知、法律心理等社会意识，主要指公民的权利意识、平等意识、义务意识、规则意识、参与意识、诚信意识、契约精神、法律至上精神等。[②] 法治意识是建立法治社会的前提条件或者基本条件。想要公民都遵守法律，首先应该使公民自觉建立起牢固的法治意识。在改革创新的过程中，法治的实践和发展将

---

① 参见解添明、于文静：《法治视野下的公民权利意识研究》，载《太原师范学院学报（社会科学版）》2017年第4期。

② 参见段树谨：《法治中国背景下公民法治意识增强的逻辑理路及路径选择》，载《新乡学院学报》2019年第7期。

反过来影响公民法治意识的培养和产生。随着法治的实践和发展,公民对法治的认识逐渐变更改进,人们将逐渐摒弃那些不符合社会生活需要的法治意识,从而形成有利于法治实践和发展的新的法治意识。①

改革开放以来,我国的法律制度建设取得了显著的进步,中国特色社会主义法律体系初步形成。在成渝地区社会治理的法治建设过程中,树立法治意识是全面推进成渝地区双城经济圈社会治理的基础。例如,通过积极推进法律移植,深入开展实践改良,树立现代法治观念来建构公民法治意识增强的理论体系;通过积极开展普法教育,加大法治宣传力度,加强学校法治教育,逐步完善法律制度,提高执法与司法质量,加强社会法治环境建设等社会实践来增强公民法治意识。同时,鼓励公民合法表达诉求,在基层为公民建立解决矛盾纠纷的法治渠道,体现法治在社会治理的托底作用。提升公民法治意识和法治素养是带动成渝地区双城经济圈社会治理的题中要义,也是全面推进法治社会建设的关键内容和检验法制建设程度的标准。

(3)公民公共意识的提升。公共意识是公共规范意识、公共利益意识、公共道德意识、公共环境意识、公共卫生意识、公共自我意识、②公共参与(合作)意识、公共安全意识、公共秩序意识、公共文化意识等内容。③ 公共意识是指作为个体的人,在维护和保障自己的权益之外,也应当承担社会的公共义务。它既体现了个体对自身公民身份(法律、伦理、政治身份)的认可,又体现了自我对他者的关心、关怀意识。④ 公共性涉及社会大众参与公共决策的空间,其最好是通过参与性直接民主机制的制度化来实现,并应将社会大众纳入公共政策的构想、设计、执行、监测和评估。⑤ 公共意识是社会治理的主要方针,公共意识符合市场经济的要求,公共意识能够促进公民权利意识和法治意识的提升。随着我

---

① 参见解添明、于文静:《法治视野下的公民权利意识研究》,载《太原师范学院学报(社会科学版)》2017 年第 4 期。

② 公共自我意识是一种倾向,即从真实或想象中的他人的感知角度关注自己,关注他人可以观察到的自我方面,例如,个人外表和行为的各个方面。

③ 参见张琪:《当代大学生公共意识缺失现状及其培育路径研究》,辽宁师范大学 2020 年硕士学位论文。

④ 参见秦菊波:《论现代公共精神与公民公共意识》,载《江西科技师范学院学报》2009 年第 6 期。

⑤ 参见陈秀宁:《论公民公共精神的培育》,载《才智》2020 年第 25 期。

国对外开放政策的不断深化，市场经济的不断繁荣，有序的市场环境要求公民具有公共意识。市场自由平等的原则及市场发展过程中的道德规范，促进了公民公共意识的培养和发展。政府的主要工作是，增强公民参与公共决策的能力，建立公民参与公共事务的平台和机制；充分利用新媒体助力公民公共意识培养，改善、提升公共意识教育培育机制。法律体系的完善为公共意识的形成和发展提供了制度保障，更好地营造了良好社会治理环境氛围，陶冶了公民公共意识情感。公共意识是现代公民的基础品质之一，公民公共意识的提升对于成渝地区双城经济圈社会治理、社会主义市场经济的契合有着重要的意义。

3. 中国政治体制改革加快了政治民主化进程

在社会主义政治总格局不变的前提下，[①]政治体制改革应理解为改革决策过程本身，这反过来意味着改革权力及其行使方式。政治体制改革被视为改善国家治理或提高行政效率的工具。[②] 中国政治体制改革是理解中国特色社会主义民主政治的一把钥匙，归根结底就是要解决党和国家长治久安的问题，建设一个成熟的民主和法治的现代化国家。

1978 年改革开放开启，标志着中国政治体制改革的开始。我国积极稳妥推进政治体制改革过程中，不仅使我国的社会结构、人民的思想信念、整体的利益格局发生了深刻的变化，也让我国的经济和政治建设取得了长足的进步。同时，政府执政能力建设得到了较大提高，正迅速地朝着制度化、法治化的方向迈进。

中国政治体制改革以“团结一致向前看”和“坚持四项基本原则”为逻辑起点，遵循“坚持党的领导”“防范化解风险”“不走老路邪路”的内在逻辑，[③]不断进行调整，完善政治民主制度，形成了常态的稳定政治结构，加快了政治民主化进程。

柏拉图在其《理想国》中认为，治理人类社会的最佳政治制度问题自古代以

---

① 参见何亚凤：《论中国传统文化的和谐精神建设》，载《吉林省教育学院学报》2012 年第 4 期。

② See José Antônio Moronil. Reforming The Political System: Giving Power Back To The People, https://www.socialwatch.org/node/841.

③ 参见丰俊功：《中国政治体制改革的实践逻辑研究（1978—2007）》，中共中央党校 2019 年博士学位论文。

来一直是西方政治哲学的核心。17 世纪现代国家体系的出现以及 19 世纪初西欧和北美工业革命的爆发，都导致了传统宗教和君主政治统治传统被侵蚀。[①]政治民主化被定义为一个主权国家内的政治制度从非民主向民主的转变。[②] 现代政治民主化意味着将民主与从尊重人权到经济繁荣到安全等许多重要积极成果联系在一起。加快政治民主化进程，有利于推进中国特色社会主义事业的发展，有助于维护社会稳定和国家长治久安，有助于健全社会主义法制，实现依法治国，有助于成渝地区双城经济的健康发展。

政治民主化一直以来都是成渝地区双城经济圈政府所追求的改革目标，也是当代政治发展的客观趋势。政治的民主化进程离不开中国的政治体制改革。中国政治体制改革对寻求合理的政治民主化路径、民主化过程、民主化策略以及民主化发展都具有指导意义和正向促进作用。政治民主化进程的不断加快，对成渝地区双城经济发展具有重要支撑作用，也为成渝地区双城经济圈社会治理存在的问题提供了方法和思路。

推进中国政治体制改革的民主化进程是在体制改革过程中，进一步扩大和深化社会主义民主，是成渝地区双城经济发展和实现两地社会稳定的需要，是在成渝双城社会治理中建立良好法治环境的需要，是解决成渝双城社会治理诸多问题的有效途径。

4. 政策制定的开放性相对滞后

陆游诗曰，“空村雪虐风饕夜，袖手悠然政策功”。一个具有可行性、实用性的政策会给社会治理带来事半功倍的效用，一般来说，政策制订的主要步骤为确定目标、规划、方案、政策抉择和合法化。确定目标是指解决社会中已经出现的突出矛盾，拥有立法权的政府采取一定的措施去解决这些问题而采取的行动。此次成渝地区双城经济圈的提出，正是政府为了解决成渝地区双城经济发展中存在的主要问题，促进成都和重庆联动发展而提出的。政策方案的计划是

---

① See Geddes, Barbara, “What Causes Democratization?” *In The Oxford Handbook of Comparative Politics*, Oxford: Oxford University Press, 2007, p. 317 – 339. David Samuels 也在其著作中对民主问题进行了探讨。

② 参见国卉男：《当代中国基础教育的学校变革与创想》，载《基础教育》2010 年第 9 期。

指政府在确定相关政策议程后组织力量起草和评估政策方案和行动步骤以实现某些政策目标的过程。政策选择和合法化是指决策者(政府)在简化政策计划和考虑因素的基础上遵循某些决策系统和法规,解决相关政策问题并做出决定性选择的过程。合法化意味着政策制定过程应符合法律程序要求。

郭涛和杨莹学者①在其论文《封闭性与开放性公共政策制定——两种公共政策制定模式的比较》中指出,在当代公共政策制定实践中,存在两种相互矛盾的政策制定模式:开放模式和封闭模式。在政策制度语境下,开放性模式的特征在于决策主体的多元化,而政府与其他政策主体之间的合作与竞争关系就是这种框架。它不仅着眼于政府作为决策者的权威,而且强调建立政府决策权的制衡机制。封闭模式是一种决策模式,其中政府在决策过程中处于超越权威的位置,其他政策利益相关者处于辅助决策的位置。在这种模式下,公共政策是政府系统制定的政策。此次成渝地区双城经济圈的建设,既有机遇也有挑战,成都和重庆想要联合发展,必须解决政策制定的开放性相对滞后这一问题,此问题包含以下几个方面:(1)成渝地区双城经济圈建设需要不断探索。成渝地区双城经济圈建设是由政府牵头提出的,政府的公共权力源于人民的授权,根据开放性模式,政策制定需要主体多元化,而成渝地区双城经济圈是政府根据实际情况提出的,政府是唯一的政策制定主体,具有权威性和强制性,必须遵守。若不依法遵守,会受到相应的法律惩罚。而其他政策制定主体,如公民代表、授权组织、其他社会团体、社会组织往往很难代表社会大众制定公共政策,其是通过提出关于制定某个政策的方案来影响政府的决策。但政府因为其公共权力的集中,并不必然采纳其他政策制定主体的方案,因此,除政府外的政策制定主体就很难参与到政策的制定过程中。但如果缺乏政策制定主体的多元性,那么成渝地区双城经济圈建设就会失去其本质意义,政府作为政策制定者、决策者,也有其自身的局限性,政府的能力始终是有限的,政府不能够解决所有问题,单靠政府的力量不能够实现成渝地区双城经济圈建设的目标,因此需要

① 参见郭涛、杨莹:《封闭性与开放性公共政策制定——两种公共政策制定模式的比较》,载《社会科学论坛》2005 年第 2 期。

广泛性、多元性的政策制定主体参与此次成渝地区双城经济圈的建设。(2)根据开放性模式的定义、内涵可知,除了政策制定主体的多元性外,还需要注重各政策制定主体之间的竞争与合作关系,通过彼此之间的互相合作,获取更加广泛、全面的信息。成渝地区双城经济圈建设的提出,没有注重该要素,笔者查阅了知网、北大法宝,发现对涉及成渝地区双城经济圈建设的相关政策主体,比如,政府和其他政策制定主体之间的合作或者竞争关系的论文、期刊、书籍等,寥寥无几。因此,政府制定政策并不一定仅从其内部的职能部门获取政策制定的方案,还可以从其他政策主体获得方案,全面了解社会大众的诉求,尊重社会大众的利益愿望,互相综合,取其长处,这样才有利于发挥社会治理的最大效用。(3)从政策制订的几个步骤——确定目标、规划、方案、政策抉择和合法化来看,在成渝地区双城经济圈建设的提出过程中,政府处于绝对领导地位,其他政策制定者、相关人、相对人都很难介入其中。在确定目标方面,是以政府意见为主。在规划方面,主要是以政府内部职能部门提供的方案为主,缺乏竞争性与创新型,未争取社会大众对此次立法的想法。在决策方面,对于重大社会事项的立法,如此次成渝地区双城经济圈的提出,在国家层面上赋予了成都和重庆西部地区重要经济地位,因此,成渝地区双城经济圈经济建设具有重要的国家战略意义,其关系到国家利益和社会公共利益,因此需要广泛听取有关专家、有关管理主体、有关利益代表和社会大众的意见,通过听证会、座谈会等形式让相关利益主体参与到立法的全过程,以利于政策制定和抉择的透明化、科学化、民主化和规范化。

5. 社会组织的理性化(rationalization)程度不高

理性化是指为了提高经营效率而进行的结构调整,或者重新组织一个过程或系统以使其更具逻辑性和一致性的行为。这种调整可能导致规模的扩大或缩小,政策的改变,或与所提供的特定产品有关的战略的改变。社会组织是有特定组织目标,一定数量的固定成员,制度化的组织结构以及广义的行为准则的集合。在21世纪,社会组织在我国社会主义市场经济发展中承担着举足轻重的作用,更加规范和合理化的社会组织将促进社会主义市场经济的发展。社会组织作为多元治理视域下公共服务的提供者,既非如市场主体那样以营利为目的,也不像政府那样以强制手段来行使职能,而是以志愿精神为指导内化自身。[①] 恰恰是社会组织其本身的这一特性决定其理性化程度不高,社会组织的理性化程度取决于多项因素,如政府政策、经济因素、市场因素。社会组织的理性化可以看作是一系列过程及其结果,在这些过程中,源于业务领域的管理逻辑影响着组织的内部管理实践,并迫使他们成为结构上的"公司"。[②]

成渝地区双城经济圈建设的提出,恰恰为成渝地区的社会组织理性化提供了机遇与挑战。从当前成渝地区发展实际情况来看,社会组织的理性化还有很长的路要走,主要存在以下障碍:(1)社会组织理性化的经济发展环境亟待优化。经济发展市场环境不完善,社会组织和民营企业在获取生产要素等方面还存在不公,未能建立相应的完善的营商环境评价机制。(2)因成渝地区双城经济圈建设政策提出时间短,处在不断运动发展之中,虽然我国力图把成渝地区双城经济圈建设打造成为中国经济增长的"第四极",但其发展仍面临诸多问题。从法律层面上而言,法律法规、规章未对此做全面的规定,因此当成渝地区双城经济圈建设出现问题时,无法可依,阻碍了社会组织的理性化。(3)社会组织不以营利为目标,社会组织开展工作取决于自愿原则和自我奉献的精神,取决于内心的中华传统美德和高尚的道德风尚。(4)成渝地区双城经济圈建设的提出是一个伟大的创举,但如何避免成渝地区两地产业发展"抢项目"是一个值得关注的问题,如何协调两地社会组织协同合作,如何定义两地社会组织的关系,进而促进社会组织的理性化,值得深入思考和研究。(5)社会组织理性化,从其定义来看,社会组织理性化是实现组织目标的行为协调与统一而采取的规模调整或者过程(战略)调整的一种自觉要求。这说明社会组织具有一个重要特征,即理性特征。在成渝经济圈建设过程中,社会组织不能有效、高效地实现其目标,组织中的个体不能得到自我的满足、社会的关怀,即得不到人文关怀。虽然成渝经济圈建设没有先例、没有经验、没有模式可循,但在管理上应加强与

---

① 参见涂开均、袁阳:《二重合理性背景下的交互理性构建:社会组织行动理性的重构探讨》,载《青海社会科学》2015 年第 2 期。

② 参见宋程成:《社会组织理性化实践及其制度根源:一项长时段案例研究》,载《中南大学学报(社会科学版)》2019 年第 6 期。

其他社会治理主体的协调配合，促进社会组织理性化。因此，在接下来的成渝联动协同发展过程中，应当注意社会组织的理性化问题。

6. 制度和非制度化环境亟待改善

制度环境由国家、社会、专业和组织中普遍存在的条例、习俗和被视为理所当然的规范所组成，这些规范影响和塑造组织行为和结果。在这一领域的早期工作中，体制环境被描述为一种塑造和制约的外生力量。[①] 普遍的制度环境是国家创新生态系统吸引范围内最重要的“吸引者”。它定义了现有的组织和治理安排，以及法律、制度和很大程度上的金融框架，在这些框架下，各级创新生态系统都在有序运作。[②] 成渝地区双城经济圈的建设需要充分考虑成都和重庆两个核心城市以及区域内其他城市的实际发展。从实际出发，权衡利弊，参考其他城市群的治理经验，从定性和定量角度分析当前成渝地区双城经济圈建设中存在的问题。成都和重庆两个城市地理位置相近，风俗习惯、人文环境和历史传承都具有类似性。成都和重庆两个核心城市想要联动、一体化发展就需要在此基础上谋求二者的合作，因此二者之间具备一定的合作基础。在重庆被直辖后，成都和重庆因为不同的城市定位，两个城市的单体发展的气氛在一段时间内相当浓厚。此次成渝地区双城经济圈建设的提出是一个伟大的创举，是具备现实可行性的。在成渝地区双城经济圈建设尚未提出之前，虽然二者由于地理位置的优势，相互毗邻，但毕竟二者有着根本区别，重庆市是直辖市，成都市是四川省的省会城市，重庆市和成都市想要谋求联动发展，迫切需要改变目前存在的阻碍成渝地区双城经济圈发展的各项问题。

从法律制度方面来看，笔者从知网、北大法宝查阅了大量文献书籍、参考文章，从对于促进此次成渝地区双城经济圈建设的法律法规、规章和其他规范性文件来看（见表 5 - 2），目前成渝地区双城经济圈在制度建设层面仍有不足，停

---

① See Swaminathan A., Wade J. B., Institutional Environment. In: Augier M., Teece D. (eds) The Palgrave Encyclopedia of Strategic Management. Palgrave Macmillan, London (2016). https://doi.org/10.1057/978-1-349-94848-2_608-1.

② See George A. Giannopoulos, John F. Munro, Innovation Organization and Governance Around the World, Editor (s): George A. Giannopoulos, John F. Munro, The Accelerating Transport Innovation Revolution, Elsevier, 2019, p. 53 - 81.

留在一个蓝图的勾画，对于建设中的具体事项缺乏有针对性的法律、法规、规章的规定，成都市和重庆市如需进一步协调、联合发展，应联合制定法律、法规、规章和其他规范性文件，解决成渝地区双城经济圈建设过程中实际存在的问题。例如，如何协同执法、协同司法联动机制？如何“一站式”多元解决纠纷和诉讼服务体系建设？如何树立一体化发展理念？如何让重庆市和成都市的民众认可一体化发展？这一系列问题都尚处于探索发展状态。

表5-2　成渝地区双城经济圈相关规范性文件效力类别

法律法规效力类别	法律法规名称
部门工作文件	《成渝城市群发展规划》
国务院的规范性文件	《国务院关于成渝经济区区域规划的批复》
国务院的规范性文件	《国务院关于成渝城市群发展规划的批复》
部门工作文件	《国家发展改革委、住房城乡建设部关于印发成渝城市群发展规划的通知》
司法意见	《最高人民法院关于为成渝地区双城经济圈建设提供司法服务和保障的意见》
部门工作文件	《交通运输部关于四川省开展成渝地区双城经济圈交通一体化发展等交通强国建设试点工作的意见》
法规	《成渝地区双城经济圈建设规划纲要》
其他规范性文件	《深化川渝合作推进成渝城市群一体化发展重点工作方案》 《深化川渝合作深入推动长江经济带发展行动计划》 《关于加强两省市合作共筑成渝城市群工作备忘录》
规章	《成渝经济区区域规划》

从定量评价的角度分析，主要评价城市经济发展的定量指标，包括城市经济规模、城市经济发展指标和经济预测指标。[①] 就成渝地区双城经济圈中的成都和重庆这两个城市而言，二者在中国城市排行榜上处于前列，其经济发展也在全国中上游。但就整个成渝地区双城经济圈而言，相比较京津冀、长三角和珠三角（粤港澳大湾区）仍有不小的差距。建设成渝地区双城经济圈虽是社会

① 参见曾智洪：《成渝城市发展与区域治理模式研究》，重庆大学2006年硕士学位论文。

学家、政府和公众关注的热点问题，但需要真正将《成渝地区双城经济圈建设规划纲要》有效落实，区域压力依然存在，川渝两地的合作空间有待进一步拓展。

从非制度环境的角度看，非制度环境是相对于制度环境而言，制度环境有正式制度环境和非正式制度环境，所以非制度环境也不是非正式制度环境，非制度环境是指人口环境、风俗环境、历史环境、经济环境、地理环境和资源环境等内容。川渝地区有着相似的非制度环境禀赋，一定程度的产业结构调整是必然的。行政区域内过度的经济竞争会导致产业的畸形和恶性扩张。由于川渝城市群各个城市定位不同，为了争夺市场，各城市在经济、金融、教育、旅游等各个方面进行重复建设，造成资源严重浪费。① 这种竞争只会损害川渝区域内各个城市的利益，阻碍成渝地区双城经济圈建设的发展。

1997 年之前(重庆直辖前)，成都和重庆这两个城市就行政管辖上而言，都隶属于四川省，整个区域的发展是由四川省统筹协调的，二者都在寻求区域实力增强和扩张的共同发展。基于各种区域城市合作与发展理论，在当前的《成渝地区双城经济圈建设规划》背景下，成渝地区双城经济圈建设规划已经不是成都和重庆这两座城市的发展规划了，而是四川省内主要城市区域和重庆市主要城市区域之间的发展规划。但由于川渝区域发展的动力城市仍是成都和重庆这两个主要城市，在推动成渝地区双城经济圈建设的具体实践过程中，四川省仍主要由成都引领。考虑到成都和重庆市在行政级别上的差异，同时结合四川省其他城市的行政级别的现状，最佳设计是将经济区和行政区分开，政府只负责引导和服务，而不考虑经济的具体运行，行政区也不妨碍经济的发展。但这种设想要真正实现，仍需要进一步的探索。因此，推进成渝地区双城经济圈的建设和发展，迫切需要解决制度层面和非制度层面的问题。

---

① 参见何雄浪、杨继瑞：《成渝经济区：比较优势、发展不足与治理对策研究》，载《西华大学学报(哲学社会科学版)》2009 年第 6 期。

第四篇

制度优化篇

第六章　成渝地区双城经济圈市域社会治理现代化目标、要素和模式

一、区域社会治理目标的统一

社会治理，是指在各级党委和政府的领导下，由企事业单位、社区组织和公民个人按照国家法律和有关规定，对社会事务进行管理且提供服务。社会治理的特殊性在于社会是连接国家与基层的枢纽，是国家治理的宏观控制与基层治理的微观控制之间的柔性纽带。社会治理有其宏观和具体的目标：宏观目标是实现全面深化改革、推进国家治理现代化的总体战略方针；具体目标是始终确保社会治理的方向与国家治理现代化的路径相一致，社会治理的规划与国家治理现代化的总体布局相一致。党的第十九届四中全会提出了推进市域社会治理现代化的总体思路：要坚定不移地坚持和完善中国特色社会主义制度，推进国家治理体系和治理能力现代化，把握共建、共治、共享的社会治理体系的总要求，坚持以人民为中心的发展理念，以预防和解决城市社会治理问题为突破口，以开展城市社会治理试点为切入点，探索具有中国特色、城市特色和时代特色的社会治理新模式。要不断完善党委领导、政府负责、民主协商、社会协作、公众参与、法律保障、科技支撑的社会治理体系，切实提高市域社会治理系统化、社会化、精细化、法治化、智能化水平，努力建设社会治理共同体，努力建设人人有责、人人尽责、人人享有的社会治理共同体，推动平安中国建设迈上新台阶，为实现“两个一百年”奋斗目标、实现中华民族伟大复兴的中国梦提供有力支撑。①

---

① 参见《全国市域社会治理现代化“总目标”“总要求”出炉》，载中国长安网，http://www.chinapeace.gov.cn/chinapeace/c54219/2019-12/03/content_12306662.shtml。

成渝地区双城经济圈自提出之日起,就被贴上了各种标签。无论被怎样定义,两地都需要根据中央关于市域社会治理体系的部署开展相关工作,即与国家治理现代化相衔接,在总目标、总要求的指导下,把握突破口,在多方面形成统一目标。

(一)探索社会治理新模式

社会治理是维护国家长治久安、社会和谐有序、人民安居乐业的重要举措。党的十八大以来,从党和国家全局的战略高度,习近平总书记对社会治理进行了一系列重要探讨,逐步形成了系统和深刻的理论体系。习近平新时代中国特色社会主义思想全面回答了新时代"为谁治理""谁来治理""如何治理"等系列重大问题,体现了人民性、时代性、实践性和整体性的鲜明特征,具有重要的理论价值与现实意义,成为指导我国社会治理工作的科学纲领和行动指南。[①]

在习近平新时代中国特色社会主义思想的指导下,成渝地区双城经济圈积极创新社会治理模式。目前,川渝地区正在努力开展城市社会治理现代化试点工作的分类指导研究,探索根据区域、类型、能级特点对试点城市进行准确分类,引导不同类型城市全面推进试点任务。结合各自优势,分别侧重政治、法治、自治、德治、智治的某一个方面进行深度研究,打造亮点项目,探索更有针对性的制度模式。提出了"政治引领、法治保障、德治教化、自治强基、智治支撑、共治融合"的"六大治理"模式,开创共建、共治和共享新格局。

基于成渝地区双城经济圈共建、共治和共享的特点,积极为融合发展"共治"探索新模式。大胆尝试"1 + N""2 + N"等社会治理新模式,在党委和政府的领导下,充分发挥社会组织、志愿服务团队、乡村(社区)医生、基层群众干部等力量,实现了多极治理。

(二)完善社会治理体系

对于社会治理体系的定义,从不同的角度分析,有不同的观点,结合文献考证,我们认为,社会治理体系包括组织体系、规范体系、运行体系、评价体系和保障体系等多方面的内容,就成渝双城社会治理体系的完善,结合成渝双城社会

① 参见许月娇:《习近平社会治理理论研究》,北方工业大学2020年硕士学位论文。

治理的实践现状,重点应当在以下几个方面开展工作。

1. 坚持党的领导

科学的指导思想能够为双城经济圈建设提供全局性引领,必须贯穿两地共同建设的全过程。确立成渝区域社会治理的目标,统一指导思想是建设工作之前提。历史和实践的经验表明,党的领导对于我国各项事业的发展具有根本性保障作用,成渝地区双城经济圈也是党中央提出的重大国家发展战略,必须坚持党对成渝地区双城经济圈建设的统一领导,按照党中央的战略部署,有效落实《成渝地区双城经济圈建设规划纲要》所确定的内容,即坚持党中央集中统一领导,坚定不移贯彻新发展理念,坚持稳中求进的工作总基调,以推动高质量发展为主题,以深化供给侧结构性改革为主线,立足构建以国内大循环为主体、国内国际双循环相互促进的新发展格局,围绕推动形成优势互补、高质量发展的区域经济布局,强化重庆和成都中心城市带动作用,引领带动成渝地区统筹协同发展,促进产业、人口及各类生产要素合理流动和高效集聚,加快形成改革开放新动力,加快塑造创新发展新优势,加快构建与沿海地区协作互动新局面,加快拓展参与国际合作新空间,推动成渝地区形成有实力、有特色的双城经济圈,打造带动全国高质量发展的重要增长极和新的动力源。①

坚定不移加强党的全面领导,增强"四个意识",坚定"四个自信",做到"两个维护"。充分发挥党总揽全局、协调各方的领导核心作用,把党的领导始终贯穿到成渝地区双城经济圈建设重大事项决策、重大规划制定调整等各个方面和全过程。充分发挥党的各级组织在推进成渝地区双城经济圈建设中的领导作用和战斗堡垒作用。② 坚持党对各项工作的领导,用党的最新理论指导成渝地区双城经济圈建设。要在坚持党的领导的基础上,充分发挥党委和政府的统筹谋划作用,优化社会治理的组织体系,增强社会治理的核心能力。

2. 完善法治保障

社会治理是国家治理的基石,依法治国是国家治理的基本方略,是国家治

---

① 参见《成渝地区双城经济圈建设规划纲要》;袁正:《扎实完成七项任务　深入推进成渝地区双城经济圈建设》,载《当代党员》2021 年第 1 期。

② 参见《成渝地区双城经济圈建设规划纲要》。

理、社会治理体系建设和治理能力提升的重要保障和支撑,是凝聚现代国家与社会共识的最大公约数,也是实现中华民族伟大复兴和建成社会主义现代化国家的战略思维、底线思维、辩证思维的综合体现。面对百年未有之大变局,必须以法治凝聚共识,将现代法治精神体现在国家发展与战略目标之中。社会治理作为一种高度理性和专业化的社会行为,只有在法治的轨道上才能行稳致远、守正创新。依法治国的理论和实践经验决定了区域社会治理必须走法治轨道。社会治理法治建设是国家治理现代化的稳定器,是中国应对复杂多变的国际形势的力量和信心之源。对此,应从以下几方面理解社会治理法治性:(1)社会治理的主体要具备法治精神,遵循法治治理原则。考虑问题、分析问题都要坚持法治思维。(2)要注重法律规则适用具体问题的灵活性和原则性。法律规范具有普适性和抽象性的特征,而具体在社会治理过程中,我们面对的是复杂的社会问题,将二者有效结合起来,做到法律适用的正确性,就必须坚持法律的原则性和灵活性相结合,从法律规则的立法宗旨和具体量化适用标准进行综合考虑,做到合法性和合理性的统一,从而实现社会的善治。① 可以说,只有充分发挥法治对于社会治理的有效调控与高效保障的作用,国家才能应对不确定与复杂的形势,完成宪法规定的国家发展目标与历史阶段的社会主义建设使命。

然而,不同的历史阶段对于社会治理也有不同的法治期待,不同的区域空间在社会治理中所处的战略特征也不同,市域社会治理的法治需求在范围、重点、手段等方面也有很大不同。因此,社会治理的法治需求并不是抽象的,必须从具体场域的约束条件出发,分析其特征,进而明确其具体的法治建设思路。

党的十九届五中全会明确提出,要加强和创新社会治理,推进市域社会治理现代化。在国家治理战略中,城市治理具有特殊的地位和作用。例如,城市治理是连接上下游的战略支点。在我国,城市是公共服务、公共管理和公共资源配置的桥梁,一方面落实国家治理的宏观要求,另一方面汇集整合区、县、镇的治理痛点,具有解决基层痛点、落实国家意志的战略支点效应。②

---

① 参见李秀中:《川渝十四五规划建议发布,今后 5 年成渝地区双城经济圈这么干》,载第一财经网,http://www.paperfree.cn/slave/full/2021032520/16169143703435242/index.htm。

② 参见丁志刚:《如何理解国家治理与国家治理体系》,载《学术界》2014 年第 2 期。

推进成渝地区双城经济圈建设，必须充分发挥法治作用，注重协同立法。比如，要充分把握成渝两地经济活动和社会发展的特点，通过立法优化营商环境，鼓励消费。坚持“为民谋幸福”的立法宗旨，完善民生保障方面的立法。在法治保障的基础上，用法治的思维和方式重新审视政府、市场、社会之间的关系，调整政府在社会治理中的运作模式和传统结构，实现治理主体之间的互动合作，最终实现社会治理的总体发展目标。

3. 促进公众参与

社会治理离不开社会公众的参与，社会治理的关键之一是提高群众的自治能力，组织群众参与社会的共建、共治，从而更有效、更有序地实现共享。(1)在社会治理主体方面，要将多主体有效纳入治理体系。从专业服务的角度分析，新的社会阶层等各种社会组织在其交往领域起着桥梁和关键节点的作用。因此，必须充分分析其特点，利用其优势，充分展现其参与社会治理的能力，为社会治理事业服务。(2)在治理渠道上，构建“协同共治”的多元治理结构。明确主体之间的权利、责任和利益界限，赋予主体一定的权力，通过平等协商、合作互动、协作参与等多种方法，共同参与社会公共事务。(3)在治理成果分享上，要实现全体社会成员共享。构建包括需求调查分析、需求统一整合、需求连续传递和需求高质吸收的需求服务体系，更好地将人们的需求满足与服务供给联系起来，提供适应性强、准确度高的社会公共服务。[①]

(三)提高社会治理水平

点缀式或星点式发展已经成为过去式，城市群发展是未来的发展趋势。城市群的概念对大多数人来说并不陌生。2020 年 10 月 29 日，党的十九届五中全会通过《中共中央关于制定国民经济和社会发展第十四个五年规划和二〇三五年远景目标的建议》。就当前而言，中国有 19 个城市群，本次规划中提到了 5 个：京津冀城市群、长三角城市群、珠三角城市群、成渝城市群、长江中游城市群。这 5 个城市聚集了中国近 50% 的人口和 60% 的 GDP。环京津冀的环渤海湾城市群、长三角城市群、珠三角城市群，以全国 4% 的国土面积，产生了约占全

---

① 参见汪伟全：《提升社会治理的“四化”水平》，载《中国党政干部论坛》2020 年第 1 期。

国1/3的生产总值,成为推动中国经济发展的三大增长极。随着我国经济发展进入新阶段,"三极"所在的沿海地区受多种因素制约,发展速度明显下降。这意味着中国经济将朝着协调平衡的方向发展。

2020年1月3日,中央第六次财经工作会议首次提出"成渝地区双城经济圈"。成渝城市群已经上升到国家战略部署的高度。成渝经济圈一体化已成为中国区域经济发展的新增长点,这无疑是两地区经济的发展目标。"十四五"规划中提道:"今后五年经济社会发展要努力实现以下主要目标:经济发展取得新成效、改革开放迈出新步伐、社会文明程度得到新提高、生态文明建设实现新进步、民生福祉达到新水平、国家治理效能得到新提升。"作为区域经济发展的重要设计,成渝地区双城经济圈将朝着与国家规划一致的方向前进,努力实现"十四五"规划目标。

从"十四五"规划的内容看,对经济增长的要求有了明显变化。在2万多字的全文中,"总值"被提到2次,"质量"被提到40次。经济增长曾经是一个关键指标。"十三五"经济发展规划的要求是"保持中高速增长"。与"十三五"规划相比,"十四五"规划对经济增长的关注度有所降低。这标志着经济发展的主题将由"速度"向"质量"转变,社会治理的重点将逐渐从经济方面分化,需要全面提高社会治理水平。成渝双城致力于提高内外交流水平,通过建设西部经济中心和科技创新中心,优化区域发展布局,打造内陆改革开放高地和优质宜居场所等7个方面落实多项重点工作任务。要充分利用"双城记"的一体化发展模式和科技智慧,合理发挥成渝优势,进一步提高突发公共卫生事件治理水平、基层化解矛盾能力、生态环境保护水平。按照中央对社会治理现代化的总体要求,以城乡基层社区为治理重点,以治理理念、治理体系、治理能力现代化为基础,加快推进社会治理的社会化、法治化、智能化、专业化水平。

社会治理的好坏,主要取决于治理能力。这与治理能力现代化的具体内容和实现途径有关。一方面,在内容上,国内外学者从不同角度探讨了社会治理能力的内涵。根据社会治理功能、性能顺序,可分为制定管理目标的能力、实施社会管理目标的能力、修改社会管理目标的能力、社会管理网络化能力。社会治理实践中也有一些具体问题需要解决,重点是统筹能力、群众工作能力、政法改革能力、创新驱动能力、解决问题能力、依法打击能力、舆论引导和控制能力；另一方面，我们必须重视信息网络等新兴技术在社会治理中的应用。依靠新兴技术，从传统的人为管理模式向智能化管理转变，运用大数据、云计算、物联网、人工智能等新技术，防范和控制社会风险。通过实时交互、大数据统计、数据调查等方法建立数据分析，不仅可以为决策提供科学依据，而且为公众参与社会治理提供便利条件。①

二、区域社会治理要素的构成

(一)治理主体

社会治理主体，是指在社会治理中享有一定权利和承担义务的机构、组织和个人，是构建社会治理体系的基本要素，是社会治理权利义务关系中的重要组成部分，包括社会治理的决策主体、社会治理决策的实施主体。② 党的十九届四中全会明确提出"完善党委领导、政府负责、民主协商、社会协同、公众参与、法治保障、科技支撑"的社会治理体系。这是对社会治理体系的新探讨，回应了"现代化的社会治理是全社会的共同行为"这一重要课题，突破了以往政府垄断社会治理体系大局的做法，建立了党委领导、政府负责、公众参与、社会协同的多元化治理格局，这也说明，社会治理行为的关键点是"共治"。众所周知，社会治理是一个整体或者集合概念，它离不开社会各阶层的协调与合作。因此，在社会治理中，党委、政府、社会、公众不是彼此分立、各自为政，而是相互协调、相互依存的。③

1. 党委领导

党的领导是中国特色社会主义制度的最大财富和最大优势，是中华民族精神传承和中华民族复兴的重要领路人。党的十九届四中全会提出，"坚持和完

---

① 参见《互联网为实现社会治理现代化提供条件》，载搜狐网，https://www.sohu.com/a/349978495_181081，最后访问时间：2021 年 12 月 25 日。

② 参见姜晓萍、阿海曲洛：《社会治理体系的要素构成与治理效能转化》，载《理论探讨》2020 年第 3 期。

③ 参见刘卫平：《论社会治理协同机制的基本要素、实现形态与构建原则》，载《邵阳学院学报(社会科学版)》2015 年第 3 期。

善党的领导制度体系，提高党科学执政、民主执政、依法执政水平”①。因此，在社会治理主体中，必须体现党委领导的最大核心优势，发挥宏观统摄、微观协调的主导作用，把党的领导贯彻到社会治理的全过程。党作为工人阶级的先锋队，把为人民服务作为根本宗旨，区域社会治理必须充分发挥党密切联系群众的政治优势。这种政治优势应当与基层社会治理联系起来，助推公共服务、群众自治、社会共治的协调统一。

在成渝地区双城经济圈建设中，必须坚持党委领导这个核心，两地的党委负责人应全程掌握发展动态，做好决策、谋划，发挥领导作用。以党建责任部门为基本工作单元，发挥管好分内事和相互协调配合的作用。只有各主体相互协调配合之驱动，才能最大化实现高质量的社会治理，因此在基层党建的过程中，要充分利用党总揽全局的政治优势，有效整合各类资源，切实增强基层党组织统筹协调能力。党中央对基层党组织的基本要求是“围绕中心、服务大局、推动发展、促进和谐”。在成渝地区双城经济圈的建设中，两地党委的负责人必须有大局观和前瞻性，做好大政方针统筹决策，要将两地党建紧密结合起来，作为一个有机整体以更好应对两地经济建设的新形势，把党的建设与两地各项重要事业结合起来，把党建创新、党建发展融入经济发展、服务社会、促进创新等重要方面，这是成渝地区党建联动机制得以发挥作用的重要前提。②

2. 政府负责

健全和完善政府职责体系，发挥政府在社会治理中的应有作用。所谓的政府负责是在责任承担的角度上而言的，但并不意味着政府对一切工作都统包统揽，而是要在明确政府职责的前提下，做好对应的工作。一是在宏观层面上，两地政府要在发展规划上起到指引作用，科学制订发展计划，通过配套制度确保发展计划落到实处。二是在中观层面上，完善社会治理的各种重要机制，包括源头治理、风险防范、矛盾化解等。三是在微观层面，根据国情社情的变化，需

---

① 《中共中央关于坚持和完善中国特色社会主义制度　推进国家治理体系和治理能力现代化若干重大问题的决定》。

② 参见蔡操、吴江：《成渝地区双城经济圈建设下市域社会治理联动机制构建》，载《重庆行政》2020 年第 5 期。

要政府采取一些必要的措施。[①] 因此必须明确政府的职能，退出“越权”点，强化“空缺点”，简政放权，放开市场经营、行政审批，加强社会保障等。

总体而言，从职能定位上，应当进一步深入推行权力清单制度。根据2015年中共中央办公厅、国务院办公厅印发《关于推行地方各级政府工作部门权力清单制度的指导意见》的规定，应当厘清行政职权，依法律法规审核确认行政职权，建立健全权力清单动态管理机制，积极推进责任清单工作，强化权力监督和问责。就体系上而言，优化权力运行流程。地方各级政府工作部门要按照透明、高效、便民原则，统筹制定行政职权运行流程图，建立信息数据资源的共享机制，高效融合各部门资源和能力，规范行政裁量权，明确每个环节的承办机构、办理要求、办理时限等，提高行政职权运行的规范化水平。[②] 要充分运用现代化信息技术，例如，大数据、云计算等，改进政府在公共服务、市场监管、社会管理机制等方面的职能，推进一体化政务平台建设。[③] 在行政审批改革上，重庆市北碚区民营经济发展服务局大力推进“互联网 + 政务服务”，实现了行政审批便捷高效的目标，为成渝区域推行电子政务，简化行政程序，方便群众提供了改革示范样本。

3. 公众参与

提高公众参与公共事务管理的能力，是实现社会治理的重要保障。[④] 人民群众要有效参与社会治理，必须做到：一是要建立政府信息公开制度，使政府决策过程透明化，使公民在准确理解政策规定的基础上，表达意见和建议。二是要建立政府信息公开制度，完善人民群众参与决策的程序，关于人民群众的重要利益和重大问题，在决策过程中，可以通过听证会和网上意见箱收集民意，让人民代表参与决策和讨论，更好地推动政策方针的贯彻落实。最重要的是要增

---

① 参见张林江：《社会治理的政府之维：现状、挑战与转型》，载《中国党政干部论坛》2014年第4期。

② 参见姜晓萍、阿海曲洛：《社会治理体系的要素构成与治理效能转化》，载《理论探讨》2020年第3期。

③ 参见蔡操、吴江：《成渝地区双城经济圈建设下市域社会治理联动机制构建》，载《重庆行政》2020年第5期。

④ 参见宋煜：《基层社会治理的创新范式与关键要素》，载《中国国情国力》2016年第2期。

加人民群众参与社会治理的方式，让人们通过多样化的方式了解行政权力运行的全过程，这样才能有效实现“看得见的治理”。要加强对行政权力的监督，形成政府与社会的良性互动，让公民不成为信息和社会的被动接受者，而成为社会治理的积极参与者。

4. 社会协同

社会协同是应用信息耦合自组织系统的概念、方法和工具来量化实时的社会过程。正如协调学研究复杂系统的各个部分如何以有意义的方式协同工作以实现目标一样，社会协同旨在了解在个人和集体层面上运作的力量之间的相互作用，从而产生有效的社会行为。其提供了一个新的视角和新的度量标准，以系统地探索人类联系的基本形式，以及作为其持续性和随时间和空间变化的基础的自组织过程。因此，其补充了社会学、行为经济学、博弈论等相关理论。[①]

当前的社会治理不是由党或政府主导的单向模式，而是一种社会多元主体共同合作、共同参与的合作共治模式。我们要建立的社会治理体系是多元主体良性互动下的现代民主社会。在成渝地区双城经济圈建设的背景下，它不仅是一个区域治理问题，更是一个两地协调发展的问题。在多元主体的社会治理模式下，如何解决多元主体之间的利益协调与平衡是我们面临的重要问题。为此，应加强社会组织的规范化和制度化建设，扩大社会合作和公众参与社会治理的渠道，提高社会治理主体的自治能力和水平，健全社会公众参与社会治理的内容、路径和方法。

（二）治理范围

社会治理范围是区域社会治理的重要因素和根据，具体而言，就是指社会治理所涵盖的行政区域。要实现成渝地区双城经济圈建设目标，必须明确成渝地区双城经济圈所涵盖的城市范围，也就是要搞清楚成渝地区双城经济圈是一个多大的“圈”，只有厘清治理范围，才能更好地针对不同地区做好规划，实现高质量发展。笔者将从双城经济圈的规划沿革对其范围进行界定（见表6－1、表6－2、表6－3）。

---

① See Oullier O., Kelso J. A. S. Social Coordination, from the Perspective of Coordination Dynamics. In: Meyers R. (eds) Encyclopedia of Complexity and Systems Science. Springer, New York, NY (2009). https://doi.org/10.1007/978-0-387-30440-3_486.

表 6－1　《成渝经济区区域规划》所划定的区域范围

地　区		范围
四川	绵阳、德阳、眉山、资阳、遂宁、乐山、雅安、自贡、泸州、内江、南充、宜宾、达州、广安	2011 年 5 月 5 日，国务院常务会议批复了《成渝经济区区域规划》，成渝经济圈共涵盖 31 个区县，合计区域面积 20.6 万平方公里
重庆	万州、涪陵、渝中、大渡口、江北、沙坪坝、九龙坡、南岸、北碚、万盛、渝北、巴南、长寿、江津、合川、永川、南川、双桥、綦江、潼南、铜梁、大足、荣昌、璧山、梁平、丰都、垫江、忠县、开县、云阳、石柱	

表 6－2　《成渝城市群发展规划》所划定的区域范围

地　区		范围
四川	成都、德阳、绵阳（除北川县、平武县）、资阳、眉山、乐山、雅安（除天全县、宝兴县）、内江、自贡、宜宾、泸州、遂宁、南充、广安、达州（除万源市）	2016 年，国家发展改革委和住房城乡建设部批复《成渝城市群发展规划》。总面积 18.5 万平方公里。上述规划主要将川渝两省市的一些山区市县区排除在外
重庆	重庆的渝中、万州、黔江、涪陵、大渡口、江北、沙坪坝、九龙坡、南岸、北碚、綦江、大足、渝北、巴南、长寿、江津、合川、永川、南川、潼南、铜梁、荣昌、璧山、梁平、丰都、垫江、忠县以及开县、云阳的部分地区	

表 6－3　《成渝地区双城经济圈建设规划纲要》所划定的区域范围

地　区		范围
四川	成都、自贡、泸州、德阳、绵阳（除平武县、北川县）、遂宁、内江、乐山、南充、眉山、宜宾、广安、达州（除万源市）、雅安（除天全县、宝兴县）、资阳	2020 年 1 月 3 日召开的中央财经委员会第六次会议正式提出了“建设成渝地区双城经济圈”。2021 年 10 月通过《成渝地区双城经济圈建设规划纲要》。总面积 18.5 万平方公里
重庆	重庆市的中心城区及万州、涪陵、綦江、大足、黔江、长寿、江津、合川、永川、南川、璧山、铜梁、潼南、荣昌、梁平、丰都、垫江、忠县等 27 个区（县）以及开州、云阳的部分地区	

从成渝地区双城经济圈建设必须全面促进川渝地区经济社会发展的视角和成渝地区双城经济圈应建设成为西部地区高质量发展的增长极以担负起有效辐射和示范带动西部区域发展的战略使命的角度，学者提出了成渝地区双城经济圈的“三圈层空间结构”的概念，其包括“核心圈”“拓展圈”“辐射圈”，从

"核心圈"向外,向"拓展圈"和"辐射圈"传导和辐射带动,以实现其辐射和带动更大区域发展的战略使命。

1."核心圈",即成渝地区双城经济圈中最核心的城市

地理范围包括除了甘孜、阿坝、凉山3个少数民族自治州以及攀枝花市以外的四川盆地的其他17个地级城市,面积18.79万平方公里;重庆市全域38个区县,面积8.24万平方公里。核心圈层合计面积27万平方公里。这里特别指出,应该将原来不在《成渝经济区规划》(2011年)和《成渝城市群规划》(2016年)中包括的广元市、巴中市和重庆的部分区县,全都纳入成渝地区双城经济圈的"核心圈"范围,这是在新的发展战略及其目标下应该考虑到的。这样的战略设计,有利于川渝两省市区域发展的综合统筹协调,有利于实现成渝地区双城经济圈"辐射和带动作用"的战略初心。

2."拓展圈",即核心城市范围外的重要辐射城市

包括成渝地区双城经济圈的重要卫星城市,如西昌、攀枝花,以及云南的昭通、丽江、贵州的贵阳、遵义、六盘水,陕西的汉中、安康等部分城市。核心圈与拓展圈涵盖了川渝两省市全部行政区划的内容,将四川和重庆的所有市县都纳入双城经济圈的范畴。相比之前的规划,布局更加全面和深刻,更有利于深化双城经济圈的发展。如果四川省仍然按照《成渝城市群规划》规划的15个平原城市,重庆市仍然按照《成渝城市圈规划》确定的27个区县确定范围,四川省其他的6个地区(城市)、重庆市的其他11个区县将陷入尴尬的处境,即虽然地理位置处于成渝地区双城经济圈覆盖范围内,但却不被包含在经济圈区划内,而错失参与相应省市区域发展战略实施的机会。因此,在进一步深化成渝地区双城经济圈建设的进程中,有必要将这些地区纳入"拓展圈"范围,带动周边城市发展,缩小区域差距。

3."辐射圈",即成渝经济圈需要辐射和带动发展的范围

国家将成渝地区双城经济圈建设提高到在西部形成高质量发展的重要增长极的地位。因此,成渝地区双城经济圈必须起到带动西部地区经济社会发展的主要作用。就这个意义上而言,"辐射圈"的范围应当拓展到整个西南地区乃至西北地区。因此,这个更大范围上的经济圈也可以称为"泛成渝经

济圈”或“西部经济圈”。

（三）治理规则

治理规则是区域社会治理目标实现的关键性要素，即通过什么样的方式或者路径进行社会治理，也就是社会治理遵循的基本准则。成渝地区双城经济圈的社会治理工作，必须要遵循一定的治理规则。从法理学上讲，规则通常包括法治规则、德治规则和自治规则。其中自治规则是基础，法治规则是保障，德治规则是引领。只有这三个规则共同发挥作用，才能更好地为建构“人人有责、人人尽责、人人享有的社会治理共同体”提供有利的规则运行体系。

自治规则作为基础，是广大人民群众参与社会治理的最基本的途径，能够最大限度地激发基层主体参与社会治理的积极性和主动性。因此，在成渝地区双城经济圈建设的过程中，要充分发挥基层群众自治的力量，把社会治理落实到城乡社区。要把人民能够自主解决的事情交给群众，完善基层自治的途径和规范，保证自治充分发挥效能。首先，要把基层自治制度落实在成渝地区各个社区和组织，鼓励基层自治组织带头探索基层自治制度新发展，激发群众的主人翁精神，在基层事务中实现自我管理、自我服务、自我监督，共同参与社会治理，共享发展成果。其次，要拓展民主协商的途径。习近平总书记指出：“在中国社会主义制度下，有事好商量，众人的事情由众人商量，找到全社会意愿和要求的最大公约数，是人民民主的真谛。”①政府可以通过搭建群众议事平台，让不同的主体都可以参与利益表达，表达利益诉求。同时，政府还应当利用现代的科学技术，通过“互联网＋政务服务”，建设网上意见箱，更好地了解收集群众意见和建议。通过线上线下结合的方式可以多方面了解民情民意，做到科学决策和民主决策，使政府的每一项决定都体现群众所需，并且得到有效的贯彻实施。

法治规则作为保障规则，是治理体系中最为重要的基石性规则。从广义上来说，法治是一种严格依法办事的规则，我们的一切行为规范都要受到法律的约束，任何人违反法律的行为都会受到相应的惩罚。这里所说的法律是指全国

---

① 马德普：《协商民主是保证人民当家作主的重要制度设计》，载《光明日报》2019年12月10日，第16版。

人大制定的法律、国务院制定的规章以及各级政府制定的条例等规范性文件。在社会治理的过程中，实现法治目标，就必须制定相应的法律规范体系，保障社会各主体依法治理、依法办事。

德治规则作为引领，不仅是一种治理规则更是一种价值追求。与法治外在规范的作用机制不同，德治更多的是依靠内在力量来实现社会治理的目标。德治内涵包括村规民约、风俗习惯、道德风尚等社会民众在长期的社会生活中形成的一些基础性价值评判标准。通过社会舆论、自我约束的力量来规范、指引人们的行为，良好的德治环境能够指引人们向善、守约，且有助于自治和法治的协调运行。

（四）治理目标

治理目标是区域社会治理追求的价值取向，为区域社会治理所要实现的美好图景指明了方向。社会主义民主政治的本质是人民当家做主。习近平总书记指出："创新社会治理，要以最广大人民根本利益为根本坐标，从人民群众最关心最直接最现实的利益问题入手。"①党的十九届四中全会提出，要"建设人人有责、人人尽责、人人享有的社会治理共同体"②。因此，社会治理的目标必然体现坚持"以人民为中心"的社会治理价值理念。在成渝地区双城经济圈的建设中，也必须建设一个"人人有责、人人尽责、人人享有"的社会治理共同体。

首先，我们必须坚持"以人民为中心"的社会治理理念。推进成渝经济圈建设的最终目标是让成渝区域人民共享经济发展成果。我们始终要把维护和实现人民利益作为社会治理工作的出发点和社会治理目标。通过建立健全各种规则制度，确保人民平等享有发展成果。树立社会治理平等合作理念和公平公正分配的理念，为建立基于共建共治共享的社会治理体系打下坚实的思想基础。我们必须遵循以人为本的新发展理念，继续改善生活环境，加强成渝区域长江上游的环境保护。坚持以美丽宜居城市发展为指导，深入推进绿色发展，

---

① 中共中央文献研究室编：《习近平关于社会主义社会建设论述摘编》，中央文献出版社 2017 年版，第 93～106 页。

② 《中共中央关于坚持和完善中国特色社会主义制度 推进国家治理体系和治理能力现代化若干重大问题的决定》。

突出城市特色和魅力。

其次,完善“社会治理依靠人民”的机制。社会治理应当坚持维护人民群众的根本利益。从根本性上而言,社会治理是为了群众,社会治理离不开群众,社会治理必须依靠人民群众。在社会治理各项工作的开展过程中,要强调群众意识,发挥人民群众在基层社会治理中的作用,关注人民参与社会治理的力度和效果,在调研、决策、执行、监督、评估等各个环节,都要让人民群众有计划、有机会参与,保证社会治理的各项决策顺乎民意、合乎实际、实施顺利。畅通社会公众表达自己对社会治理意见的渠道,注重社会治理的合作协商,最终实现社会治理的各项目标。

最后,实现“社会治理成果与人民共享”。成渝地区双城经济圈建设一直存在两个核心城市与周边城市发展不平衡的问题。成渝地区双城经济圈必须实现共同发展,共享发展成果。要把改善民生作为各项工作的重点,把满足人民群众的美好生活期望和对幸福感、获得感的追求作为各项工作的评价标准。针对城乡发展不平衡的问题,要用核心城市带动周边城市发展,实现城乡一体化发展。值得注意的是,为了深入拓展成渝地区双城经济圈的发展,2021 年 2 月 27 日,第一个都市圈规划协同工作机制——《成都都市圈规划协同工作机制》正式出台,要求各成员单位(成都、德阳、眉山和资阳)应按照领导小组统一部署,各司其职、分工合作,协同构建以都市圈发展规划为统领,国土空间规划为基础,各领域专项规划、重点区域规划为支撑的定位准确、边界清晰、功能互补、统一衔接的成都都市圈“1 + 1 + N”规划体系。① 成都在公共资源配置方面,要均衡配置社会资源,改善就业、医疗、教育等方面的条件。同时,要建立人民收入水平和居民幸福衡量指标体系。通过对各项指标的有效分析,进而检验和修正各项工作措施和政策的执行。② 尽快实现“幼有所育、学有所教、劳有所得、病

① 参见《〈成都都市圈规划协同工作机制〉正式出台》,载《四川经济日报》2021 年 3 月 1 日,第 1 版。就“1 + 1 + N”规划体系而言,第一个“1”是指成都都市圈发展规划;第二个“1”是指国土空间规划;“N”是指各领域专项规划和重点区域规划。

② 参见范恒山:《成渝地区双城经济圈建设的价值与使命》,载《宏观经济研究》2021 年第 1 期。

有所医、老有所养、住有所居、弱有所扶”①的社会治理新格局。②

三、区域社会治理模式的选择

社会治理是稳定成渝地区双城经济圈区域社会关系,促进成渝地区双城经济圈区域关系和谐的重要举措。成渝地区双城经济圈区域社会治理模式的构建和选择与该区域社会发展具有密不可分的联系。一定要坚持从实际出发,积极结合当地的现实情况探究其治理模式。脱离实际情况构建的社会模式终究是纸上谈兵,不但不能推动该区域社会和谐有序发展,反之,有可能阻碍社会的发展,拖累该区域的经济发展,激发该区域的社会矛盾。社会治理应当坚持辩证主义,处理好活力与秩序的关系。贴合实际情况,提出有效的社会治理方案,构建完善的社会治理模式与社会治理制度。随着成渝地区双城经济圈现代化发展,建设一个具有活力、秩序稳定、社会关系和谐的双城经济圈是至关重要的。习近平总书记曾在党的十九届四中全会中指出,坚持和完善共建共治共享的社会治理制度,保持社会稳定,维护国家安全。笔者认为,根据该社会治理制度理念,成渝地区双城经济圈的区域社会治理模式可以探索采用一核多元、共建共治共享的社会治理模式。正如马克思所提出的社会是一个个人所组成的,基于此,社会治理应当在党中央引导下,各级组织各个社会群体都应当积极承担起自己应有的责任,即多元主体应该积极参与社会治理,融合多方主体、各类组织多元力量,共同建设、共同治理、共享资源。

(一)以党建为核心力量领导社区治理

成渝地区双城经济圈区域社会治理应当以党建为核心力量,加强党组织在各级政府乃至社区组织的领导地位,突出成渝地区双城经济圈区域化党建“一核引领”,建立党组织领导下的各级政府、区、镇街、社区、村(居)四级联动的社会组织体系。加强党建引领,应当坚持以下路径:首先,坚持推动治理重心往下

① 《中共中央关于坚持和完善中国特色社会主义制度 推进国家治理体系和治理能力现代化若干重大问题的决定》。

② 参见姜晓萍、阿海曲洛:《社会治理体系的要素构成与治理效能转化》,载《理论探讨》2020 年第 3 期。

移，赋予基层权力，充分发挥基层组织的能动性。治理重心向下移会使基层获得更多资源，提高治理水平和能力。其次，推动党建深入基层，实行网格化精准对接。推动党组织、党员深入社区基层治理，充分发挥党的力量，建立治理需求网格化精准对接，提高纠纷调解效率，稳定社区关系，推动社区高效有序治理。最后，在党建引领社区治理的过程中，应当进一步提高党的科学决策能力，在成渝地区双城经济圈社会发展的决策中具备战略眼光，要站得高且看得远，正确处理经济发展与社会发展的关系。要积极听取民众意见，坚持以维护人民利益为根本出发点，以为人民谋幸福为工作主旨和价值取向，推动成渝地区双城经济圈区域社会治理，完善党组织在基层社区治理中的领导和引领作用。

（二）加强政府在社区治理的主导地位

加强政府的主导地位。在成渝双城区域社会治理中，成都市与重庆市政府具有主导地位，突出成都市与重庆市政府在成渝地区双城经济圈社会治理的主导作用，协调两政府职能，提升两政府之间的统筹谋划的能力，可以更好地推动成渝地区双城经济圈区域社会治理的联动性，推动成渝地区双城经济圈区域社会治理体系与治理能力现代化。成都市与重庆市政府作为双城经济圈区域社会治理的"主导者"，应当充分发挥两城市的统领作用，构建成都市与重庆市政府、二者管辖下的区政府、二者区域管辖下的乡镇基层政府以及该区域内的村（社区）的三级联动社会治理机制，逐步增强成渝地区双城经济圈区域社会治理的整体性、系统性、互动性和协调性。①

另外，充分发挥成渝相关行政部门在成渝地区双城经济圈社会治理中的作用。在成渝经济圈社会治理过程中，相关行政部门的职能划分应当清晰，各个政府单位社会治理权限应当划分明确，避免部门责任混乱或混淆。在相应政府机构职权下放的前提下，加强政府机构与人民群众之间的信任是重要的，因为在政府下放权力的过程中，往往会出现部分政府机构懒政现象，政府人员的不履职或者不切实履职会使群众对该政府机构失去信任与耐心。所以，为避免产

---

① 参见李龙娘：《推进市域社会治理现代化构建基层社会治理新格局》，载《玉溪日报》2021 年 3 月 17 日，第 1 版。

生此类问题，落实对政府人员履职监督的责任是必要。高质量的监督以公共领域的透明度和获取国家信息为前提。监督的目的是确保公共政策的维护和执行符合平等、普遍参与、多样性、正义和自由的标准。例如，行政部门可以先行自我纠察，对那些在实际工作中怠政的人员进行岗位调离；积极拓展人民群众监督投诉渠道，充分发挥人民群众监督力量，督促工作人员积极履行职能，[①]推动行政机构在社会治理中发挥有效的作用。

（三）发挥基层在社会治理中的作用

党的十九大提出，“加强社会治理体系建设，推动社会治理重心向下移”。党的十九届三中全会、四中全会以及五中全会都提到“推动社会治理向下移，向基层放权赋能”。[②] 在成渝地区双城经济圈区域社会治理的过程中，在坚持党的领导和政府主导前提下，基层治理力量不可忽视。提高基层治理水平，有利于提高基层社区的矛盾解决效率，进而降低社会治理成本。在基层治理中，笔者认为，可以积极探索基层自治的方式，激发成渝地区双城经济圈的区域基层治理的活力，构建一个社区一个单位、一个村一个单位的“微自治”模式，[③]积极发挥基层自治的基础作用，夯实基层自治，提升成渝地区双城经济圈的基层社会治理水平。笔者认为，在成渝地区双城经济圈的经济发展带动下，应当为基层治理提供足够的资金支持，加大对基层社会治理的资金投入，需要统筹各方财力，做好基层社会治理的资金保障工作。例如，可以为该区域基层社会治理设立专项治理基金，相关政府将其列入年度的财政计划，对其资金支出做好提前完整的规划。当然，也可以创新发展社区治理公益基金。做好基层社会治理的资金保障工作，不但能有力推动区域社会治理水平的提高，而且也能为成渝地区双城经济圈的各方面发展提供坚实的社会保障。

成渝地区双城经济圈区域社会基层治理积极探索资源的共享。科技水平

① 参见马征：《公共管理视域下我国社会治理模式研究》，载《江西电力职业技术学院学报》2020年第10期。

② 参见孙涛：《城市基层党建引领社会治理创新的六重维度》，载《青岛日报》2018年7月2日，第4版。

③ 参见刘丽格、耿永平：《关于创新基层社会治理的实践与思考——以石家庄高邑县为例》，载《中共石家庄市委党校学报》2021年第3期。

的提高加快了资源的共享速度。随着我国“互联网 + ”模式发展，信息技术为成渝地区双城经济圈社会治理提供了新的机遇。贵州省的云上贵州建设、宁波市的部门资源共享以及厦门市的市域社会治理大数据引领都为成渝地区双城经济圈的社会治理提供了可以借鉴的经验。笔者认为，我们可以充分利用现代智能技术以及大数据，增强基层治理的“科技支撑力”。例如，基层治理实践过程中，可以进一步推动数据网格化管理，实现成渝地区双城经济圈信息的数据化管理，建立成渝地区双城经济圈的数据信息共享平台，做到成渝地区双城经济圈的社会治理数据共享，共同打造一个信息互通、资源共享的智能化社会治理新体系。

在基层社会治理的过程中，除了坚持党的领导和政府的主导外，还需要提升基层社会治理人员的治理素质。成渝地区双城经济圈区域基层社会治理水平的提高，不能单靠资金的投入以及科技的支撑。随着成渝地区双城经济圈建设的不断推进，基层社会面临新兴的社会治理难题，这些都需要高层次的社会治理人才来处理，而我国基层治理人才相对匮乏、基层治理执行力相对不足。因此，加强基层社会治理队伍的建设，建立完善基层社会治理人才引进与培养的各种有效措施，是保障成渝区域社会治理水平提升的重要内容。

（四）积极提升人民群众参与度

参与被描述为促进公民互动和公民权力的工具。① 谢莉·安斯汀（Sherry Arnstein）在其论文《公民参与的阶梯》（A ladder of citizen participation）中将参与分为八个等级，从低到高分别为：操控（manipulation）、管理（theraby）、知会（informing）、咨询（consultation）、劝解（placation）、合作（partnership）、授权（delegatedpower）、公民控制（citizen control）。每个等级代表不同的参与度，这些等级解释了公民参与的程度以及公民决定过程和结果的实际权力。最低等级端——行动者操控（manipulation），强大的行动者利用各种形式的不参与来强加他们的议程。当参与者听到干预措施并可能会说一些关于他们的话时，就会出现作为象征的参与，但参与者的声音不会对干预产生任何影响，因此参与

① See UKEssays.（November 2018）. *The Concepts Of Participation In Governments Politics Essay*. Retrieved from https://www.ukessays.com/essays/politics/the-concepts-of-participation-in-governments-politics-essay.php?vref=1.

不会导致行动者决策的改变。在阶梯的高端——公民控制(citizen control),参与意味着公民拥有更大的谈判和改变现状的权力,他们的声音被听到并得到行动者的回应。[①] 莎拉 · 怀特(Sarah White)[②]将参与区分为四种形式:名义参与(nominal)、[③]工具参与(instrumental)、[④]代表参与(representative)[⑤]和变革参与(transformative)。[⑥]

社会治理离不开人民群众的参与,只有让社会大众参与进来,积极提高人民群众在社会治理中的参与度,整个社会才能获得最大利益。参与程度——了解不同目标受众的背景和现状,对于确定适当的沟通渠道至关重要。一方面人民群众参与度越高,越能从单向的非互动交流转向多种互动性更强的对话模式,社会治理成果的认可度也会随之增加;另一方面社会治理的本质就是让人民的生活更加有序,群众的需求也更容易得到解决。所以,成渝地区双城经济圈的区域社会治理要注重成渝两市的人民参与,以成渝两地人民群众为中心,积极听取成渝两地人民的反馈,聚焦该区域人民的需求,凝聚成渝两地群众的大智慧。笔者认为,构建人民群众参与的社会治理制度需要积极调动两地人民社会治理参与的积极性、主动性和创造性。此时结合前文所述,一方面,群众参与社会治理需要党的领导,也就是说,党组织要加强与人民群众的联系,积极听取人民群众的意见;另一方面,在基层社区治理的过程中,要贯彻民主协商,广泛听取民意,充分汇集民众的想法和智慧。笔者认为,可以对群众进行教育引导,开展教育宣传活动,如成渝地区双城经济圈区域村(社)区可以大力组织和

---

① See Arnstein, Sherry R. *A Ladder Of Citizen Participation*, Journal of the American Planning Association, 35: 4, p. 216 – 224(1969).

② See Sarah C White. *Depoliticising development: The uses and abuses of participation*, Development in Practice, 6:1, p. 6 – 15(1996), DOI: 10.1080/0961452961000157564.

③ 名义上的参与常常被更强大的行动者用来赋予发展计划的合法性。权力较小的人通过包容的愿望参与其中。但它只不过是一种展示,不会带来变化。

④ 工具性参与将社区参与视为实现既定目标的一种手段——通常是在项目实施中有效利用社区成员的技能和知识。

⑤ 代表性参与包括让社区成员在影响他们的项目或政策的决策和实施过程中有发言权。对于权力更大的人来说,代表性参与增加了他们的干预持续的机会;对于权力较弱的人来说,这可能会提供一个杠杆作用的机会。

⑥ 变革性参与导致相关人员的赋权,从而改变导致边缘化和排斥的结构和机构。

开展社会治理知识培训活动以及咨询交流互动，使成渝两地人民可以更好了解社会治理的内容、规则以及流程等。在群众掌握社会治理知识的同时，也能激发人民“主人翁”意识——意识到每个人都应当承担社会治理的责任。人民群众参与治理还需要制度支撑与保障。① 所谓制度支撑是完善的制度，能够保障群众有效参与社会治理，如推进权力向下移的过程中，厘清政府、社区以及相关的社会组织的治理主体权利边界，划分其主体治理范围。此外，还应注重人民参与社区治理的后勤保障。随着成渝地区双城经济圈区域经济社会的发展，成渝两地应当完善相应的生活、医疗、教育等保障体系，确保该区域人民可以安心参与社会治理，如果生活医疗教育等基本方面得不到保障，又何谈人民主动参与社会治理呢？

成渝地区双城经济圈区域社会治理与该区域人民的生活息息相关，也与该区域的人民群众利益具有密切联系。该区域人民不仅是成渝地区双城经济圈区域社会治理的参与者，也是区域社会治理的受益者，充分发挥成渝两地人民社会治理的主体地位，为成渝地区双城经济圈区域人民提供全方位的必要保障，既能积极调动该区域人民参与社会治理的积极性，也能确保该区域人民切实有效参与社会治理，推动建设成一个人人有责、人人尽责的成渝地区双城经济圈的区域社会治理共同体。

（五）以法治作为保障

成渝地区双城经济圈区域社会治理离不开法治。当政府在部分区域“放权”的时候，或许会出现政府的“触角”不及之处，即在社会治理的过程中，可能出现公职人员相互推诿社会治理难题，而人民相应的诉求得不到有效回应的情况，从而导致社会治理的预期效果与实际情况差距较大。在平安中国建设中，习近平总书记曾做出重要指示，“深入推进市域社会治理现代化”。坚持以习近平法治思想为指导，充分发挥法治固根本、稳预期、利长远的作用。② 因此，我们要不断深化成渝地区双城经济圈法治建设，创新、优化成渝区域内社会治理模

---

① 参见杜志章：《充分调动群众参与基层社会治理》，载《人民日报》2020 年 8 月 3 日，第 9 版。

② 参见葛晓燕：《深学细悟笃行习近平法治思想推进市域治理现代化》，载《人民法院报》2021 年 3 月 18 日，第 5 版。

式,形成市域社会治理的成渝新模式。

要树立法治意识,坚持党的十八大提出的“科学立法、严格执法、公正司法、全民守法”的新十六字方针,以法治规范社会行为,促进区域社会良好秩序的形成。坚持党依法执政、政府依法行政、公民遵法守法,以法治规范区域社会治理方式,要坚持将成渝地区双城经济圈的区域社会治理放在法治的轨道。也就是说,社会治理时,要确保法治思维和法治方式的运用。笔者认为,成渝地区双城经济圈的区域社会治理离不开法治保障,完善而有力的法治保障体系不仅包括健全的公共法律服务、法律顾问以及法治宣传机制,还应当包括司法服务的保障体制。人民法院承担着捍卫公平正义的职责,同时人民法院还是社会治理的重要治理力量。打造一支具备高素质的法律人才队伍,是提高司法服务保障的重要途径。应努力提高成渝地区双城经济圈区域民众的法律意识、加强成渝地区双城经济圈区域人民的法治认同感,进而形成人人遵纪守法的成渝地区双城经济圈区域社会。

法治作为社会治理的重要工具,也是改善社会治理质量的重要因素,是新时代社会治理多元主体良性互动的重要前提。在成渝地区双城经济圈区域社会治理的过程中,要积极健全法治治理途径,完善法治治理保障体系,务必将法治思维融入区域社会治理之中,形成对成渝地区双城经济圈的社会治理法治化的政治要求。① 社会治理的价值追求是公平正义,这也是道德和法律的根本追求。德治与法治都是国家、社会治理的重要方式,这就要求成渝地区双城经济圈区域社会治理不仅要坚持法治,还要坚持以德治理。这需要平衡二者的关系,以法治彰显德治、以德治辅助法治。简单来说,成渝地区双城经济圈的德治需要公平、正义、诚信、友善的社会主义核心价值观的引导。德才兼备、德法并重的领导干部队伍以及基层干部队伍建设也是成渝地区双城经济圈的区域德治必不可少的内容。成渝地区双城经济圈区域德治还需要积极弘扬优秀传统文化,礼法兼施,德法并举,积极形成树新风、扬正气的成渝地区双城经济圈区域社会氛围。总而言之,将法治嵌入成渝双城区域社会治理的过程中,在做到

① 参见胡荣涛、钱晨晨:《新时代社会治理法治化的实践逻辑》,载《大连干部学刊》2021 年第 3 期。

法治和德治的双向互动，提高法治水平的同时，才能提升社会治理的质量。要维护人民权利，凝聚群众法治意识，将多元社会主体纳入法治约束之中，推动成渝地区双城经济圈的社会治理进程，为打造共建共治共享的成渝地区双城经济圈的社会治理模式提供法治保障。

社会治理的目的之一是构建一个有秩序的社会。古往今来，对于社会治理的理论、模式等问题，不同学者持有不同的意见。然而，无论选择何种治理方式，都要结合实际情况去选择，进而制定相应的社会治理方案，这才能为这个区域的社会发展保驾护航。成渝地区双城经济圈区域社会治理模式可以概括为一核多元、共建、共治和共享。一核多元，即党领导、政府主导、基层主体协调以及各方群众参与。共建、共治和共享中，共建的多元主体于教育、医疗、卫生、就业等领域通过协调共同建设；共治则为多元主体共同治理，同时不可忽视人民群众的主体地位，积极践行人民当家作主的观念；共享，即成渝地区双城经济圈区域不仅做到资源共享，还应做到治理成果共享。总而言之，成渝地区双城经济圈的区域社会治理要坚持党建领导、政府指导、基层社会自治协调、法治体系保障以及德治价值教化，创新社会治理方式、改革社会治理模式，建设具有新时代特征的成渝地区双城经济圈区域社会。

第七章　成渝地区双城经济圈社会保障及卫生健康服务体系建设

一、统筹城乡社会救助体系

（一）现状分析

党的十九大提出“加强社会保障体系建设”以来，社会保障制度被摆在一个更加突出的位置。按照兜底线、织密网、建机制的要求，全面建成覆盖全民、城乡统筹、权责清晰、保障适度、可持续的多层次社会保障体系。全面实施全民参保计划，完善城镇职工基本养老保险和城乡居民基本养老保险制度，加快实现养老保险全国统筹。完善统一的城乡居民基本医疗保险制度和大病保险制度，完善失业、工伤保险制度，建立全国统一的社会保险公共服务平台。统筹城乡社会救助体系，完善最低生活保障制度。①

社会保障制度是帮助支持贫困者、老年人和暂时失业者，并为贫困、受抚养、残疾的人提供一系列社会服务。② 社会保障的完善有助于社会每一个成员更好的生活，有助于社会的安定和社会发展。由于我国经济处于发展过程中，城乡差异较大，城市发展相对迅速，与之相对应的相关保障制度也较为健全。但就我国广大乡村而言，发展相对滞后，呈现典型的城乡二元结构形态。因此，为了实现全面富裕的总目标，有必要建立一套城乡社会救助体系，不断完善我国乡村地区的社会保障制度。

成渝双城也在致力于发展两地社会保障体系，力争建立健全覆盖全民、统

---

① 参见习近平：《决胜全面建成小康社会，夺取新时代中国特色社会主义伟大胜利——在中国共产党第十九次全国代表大会上的报告》，人民出版社 2017 年版，第 19 页。

② 参见李湘杉：《中国特色社会保障制度研究》，中共中央党校 2019 年博士学位论文。

筹城乡、公平统一、可持续的多层次社会保障体系。[①] 贯彻落实基本养老保险区域内的统筹以及失业保险、工伤保险等两地间的统筹，不断健全被征地农民、退伍军人和灵活就业人员社会保障制度。健全社会保险资金的统筹和统一管理以及相关待遇的调整机制，同时也要不断强化对于社保基金的监管，完善社会保险资金在社会保障制度中的运用，通过制度保障和合理运用，确保社会保险资金可持续运行（见表 7－1）。

表 7－1　四川省和重庆市的社会保险数据统计（截至 2020 年度）

地区	城镇职工基本养老保险人数/万人	城乡居民基本养老保险人数/万人	基本医疗保险人数/万人	失业保险人数（不含失地农民）/万人	参加工伤保险人数/万人	参加生育保险人数/万人
四川省	2830. 1	3224. 2	8591. 7	1045. 8	1320. 1	1128. 8
重庆市	1203. 35	1166. 85	3266. 74	548. 48	729. 90	505. 79

截至 2020 年年末，四川省全年纳入城市低保人数 67. 9 万人，农村低保人数 373. 7 万人。城乡特困人员 46. 7 万人，其中集中供养人数 10. 8 万人，集中供养率 23. 1%。年末社区服务机构和设施 27, 387 个，其中城市社区服务机构和设施 15, 019 个。[②] 而重庆市[③]基本医保参保 3266. 74 万人，其中职工医保 766. 98 万人，城乡居民医保 2499. 76 万人，居民基本医疗保险参保人数 3266. 74 万人，享受生育保险待遇 26. 95 万人次。2020 年年末，重庆市共有 26. 47 万人享受城市居民最低生活保障，62. 26 万人享受农村居民最低生活保障。城市特困人员救助供养人数 8. 51 万人，农村特困人员救助供养人数 9. 90 万人。全年资助 153. 08 万困难群众参加医疗保险。城市居民最低生活保障标准为 620 元/月，农村居民最低生活保障标准为 496 元/月，特困人员救助供养标准为 806 元/月，集中供养孤儿补助标准 1456 元/月，社会散居孤儿补助标准 1256 元/月。[④]

---

① 参见周毅：《泸州市：全面推动“十四五”人力资源和社会保障事业改革发展》，载《四川劳动保障》2021 年第 1 期。

② 参见《2020 年四川省国民经济和社会发展统计公报》。

③ 数据统计截至 2020 年 4 月 27 日，重庆城市面积 82, 402 平方公里，常住人口超过 3100 万，户籍人口 3400 万。

④ 参见《2020 年重庆市国民经济和社会发展统计公报》。

两地的社会保障相关事项，从数据上看，城乡居民最低生活保障的补助标准随着经济发展也在不断提升，并且覆盖的人群也在不断扩大，使更多生活困难的群众可以得到生活保障。但整体上，人数在下降，这从侧面反映出两地城乡居民生活质量在不断提升。这也是两地政府对社会保障中最低生活保障工作持续关注、循序渐进的结果。

尽管社会保障体制在不断完善，但成渝双城的社会保障制度依然存在许多问题。一是我国传统的城乡二元体制，导致我国的社会保障制度同样存在二元化问题。成渝地区自然也不例外，上文我们提到过在这两地除了主城区和城市之外，还存在大量的乡村地区，在城市和乡村二元结构存在割裂的情况下，这两地形成的是并不完善的社会保障救助制度。这种保障救助制度也因为这种二元结构的存在，可能引发社会冲突，造成社会的不和谐，且有可能激化社会矛盾，给社会稳定带来负面影响，这有悖于社会保障制度建立的初衷。中国老龄化趋势越来越明显，老年人占比也在进一步扩大，同时生育率却呈显著下降趋势。但各地对于养老金的规划利用并不成熟完善，该制度还存在一定漏洞。二是社会保障制度还有待进一步创新。随着精准扶贫相关措施的落实，我国脱贫攻坚任务已经完成，贫困问题已经得到解决，但为了防止由于承担较多支出而致使的家庭贫困、“空巢老人”型由于缺乏劳动力而造成的贫困和家庭中缺少必要的劳动力所造成的返贫问题，只有对社会保障制度进行必要的创新，才能有效应对，才能完成“十四五”规划确定的全面建设社会主义现代化国家的任务。三是两地社会保障项目的实施效果仍有待提升。为充分弥补社会保障项目采取的以最低生活补助这种直接性现金转移支付为主的方式的不足，应当采取通过就业和创业等“增加蛋糕份额”的方式进行社会救助，从而真正的保障社会公平，利于社会稳定和谐发展。

（二）成渝地区双城经济圈社会保障制度的改革思路

1. 加强社会保障管理体制建设，推行一体化的保障体制

立足经济社会发展之实践，不断完善社会保障体制，发挥两地联动的优势。

一体化社会保障体制的践行是加强社会保障管理体制建设的关键。[①] 一是社会保障对象的统一。两地应当将分散的社会保障对象集中统一到一个社会保障体制之中,如果两地的社会保障体制不同,可能会阻碍成渝地区双城经济圈社会保障制度的协同建设。二是统一社会保障的标准。这个统一不是简单将成渝两地所有城市的社会保障标准进行统一,而要根据成渝地区双城经济圈社会经济发展的变动情况,分类型、分步骤地统一社会保障标准。要在社会保障基金征缴基数方面,分行业、分类别建立起统一的收费标准和待遇标准。只要有相同的标准,才会使成渝区域内的居民有相同的感受,而不会因为两地缴纳数额或者待遇不同而出现非理性的落差。值得注意的是,2021 年 1 月,《四川省人民政府、重庆市人民政府关于同意设立遂潼川渝毗邻地区一体化发展先行区的批复》(川府函〔2020〕259 号)同意设立遂潼川渝毗邻地区一体化发展先行区。按照"统一谋划、一体部署、相互协作、共同实施"的总体要求,立足成渝、联动双城、先行先试、形成典范,推进基础设施、产业发展、生态环保、机制创新、公共服务等一体化,助力打造区域协作的高水平样板,建设联动成渝的重要门户枢纽,对成渝地区中部崛起形成重要支撑。三是统筹社会保障资金的筹集和支付。在国家制定的统一的缴纳标准和方法的基础上,成渝双城可以根据当地的需求以及社会因素进行调整,制定统一的社会保障办法。四是社会保险账户的互联互通。对于两地的居民,相关部门可以让社会保险账户互通,而不会因为异地的原因,导致有关的社会保障政策得不到落实。成渝地区双城经济圈就是要把这个地区视为一个整体,在这个整体内的社会保险账户是可以顺畅使用的。五是统一社会保障服务。成渝地区双城经济圈作为一个整体,应当提供统一的社会保障服务。社会是社会保障服务的主要提供者,应该结合现代信息技术完善其制度和运营模式,[②]形成社会化管理服务网络。[③] 值得注意的

---

① 参见郑功成:《中国社会保障改革与制度建设》,载《中国人民大学学报》2003 年第 1 期。

② 从《四川省人力资源和社会保障厅 2020 年政府信息公开工作年度报告》反映出,四川省同步加强政府新媒体平台建设管理,推进"四川人社"微信公众号、微博、移动客户端与厅门户网站协同联动、融合发展。2020 年,"四川人社"微信公众号发布信息 875 篇,政务微博发布信息 656 条,回复网友提问 135 个,18 篇文章阅读量上万。微信粉丝数突破 40 万名,比 2019 年增加 16 万名,增长率达 66%。

③ 参见李长江:《社会保障制度管理体系模式选择》,载《财经科学》2002 年第 3 期;李湘杉:《中国特色社会保障制度研究》,中共中央党校 2009 年博士学位论文。

是,2020 年 11 月 23 日,四川省政府印发《关于规范企业职工基本养老保险省级统筹制度的通知》(川府发〔2020〕18 号),要求四川省规范养老保险省级统筹制度,实现统收统支省级统筹,包括全省统一规范养老保险政策、基金收支管理、基金预算管理、责任分担机制、集中信息系统、经办管理服务、激励约束机制七个方面的内容。①

2. 建立专业化的社会保障管理机构

为了使社会保障制度更加完善,成渝双城必须构建完善的社会保障管理网络,以畅通两地的社会保障业务和事项,并且设立具有专业性和制度性的社会保障和社会救助管理机构。只有如此,才可以更好推动社会保障和社会救助系统的高效运行。成渝双城应将其社会保障基金业务交由专业性更强的、与政府机构相独立的专门社会保障和社会救助管理机构负责,其具体的职责应当体现在社会保障的管理和社会救助的全面化方向中。与此同时,应当将社会保障金由专门的机构进行筹集、管理和支出。社会保障机构也可以通过委托第三方来管理和发放社会保障资金,但发放的对象和标准应当由社会保障机构提前确定。整个社会保障基金的用途和运作过程,不但要接受社会保障监督机构的监管,也要受到社会主体的监督,任何一个环节都要公开透明。也应当认识到,监督机构质量的高低也决定着社会保障制度能否高效运行。只有建立健全社会保障监督体系,完善其运行机制,不断提高社会保障监督的质量,才能保障社会保障基金安全有效运行。社会保障基金的监督机构要积极主动地行使自身的监督权,要充分发挥社会监督的功能,社会主体要及时对社会保障基金运作状况进行监督,以便督促相关部门依法履职、正确履职。②

3. 适度引入市场化和商业化

在社会保障和社会救助管理中,依然存在不少问题,其主要体现在:各种机构功能相互重叠;人员数量众多,但权责不清晰;服务态度和质量不达标;社会保障的基金使用过程中存在腐败等。商业保险对于弥补社会保险的空白区域,

---

① 参见《四川省人民政府关于规范企业职工基本养老保险省级统筹制度的通知》(川府发〔2020〕18 号)。

② 参见李湘杉:《中国特色社会保障制度研究》,中共中央党校 2019 年博士学位论文。

提高成渝地区双城经济圈内社会成员的生活水平有极大的帮助，尤其是在残疾人员的医疗救助和退休员工的社会保障等方面，许多商业保险公司推出的产品都有其独特的优势，可以研究这些产品的优势所在，取其精华，弃其糟粕。成渝地区双城经济圈应对这些优秀的经验和成果进行学习和借鉴，通过增加商业保险产品的种类，使商业保险和社会保障相互补充，不断提升社会保障的水平。

中国正处于经济社会转型时期，成渝地区双城经济圈的社会保障体系建设面临挑战和机遇。一方面，成渝地区双城经济圈的经济发展十分迅速；另一方面，随着成渝区域内城镇化的不断发展，使成渝地区的社会保障体系充满挑战。成渝地区双城经济圈的发展繁荣、社会稳定，需要完善的社会保障体系做支撑，以便能为经济圈内成员的生活提供保障，为区域的发展乃至国家的进步提供助力，但该体系的建设不是靠某一方面努力就能够达到的，它需要区域内多部门的联动和协调来共同完成这个艰巨的任务。

4. 不断完善社会保障地方立法

就社会保障和社会救助的地方立法而言，成渝区域的立法机构应当在不违反上位法的基础之上，出台更加完善的地方性法律法规和规章，提高经济圈内社会保障和社会救助的力度。(1)在立法过程中，一定要通过实地调研和数据分析，尽可能做到立法内容翔实、条文完善且可操作性强。(2)应当更多关注农村村民社会保障的地方立法。(3)应当注重成渝区域社会保障地方立法的协同，特别是涉及社会保障的内容，尽量做到立法的统一和立法工作的协同化。总之，成渝区域的立法机关应当充分发挥地方立法的功能，推动社会保障和社会救助事业健康发展和可持续发展。①

二、深化医疗卫生健康服务改革

(一)现状分析

民强则国强，人民群众的身体健康不仅是家庭幸福的基础，还是国家强盛和社会进步的前提。习近平总书记指出：“加快提高卫生健康供给质量和服务

① 参见李湘杉：《中国特色社会保障制度研究》，中共中央党校 2019 年博士学位论文。

水平，是适应我国社会主要矛盾变化、满足人民美好生活需要的要求，也是实现经济社会更高质量、更有效率、更加公平、更可持续、更为安全发展的基础。”[①]随着经济的发展，人民群众对于健康的要求越来越高，对于医疗卫生健康服务的需求也日渐提高，医疗卫生健康服务事业是事关一国根本的重大民生问题。

当前，我国正努力推进医疗卫生改革，虽然取得了一定成果，但也暴露出不少的问题：一是公共卫生服务体系尚待健全，存在医疗资源分配不均、医疗机构重复累赘等问题，特别是重大疾病预防控制和应对突发公共卫生事件的能力不强。二是看病难、看病贵的问题依然突出。医疗价格体系混乱、药价虚高、小病大治的现象屡禁不绝；挂号难、挂号贵现象，依旧存在；医疗卫生健康服务体系无法满足人民群众的需求。三是医疗保险机制不健全。比如，医疗保险的统筹分散，城镇职工医疗保险和新农村医疗保险分别属于人社局和卫生局管理，增大了统筹管理的成本；医疗保险基金的监管缺乏完善的法律制度，难以保证其运行的效率和透明；医疗保险的信息化管理程度不够，电子医保形同虚设。四是医疗卫生管理体制不健全。当前我国的医疗卫生健康管理体制尚有漏洞，职责交叉、政出多门是造成医疗效率低下、医疗腐败等问题的主要原因。医药不分、以药养医等现象正在实际侵害着人民的利益。分散的管理制度导致职能的高度分离，不利于提高工作效率，也不利于问责制的落实。五是医疗资源分配不均。中国有 14 亿人口，生病就诊时基本局限在 1442 家三甲医院，这导致大医院人满为患，小医院门可罗雀。《2019 中国卫生健康统计年鉴》显示，我国东部地区三级医院占 46%，中部地区占 30%，西部仅占 24%。数据显示，我国医疗资源存在城镇农村分配不均、地区分配不均等现象。

（二）现有应对措施

面对医疗卫生服务体系存在的问题，早在 1994 年，我国就开始在江西九江进行社会统筹与个人账户相结合的社会医疗保险制度试点，由此揭开了医疗改革的序幕。[②] 我国 1998 年建立职工基本医疗保险制度，2003 年建立新型农村合

① 侯迎欣：《加快提高卫生健康供给质量和服务水平》，载《经济日报》2020 年 11 月 13 日，第 11 版。

② 参见赵欣：《关于公共新医疗改革方案的三点思考》，载《商业文化（上半月）》2011 年第 9 期。

作医疗制度,2007 年开展城镇居民医疗保险试点,2008 年建立医疗救助制度,2012 年实施城乡居民大病保险。我国仅用 30 年时间,就初步建成以基本医疗保险为主体、大病保险为延伸、医疗救助为托底,覆盖近 14 亿人口的多层次医疗保障制度体系。医疗体系的改革离不开法律的支持。为了保障我国医疗卫生改革的顺利进行,我国制定并实施了许多保障医疗卫生的法律法规,如《食品卫生法》(已失效)、《药品管理法》、《国境卫生检疫法》、《传染病防治法》等,《刑法》、《民法典》、《婚姻法》(已失效)等法律中也有关于卫生方面的规定。特别在 2019 年,十三届全国人大常委会通过了《基本医疗卫生与健康促进法》,这是我国首部医疗卫生健康领域的综合性法律,弥补了我国医疗卫生立法中缺少一部基础性的对基本制度作出规定的法律的空白。但现有法律法规仍存在诸多问题,如碎片化、操作难、执行难,内容滞后。许多新理念、新事物没有涉及,难以规范指导改革和实践工作等。未来相关立法的完善也是我国医疗改革的重点之一。通过医改,我国已经初步建立了一套医疗保障体系,接下来,既要把握国家的整体方向,也要根据地方特色完成区域性的体系构建。这也是成渝地区双城经济圈在医疗卫生服务方面需要抓住的重点。

2019 年 6 月,四川省人民政府办公厅发布《四川省人民政府办公厅关于改革完善医疗卫生行业综合监管制度的实施意见》(川办发〔2019〕41 号),强调聚焦全行业全流程综合协同监管,切实转变监管理念、体制和方式。健全机构自治、行业自律、政府监管、社会监督相结合的多元化综合监管体系。针对成都市医疗卫生存在的问题,成都市政府从多个方面提出了政策规划。为进一步加强和规范突发公共卫生事件的应对,确保城市公共卫生安全,2019 年,成都市人民政府重新制定发布了《〈突发公共卫生事件应急条例〉实施办法》。面对成都市医疗卫生服务新业态、新模式的出现,医疗卫生行业监管面临新挑战,2020 年,成都市发布了《成都市人民政府办公厅关于改革完善医疗卫生行业综合监管制度的实施意见》(成办发〔2020〕4 号),从监管制度着手,健全多元化综合监管体系、明确全行业监管、突出全行业监管、加强重点环节监管、应用新方式监管、完善新机制监管,力求建立具有中国特色的医疗卫生监管制度,主动转变监管理念、增强监管合力、创新监管手段、提升监管效能,更好维护人民群众健康权益。

2020 年 9 月，成都市政府出台了《成都市深化医药卫生体制改革 2020 年下半年重点工作任务》的通知，强调从加强公共卫生体系建设、深入实施健康成都行动、深化公立医院综合改革、深化医疗保障制度改革、健全药品供应保障体系、推进分级诊疗制度落实、加强医药卫生综合监管、统筹推进其他领域改革八个重点方面出发，贯彻落实党中央、国务院和省委、省政府深化医药卫生体制改革各项部署，深化医疗、医保、医药联动改革。成都市政府还特别强调中医药的作用，促进中医药传承创新发展，促进中西医结合。成都医疗保障局还发布了五大行动，涉及医保服务、医疗救助、基金监管、长照试点、产业服务等内容，紧盯老百姓在医保方面反映强烈的烦心事、操心事、揪心事，把市民感受作为评价医保工作好与坏的第一标尺，用创新的思路和办法来推进，让市民群众在“医保守护”中有获得感、幸福感和安全感。成都市卫健委表示，“十四五”期间，将打造 50 个县域医疗卫生中心，优化基层医疗卫生机构资源布局，提升基层医疗卫生防控能力，创新基层卫生人才培养模式，提升基层信息化服务能力，更大力度优化公共服务供给。

为了贯彻落实国家医改的要求，加强医疗卫生行业管理，重庆市政府也从医疗监管着手，于 2019 年开始了多元化综合监管的试点工作，主要从协同监管、智能化监管、信用监管三方面进行突破，以期形成重庆市医疗卫生行业的监管新模式，解决目前监管方式落后，监管效率不足的问题。重庆市政府还特别关心老年人的身体健康，在 2022 年初步建立老年健康服务体系，鼓励支持医养结合机构的设立，简化医养结合机构设立手续和流程，并给予一定的政府补助，努力改善老年群体的健康状况，满足老年群体的健康需求。2021 年，重庆市进一步提高医疗保险的补助标准，加大对贫困人口倾斜，对城乡困难群众参加居民医保缴费进行资助。

在医疗卫生服务行业的改革中，成都市和重庆市都注重对医疗卫生行业的监管，只是两市的侧重点不同，重庆市主要从协同监管、智能化监管、信用监管等方面着手；而成都市着重于多元化监管、全行业监管、新方式监管、新机制监管。相对于重庆市，成都市更加注重制度的建设，力求从上层结构上构筑起较为完善的体系；而重庆市则更为注重具体措施的落实。两者都在医疗卫生体系做出了具有区域特色的布局和规划,这也为成渝地区双城经济圈模式下两地的医疗卫生协同发展提供了合作数据和样本。

(三)医疗卫生健康服务领域内,成渝协同发展之建议

《成渝地区双城经济圈建设规划》的提出,意味着成渝地区将继京津冀、长三角和珠三角(粤港澳大湾区)之后,成为我国第四个增长极。该规划的提出,不仅意味着成渝地区经济的一体化发展,也意味着两地科技、文化、教育、医疗卫生等方面的协同发展。医疗卫生是经济发展的基础和前提,以习近平新时代中国特色社会主义思想为指导,在落实"十四五"规划建设的基础上,势必对两地的医疗卫生健康服务事业提出更高的要求。

目前,成渝两地虽然在医疗卫生健康方面取得了一定的合作成果,但距离达成卫生健康"十四五"规划的目标尚有不小的距离。两地应在秉持"巴蜀一家亲"理念、强化"一盘棋"思想、贯彻"一体化"理念的指导下,继续推进成渝两地医疗卫生健康服务的改革,努力将川渝地区打造成为我国西部医学高地,为川渝在西部形成高质量发展的重要增长极、助推全国经济高质量发展作出更大的贡献。

1. 做好两地协同立法的工作

制度的实施离不开法律的支持。根据《立法法》规定,地方可以根据本行政区域的具体情况和实际需要在不与宪法、法律、行政法规相抵触的前提下,可以制定地方性法规。重庆市作为直辖市享有省级地方立法权,而成都市作为设区的市在不同宪法、法律、行政法规和本省、自治区的地方性法规相抵触的前提下,可以对城乡建设与管理、环境保护、历史文化保护等方面的事项制定地方性法规。医疗卫生属于城市管理的一部分,成都市享有其立法权。但重庆市和成都市的立法权位阶不同,如何确保协同立法的合宪合法是关键。建议由全国人大常委会以授权方式,明确赋予成渝地区就特定事务共同立法的权力,以确保其合法性,通过立法的内容重叠、合作会商、程序同步、成果共享等模式,最大限度地达成利益平衡和立法共识,最终以一体化的法治模式,有效切除行政壁垒、

市场分割、地方保护等阻碍区域协同发展的痼疾。[①]

2. 做好具体制度的衔接

2020 年 4 月 22 日，重庆市卫生健康委与四川省卫生健康委签署《推动成渝地区双城经济圈建设川渝卫生健康一体化发展合作协议》。《推动成渝地区双城经济圈建设川渝卫生健康一体化发展合作协议》重点规定川渝双方在医疗服务、公共卫生、健康产业等方面进一步加强联动协作，促进资源、人才、技术、信息等生产要素在区域内优化配置、良性流动，增强川渝卫生健康发展协同性、联动性，共同提升川渝卫生健康服务能力。[②] 成渝合作主要集中在 12 个方面：领导互访机制的建立、协同推进健康中国行动、健全“互联网 + 医疗健康”服务体系、开展医改经验交流互鉴、推动医疗服务区域合作、加强基层卫生交流合作、健全卫生应急和传染病防控联动机制、加强人才培养和科研合作、建立食品安全标准与风险监测协作机制、深化中医药创新协作、推动健康产业协作发展、加强国际合作交流等。[③]

结合《成渝地区双城经济圈建设规划纲要》和《推动成渝地区双城经济圈建设川渝卫生健康一体化发展合作协议》之内容，在推进卫生健康一体化时，成渝两地应当做好如下的制度衔接工作：(1) 成渝两地的医疗资源配置应当进一步优化，学术交流、医疗协作和科研合作应当进一步加强。可以依托川渝两地的优质医疗资源，集中建设两个中心——国家医学中心和国家区域医疗中心。应当重视医疗联合体的建设，以市级医院带动县乡医联体的建设。推动重点“高精尖优”技术的拓展，集中专业、专科优势，组建跨区域联盟，健全分级诊疗制度。充分结合现代信息技术，发展在线医疗、远程医疗协作体系，实现会诊、联网挂号等远程医疗服务。分步骤推进二级以上医疗机构医学检验结果互认和

---

① 参见阿计：《区域协同立法如何行稳致远》，载《人民之声》2020 年第 8 期。

② 参见文翰：《推动成渝地区双城经济圈　川渝卫生健康一体化发展合作签约》，载《重庆晚报》2020 年 4 月 23 日，第 1 版。

③ 参见李珩：《川渝两地卫生健康委签署合作协议　12 方面协力推进卫生健康一体化》，载《重庆日报》2020 年 4 月 23 日，第 4 版。

双向转诊合作机制。[①]（2）建立成渝地区重大突发公共卫生事件联防联控机制，共建突发公共卫生事件应急防控指挥中心、医疗物资储备中心、演练培训中心，共建国家区域疾病预防治疗中心。建立卫生应急信息共享机制，实现预警信息及时共享。建立突发事件卫生应急处置协作机制。[②]（3）弘扬中医药文化，加大名师、学科团队建设，增强合作力度，在中医药流派传承、医疗、教育、科研等领域建立协作机制，推进中医临床研究基地、中医药重点研究室、重点学（专）科、中医专科联盟建设。完善中医医疗服务体系，积极推动中医药与养生养老相结合，鼓励有实力的社会主体开办中医所、门诊部、中医馆，做大做强，实现跨区域的协同规模发展。（4）加强川渝健康产业发展的政策交流，积极搭建健康产业博览会等交流平台，打造产业集群。支持两地企业投资发展生物医药、医疗器械、休闲养生、医养结合、度假养老等产业，着力推进西部国际医疗城等产业园区和特色小镇建设，实现区域共赢发展。[③]（5）加强食品安全风险监测信息通报与交流，协同开展跨区域的食源性疾病事件流行病学调查，联合开展食品安全标准跟踪评价。（6）建立川渝人才培养合作机制，共同建立川渝卫生健康人才专家库，共同推进实用型、创新型和复合型人才培养。强化川渝卫生健康科技创新协同，推进科技管理工作交流互鉴，支持医疗卫生机构和研究单位跨省共享创新平台和资源库，开展多中心临床研究试验和区域伦理审查，在重大疾病防治、前沿技术或核心技术方面协同开展研究。[④]（7）建立完善的公共卫生服务体系，提高医疗机构公共卫生服务能力，加强妇幼体系能力建设，加强精神卫生防治体系和服务网络建设，健全老年健康服务体系，推进养老服务体系共建共享，推进国家老年疾病临床医学研究中心创新基地建设，建立健

---

① 参见陈天航、周森葭：《四川省卫生健康委推动川渝卫生健康一体化发展》，载《当代县域经济》2020 年第 6 期。

② 参见李珩：《推动医疗协同发展　共建川渝“健康圈”》，载《重庆日报》2020 年 4 月 29 日，第 3 版。

③ 参见李珩：《川渝两地卫生健康委签署合作协议　12 方面协力推进卫生健康一体化》，载《重庆日报》2020 年 4 月 23 日，第 4 版。

④ 参见李珩：《推动医疗协同发展　共建川渝“健康圈”》，载《重庆日报》2020 年 4 月 29 日，第 3 版。

全成渝区域心理健康服务体系。①

三、提升健康养老产业发展水平

(一)现状分析

我国在“十四五”开局阶段着力布局健康养老产业的建设发展是为了应对我国的人口老龄化问题。按照世界卫生组织(World Health Organization)规定,60周岁以上的人确定为老年。当一个国家或地区60周岁及以上老年人口占总人口比重超过10%(传统标准),65岁及以上老年人口占总人口比重超过7%(新标准),即意味着这个国家或地区处于老龄化社会。② 相关数据显示,“十四五”期间,我国老龄人口将突破3亿,将从轻度老龄化迈入中度老龄化。我国的养老服务将面临更严峻的挑战。③ 这也是成渝地区双城经济圈协同建设所面临的重要工作内容。2021年10月,四川省卫生健康委、省老龄办发布了《四川省“十三五”老龄事业发展报告》。该报告显示2020年,全省60岁及以上人口达1816.4万,占21.71%,居全国第三位。从2015年起,四川省已连续5年60岁及以上人口占比超过20%,老龄化区域差异大。四川省的17个市65岁及以上人口比重超过14%,占比最高的为资阳市22.62%,最低市为甘孜州8.36%。④ 四川已进入深度老龄化社会。⑤ 而在重庆,截至2020年10月,重庆市60岁以上老年人达721万,占重庆市总人口21%,高出全国近3个百分点,人口老龄化率居全国第六位。从上述数据及标准可以看出,成渝地区老年人口基数大,增长速度快,已经进入老龄化社会,健康养老产业布局建设已经迫在眉睫。

---

① 参见李珩:《川渝两地卫生健康委签署合作协议 12方面协力推进卫生健康一体化》,载《重庆日报》2020年4月23日,第4版。

② 参见赛迪顾问股份有限公司:《2020中国养老产业发展白皮书》。

③ 参见《“十四五”如何提升养老服务水平? 民政部:大力发展居家社区养老 加强医养康养相结合》,载《每日经济新闻》2021年2月23日,第2版。

④ 参见石小宏:《(四川省“十三五”老龄事业发展报告)出炉连续5年60岁及以上人口占比超20%》,载《四川日报》2021年10月15日,第4版;房红、顾福珍:《“成渝地区双城经济圈”建设背景下四川省康养产业发展对策研究》,载《商业经济》2020年第12期。

⑤ 参见刘俊:《成渝双城联动 看养老服务如何高质量发展?》,载《华西社区报》2020年8月11日,第E1版。

(二)现有应对措施

基于现有的形势,国家及成渝地区各级政府已经开始谋划建设中国特色的健康养老保障体系。体系化的建设离不开法律制度的建立与完善,针对我国可预见的人口结构问题,我国从 1996 年颁布并实施了《老年人权益保障法》,这部法律可以看作是对我国老龄化人口权益保障的专门性法律。但是,随着社会发展以及整个人口老龄化进程不断加快,国家于 2018 年对该部法律进行了修改,以应对人口老龄化问题。除了这部法律之外,我国的《保险法》以及《社会保险法》也对相应的养老保险问题进行了规定。国务院在 2019 年出台《关于推进养老服务发展的意见》,我国民政部也在 2013 年后出台并修改了《养老机构管理办法》以及《养老机构设立许可办法》,而在 2021 年实施的《民法典》中,也在物权编增加了“居住权”制度以配套相应的“以房养老”制度的实施。可以说,国家层面上,我国用将近 20 年的时间,初步构建起了一套由老年人权利保护到老龄人口社会保障机制,再到保障机构管理的法律体系。此外,在“十四五”规划的开局阶段,为应对全新的养老问题,在现有的法律制度外,国家也在尝试新的健康养老模式,如“以房养老”“医养康养结合”“城市、农村养老体系差异化衔接”等。这些新的模式在法律制度上并不完善,还有立法介入的空间,也是未来一个阶段我国养老问题立法需要研究的重点。可以看出,我国国家层面的养老体系构建尚处于初级阶段,这既与我国经济发展水平以及国情相适应,也反映出养老体系构建的一个重要特点,即整体布局的同时,需要各个区域结合本地特点完成区域性系统构建,这也是“成渝地区双城经济圈”在养老体系构建上需要关注的重要课题。

针对成都市进入老龄化社会的现状,成都市正在着力构建新型的养老服务方式。2019 年 12 月,四川省召开全省养老服务改革推进现场会议。2020 年 2 月 3 日,四川省人民政府办公厅发布《四川省人民政府关于推进四川养老服务发展的实施意见》(川办发〔2020〕9 号),强调实施居家社区养老服务提质增效工程,实施机构养老服务提档升级工程,实施农村养老服务补短板工程,实施养老服务功能拓展工程,实施养老服务消费促进工程,实施养老服务人才队伍建设工程,实施综合监管能力提升工程。值得一提的是,该意见提出将居家社区养老服务纳入城乡社区治理重要内容，重点为特困人员、经济困难的失能失智老年人、计划生育特殊家庭老年人提供无偿或低收费托养服务，逐步为社会老年人提供基本养老服务。将提升乡镇养老院（敬老院）建设标准纳入乡村振兴战略，支持乡镇卫生院和养老院“两院一体”发展。实施“互联网 + 养老”行动，建设省、市、县三级养老服务信息平台，推动养老领域公共数据开放共享，打造一批“智慧养老院”和“智慧养老社区”。[①] 在省级政府的要求下，成都市也在提升养老服务体系建设问题上作了细致的研究。2018 年 12 月 28 日，成都市政府办公厅印发了《关于深化养老服务综合改革提升养老服务质量的实施意见》（成办发〔2018〕50 号）及推进社区嵌入式养老、老年人助餐服务体系建设、困难老人家庭适老化改造三个配套实施方案，围绕养老服务领域的重点领域和关键环节，加大改革创新力度，释放多重政策红利。其中强调了全面放开养老服务市场，吸引境内外投资者在成都兴办养老服务机构；充分激发社会力量投资养老服务活力；深化居家和社区养老服务；促进养老服务融合创新发展；促进养老服务提质增效；加强服务监管六大方面的重点工作。同时，提出了“推动养老服务区域协同发展”，加快中心城区和近郊区养老资源互惠共享、功能差异发展，重点支持近郊区自然资源条件好的市（县）发展康养项目。不断深化与川南经济区、川东北经济区、攀西经济区、川西北生态示范区等区域养老服务领域的资源整合与交流合作，逐步实现政策衔接、资质互认、标准互通、监管协同。

重庆市也在建设现代化健康养老体系这个重要课题上下足了功夫。2019 年 12 月 30 日，重庆市人民政府办公厅发布《重庆市推进养老服务发展实施方案》（渝府办发〔2019〕129 号）。《重庆市推进养老服务发展实施方案》提出，加快建设社区居家养老服务设施，完善农村养老服务体系，落实养老服务设施分区分级规划建设要求，盘活存量资源增加养老服务设施，完善养老服务设施供地政策，实施适老化改造，坚持公办养老机构公益属性，深化公办养老机构改革，支持养老机构规模化、连锁化发展，推动居家、社区和机构养老融合发展，建

---

① 参见刘俊：《成渝双城联动　看养老服务如何高质量发展？》，载《华西社区报》2020 年 8 月 11 日，第 E1 版。

立养老服务综合监管制度，做好养老服务领域信息公开和政策指引，减轻养老服务税费负担，提升养老机构安全风险防控能力，解决养老机构消防审验问题，推进"智慧养老"建设，构建养老服务地方标准体系，提升医养融合能力，研究解决养老服务医疗保障问题，建立健全长期照护服务体系，发展惠老金融服务，繁荣养老服务产业，完善老年人关爱服务体系，维护老年人消费权益，大力发展老年教育。这个方案充分考虑到重庆的特点，制定了以构建养老、孝老、敬老政策体系和社会环境等重点任务，并且以加强组织领导，加大资金投入，加强队伍建设，加强考核监督，加强宣传引导为保障，建立起一套立体化全覆盖的养老服务体系。①

从前文可知，四川省尤其是成都市为首的成都都市圈，在建设现代化健康养老体系中，更加注重制度的建设，力求从上层构筑起较为完善的体系，而重庆市在建设养老体系的过程中，则更为注重具体措施的落实与职能机构部门之间的协作。当然，两个地区都将工作的重点放在统筹城乡差异化布局以及现代化养老模式的探索上。可以说，既有各自的重点，又在这种差异中寻找到了最大公约数，这为打造"成渝地区双城经济圈"模式下的跨区域集约化发展的现代化西南健康养老体系打下了坚实基础。

（三）唱好"双城记"——成渝地区健康养老体系的构建

1. 做好地方立法清理

就我国现阶段的养老体制而言，给付行政是我国养老保障的主要内容，养老保障的地方立法自由度相对较高，许多养老问题可以通过地方立法来解决。②因此，在建设"成渝地区双城经济圈"的过程中，关于健康养老体系的建设，应该强化地方立法的体系化、制度化，对既往的立法进行清理，对不适宜现有阶段发展的生效文件予以修改或撤销。就成渝双城而言，对地方立法权位阶的要求，存在差异。如何确保立法的合法、合规是地方立法的关键。根据我国《立法法》相关规定，设区的市在城乡建设管理问题上，在不违背上位法的前提下，可以针

---

① 参见《重庆市推进养老服务发展实施方案》（渝府办发〔2019〕129号）。

② 参见祁雪瑞：《论养老保障地方立法与执法》，载《江南论坛》2019年第9期；祁雪瑞、张书占：《养老保障地方立法与执法思考》，载《中州大学学报》2019年第4期。

对本地方特色,由市人大及常委会制定地方性法规。[①] 这实际上赋予了如成都市这样的设区的省会级城市在城乡建设管理问题上的立法权,而健康养老问题既关乎城乡人口权益,又涉及城乡基础设施建设等问题。按照文义扩张解释,应该属于城乡建设问题的范畴,因此,成都市在健康养老问题上是拥有立法权的。而重庆市作为我国设立的直辖市,根据《立法法》的规定拥有制定地方性法规的权力。但对于重庆市与成都市的立法,还需要遵守《立法法》的规定,即不得违反宪法、法律的规定,而我国目前针对养老问题的专项立法,如上文所述主要集中在《老年人权益保护法》《社会保险法》《保险法》这三部法律。重庆市关于养老问题的立法有《重庆市老年人权益保障条例》,成都市则制定了《成都市养老服务促进条例》。在进行跨区域协同立法之前,应对现有的立法内容进行分析,即是否与现行宪法、法律有冲突?是否与现行行政法规存在冲突?如果与法律发生冲突,应该依照相关法律规定进行修订;与行政法规发生冲突,则应该根据相关内容的位阶,依情况而定。重庆市的条例如果与相关行政法规发生冲突,则应该向国务院报告,视情况决定如何适用调整;如果成都市的条例与行政法规发生冲突,则应该修订自身内容。

2. 建立一套适合成渝地区跨区域协同立法的机制

根据上文,我们可以看出,重庆与成都在行政级别上属两级,作为直辖市的重庆在立法权限上拥有更大的权能,而成都市则只能在一定限制下进行立法。针对成渝地区双城经济圈健康养老服务体系建设的特点,即跨行政区划、涉及多个市县、行政层级多样、城乡统筹协进等问题,需要建立一套由"省、直辖市—设区市—普通市县"的三级协同立法机制。针对养老问题的城乡多样性及地区不统一,建立由区、县级政府牵头的政策互通机制,厘清成渝地区双城经济圈范围内各地区的健康养老产业现状以及各地养老保险及农村保险总额与亏空程度,基于现有的条件与经济状况,由县级逐级向上联通汇报,最终形成成渝经济

---

① 参见《立法法》第 72 条第 2 款:"设区的市的人民代表大会及其常务委员会根据本市的具体情况和实际需要,在不同宪法、法律、行政法规和本省、自治区的地方性法规相抵触的前提下,可以对城乡建设与管理、环境保护、历史文化保护等方面的事项制定地方性法规,法律对设区的市制定地方性法规的事项另有规定的,从其规定。"

圈的汇总性文件，再由四川省级立法机关与重庆市立法机关协同调整区域立法，提出关于健康养老的立法建议，最终通过四川省人大及重庆市人大召开人民代表大会由人大代表投票通过相关立法。这样做的好处是，能够最大限度地照顾到各地区情况，从而防止因为跨区域立法带来的“一刀切”问题，同时，也极大地发挥了人民民主的作用。在协同立法比较成熟稳定的情形下，成渝地区可以探寻一体化立法模式。

3. 成渝经济圈内行政机关应建立统一的互通网络

健康养老问题既有上层立法技术规范的问题，也涉及行政机关执法监督的问题，尤其当成渝地区双城经济圈建立起资本互通、人才互通的格局时，行政机关如何监管就成为新的课题。就健康养老服务体系而言，在成渝地区如何做到统一管理跨区域建立的连锁养老机构？如何对成渝各地区养老服务人员进行登记备案？如何保障跨省市老年人权益得到延续？对于这些问题的解决，需要成渝经济圈各地区相关机关和部门能够建立起一套地方健康养老服务监管网络。当前，针对老年人的各种非法传销活动和诈骗活动层出不穷。例如，对老年人宣讲“伪科学”保健知识，进而进行系列非法活动，且这些活动呈现跨省、跨区域的特点。这就给新时代健康养老体系监管提出新的课题。如何对跨省市非法侵害老年人权益的违法犯罪活动进行有效打击？如何在成渝地区这样人员流动性极大的区域内对老年人群体的权益更好地进行保护？对于这些问题的解决，需要各级卫健委、市场监管部门等建立起一套科学的监管制度。例如，在成都、重庆及周围市县对查处的类似“黑健康培训”机构登记在“黑名单”中，并相互通报，从而防止类似的机构组织在成渝经济圈内“复燃”。

4. 在养老服务产业布局上，形成差异化发展，从而形成互补、高效的跨区域养老服务体系

健康养老产业是一个长的产业链，从居家和社区养老的模式到养老机构、养老器械生产再到老年人健康医疗，成渝两地应该根据各自的优势发展不同的特色养老产业，形成资源互补、产业共建和养老共享。例如，成都以华西医院为代表的医疗体系相对发达，特别是华西医院已经建立了老年医学中心并进行了院区扩建，基于如此丰厚的医疗资源，成都将继续在老年病医疗上进行资金、科

研、人才上的投入，从而建立起辐射周围市县和重庆市的老年病医疗体系。而重庆的医疗器械生产是优势产业，并且聚集了不少高新技术生产企业，应利用现有资源鼓励相关企业投入资源，对老年人辅助器械及软件进行开发，通过科技研发力量对未来大规模的居家养老或社区养老提供智能解决方案。而围绕成都与重庆的其他双城经济圈内的城市，则应该在补足现有医疗条件短板的前提下，依托自己的特色建立相应的养老服务产业基地。目前，因为城市发展，成都与重庆都存在一定的空气污染和交通拥堵问题，并不特别适宜老年人养老居住，而周围的一些县市则拥有更好的自然生态环境，例如，眉山、资阳、广安等市就拥有较大潜力建设养老产业基地。从养老机构招商引资到吸引优质医疗资源进驻，形成围绕成都、重庆两大核心城市布局的养老产业服务基地，进一步缓解核心城市老年人医疗资源及护理资源短缺的问题，也为地方经济就业带来新的增长点。

我国"十四五"规划特别提出了对健康养老服务发展的总体规划与布局。习近平总书记提出，"坚持应对人口老龄化和促进经济社会发展相结合，坚持满足老年人需求和解决人口老龄化问题相结合，努力挖掘人口老龄化给国家发展带来的活力和机遇，努力满足老年人日益增长的物质文化需求，推动老龄事业全面协调可持续发展"。[①] 又恰逢"成渝地区双城经济圈"的建设上升为国家级战略，成渝地区发展迎来重大机遇，在这样的政策利好下，成渝地区应该切实推动"一轴两翼、双核三带"发展布局，通过党政联通、立法机构互通的方式打造西南地区的健康养老法治化产业示范区，并与其他战略区域联合探索建立更大范围的"西部养老服务联盟"，真正使跨区域集约发展发挥出其应有的效果，也为全国带来独特的西南特色养老服务经验，为我国全面进入老龄化社会提供宝贵的实践经验。

四、完善住房保障制度

在经济发展过程当中，住房问题涉及双城的人才吸引以及城市发展问题，

---

① 参见习近平：《推动老龄事业全面协调可持续发展》，载新华网，http://www.xinhuanet.com/politics/2016-05/28/c_1118948763.htm。

而人才的交流和城市发展是成渝地区双城经济圈协同发展的重要内容。住房是所有社会主体所共同关注的一项有关国计民生的大事。对于住房的保障不仅是一项重要的经济工作,而且是一项重要的民生工程。住房问题的主题是关于城市、国家的可持续发展,其中比较难解决的则是如何保障持续的问题。"十三五"规划明确了国家在2016~2020年5年的发展方向,该规划提出的关于城镇化的发展和建设对于拉近城乡距离、优化农民生活质量、提高农民收入有着非常重要的影响。[①] 在中小城市建设、城市公共配套措施不断完善的背景之下,许多中小城市能够吸引更多的"居民"前来生活,它们的住房市场得到了前所未有的发展机遇,但同时也对当地住房保障工作的开展提出了新的挑战。开展住房保障与房地产发展规划,有利于研究在新的房产政策下,适当调整本地住房保障及房地产供应结构,加强对近期城市房地产发展建设的指导和统筹。

"十四五"规划指出,要将常住人口城镇化率提高到65%作为这一个五年的主要目标和主要任务,深入推进以人为核心的新型城镇化战略,加快农业转移人口市民化,常住人口城镇化率提高到65%,发展壮大城市群和都市圈,实施城市更新行动,完善住房市场体系和住房保障体系,提升城镇化发展质量。在"十四五"规划当中,再次强调了要加强对于住房保障的要求。那么接下来,笔者将对川渝两地在"十三五"规划实施期间的情况进行总结,同时也将结合川渝两地特色,讨论在未来的"十四五"规划期间,应当需要在哪些方面进行完善亦或创新。

(一)现状分析

2003年8月,国家提出"加快建立和完善适合我国国情的住房保障制度"。2008年3月28日,国务院印发《关于促进房地产市场持续健康发展的通知》(国发〔2003〕18号)提出:要完善住房供应政策、加强经济适用住房的建设和管理、增加普通商品住房供应、建立和完善廉租住房制度、控制高档商品房建设,改革住房制度,健全市场体系等。这份文件的主旨是坚持住房市场化,坚持以

---

① 参见马千里、吴嘉茗、周奇:《从"十三五"规划看中小城市房地产发展》,载《城市开发》2019年第6期。

需求为导向的基本方向，强调住房要以社会需求为导向，坚持发展住房市场化。这是住房发展的初期，后来随着政策发展，国家开始从“住房市场化”转为“房是用来住而不是用来炒的”，即开始加强对于房地产行业的规制，并对住房保障工作持续加强。国家在实践中采用多种方式来落实住房保障政策，如住房公积金、危房改造、老旧小区改造等，努力实施与当下物质生活条件相适应的保障政策。在“十三五”规划当中，四川省曾在 2020 年 3 月 23 日出台了《2020 年全省住房保障工作要点》，在报告中指出需要加快完善住房保障政策体系、着力构建稳定的住房保障供应体系、夯实住房保障工作基础，即强调对编制住房、公租房、政策性租赁住房和共有产权住房、棚户区改造、城镇老旧小区改造等部分工作做进一步加强。2020 年，重庆市常住人口为 3124 万人。“十三五”时期，重庆市大力推进公租房建设、棚户区改造、老旧小区改造、农村危房改造等保障性安居工程建设，全市住房保障体系不断完善，住房保障能力持续增强。“十三五”时期，重庆市还持续深化住房制度改革，通过加快住房分配货币化建设，为住房保障制度进一步完善提供了有力支撑。由此可见，川渝两地对于住房保障方面的工作重心主要在于棚户区改造、老旧小区改造、农村危房改造等方面，同时两地均强调要进一步完善住房公积金等制度，以保障缴纳公积金的社会公众享有相应的权利。

（二）现有应对措施

1. 危房改造

在危房改造方面，四川省力抓凉山州脱贫攻坚农村危房改造，四川省住建局深入普格县五道箐乡、特尔果乡、螺髻山镇农村危房改造建设现场，了解当地农村危房改造进度，原材料配备以及新建房屋质量等情况。2020 年，四川省完成年度 21.9 万户 4 类重点对象存量危房改造任务，同步完成 188 万户建档立卡贫困户的住房安全保障核验工作。① 农村危房改造方面，重庆市曾连续两年被住房和城乡建设部、财政部列为“农村危房改造积极主动、成效明显的省（区、

---

① 参见《2020 全国住房和城乡建设工作会议各地工作亮点：四川》，载《中国建设报》2020 年 12 月 21 日，第 1 版。

市)”[①]。2021 年 4 月,重庆市印发《关于做好农村低收入群体等重点对象住房安全保障工作的通知》(渝建〔2021〕2 号),明确农村危房改造方式、建设标准。[②]

2. 公租房制度

四川从 2010 年 9 月全面启动公租房建设,采取的创新措施主要有:实物住房配租与货币补偿相结合;非住宅用房可以改建为公租房;依法对公租房保障对象出租廉租房等。截至 2020 年年底,四川全省共筹集公租房 63.9 万套,在保困难家庭 60.7 万户,分配率达 95%。其中,低保、低收入及中等偏下收入家庭 45.2 万户,新就业无房职工 4.9 万户,稳定就业外来务工人员 10.11 万户。在新市民住房保障方面,四川省 2020 年新增保障家庭 4.2 万户,其中“新市民”群众就达到 3.9 万户。此外四川在全国率先开展农民工住房保障行动,四川省提出推进“2 + X”住房保障体系建设。截至 2020 年年底,四省已建立形成以公租房、保障性租赁住房为主体,以棚户区改造、老旧小区改造和共有产权住房为补充的“2 + X”住房保障体系。[③]

重庆从 2010 年 2 月启动实施公租房建设,截至 2020 年年底,全市公租房累计分配 54 万套,140 余万住房困难群众实现“住有所居”。市级投资公租房 21 个项目已全部入住,累计分配 31 万户、90 余万人。[④] 重庆公租房小区及管理机构获得“全国和谐社区”等国家、市级荣誉 236 项。《关于印发〈重庆市城镇住房保障家庭租赁补贴暂行办法〉的通知》(渝建发〔2021〕1 号)规定,租赁补贴面积标准为 1 人户 20 平方米/人、2 人户及以上 15 平方米/人,补贴人数以申请人数为准,每个家庭补贴面积总和不超过 60 平方米。

2020 年,重庆市与四川省各职能部门联合制定《深化川渝住房保障合作工作方案》,明确了川渝住房保障合作的范围、目标和主要推进方向。成渝双方将

---

① 廖雪梅:《重庆住房保障能力持续增强》,载《重庆日报》2020 年 12 月 2 日,第 1 版。

② 参见廖雪梅:《前 10 月重庆农村危房改造完工 4000 多户》,载《重庆日报》2021 年 11 月 11 日,第 1 版。

③ 参见安宁:《夯实“2 + X”住房保障体系　四川这样温暖“住有所居梦”》,载《四川日报》2021 年 5 月 18 日,第 4 版。

④ 参见黎静:《重庆公租房已累计分配 54 万套　140 余万人实现“住有所居”》,载《重庆晨报》2021 年 2 月 25 日,第 1 版;廖雪梅:《重庆住房保障能力持续增强》,载《重庆日报》2020 年 12 月 2 日,第 1 版。

坚持相互协作、优势互补、共建共享原则,加强统一谋划部署、协同推进,在建立常态化联络机制、推进完善住房保障体系、协同解决新市民住房问题、共同推动保障信息公开、①加快推动完善川渝地区住房保障信息共享、共同建立健全保障对象进入退出审核监管机制、推动租住管理等。四川省住房城乡建设厅和重庆市住建委共同发起、搭建了“川渝安居·助梦启航”服务平台,把分散在四川21个市(州)、重庆38个县(区)和相关部门的安居保障政策分类汇总,形成川渝地区覆盖最广、政策最全、方式最多的住房安居保障“一键便捷查”平台。目前通过“川渝安居·助梦启航”服务平台已实现公租房川渝“互保”3.7万户。②

3. 住房公积金制度

2020年5月,四川省住房城乡建设厅党组成员、副厅长樊晟在座谈会上指出,四川省住房公积金处于快速发展时期。2019年,四川省住房公积金新增缴存突破千亿大关,达到1102.84亿元,同比增长11.64%,增长率连续6年保持两位数的增长。截至2019年年末,四川省住房公积金缴存总额由2007年年底的534.6亿元增加到2019年年底的7508.42亿元,增长14倍,资金规模由全国第11位上升到第5位,位居中西部12个省市区之首。提取总额由2007年年底的179.5亿元增加到2019年年底的4339.73亿元,增长24倍。贷款总额由2007年年底的241.5亿元增加到2019年年底的4110.85亿元,增长17倍,累计为1415.64万户职工家庭提供8450.58亿元资金(其中发放购房贷款4110.85亿元,住房消费提取4339.73亿元),有力支持了缴存职工解决住房问题或改善居住条件。2020年9月,四川省住建厅党组书记、厅长张正红指出,四川住房公积金制度从1994年至今已运行26年,特别是近年来,四川省住房公积金事业快速发展,在支持经济发展和保障民生方面发挥了重要作用,累计有245万多户,53%的缴存职工通过贷款、提取解决住房问题或改善住房条件。

重庆市住房城乡建委介绍,住房货币化是现有住房保障体系对保障性安居

---

① 需要有透明度和公开获取公共信息的渠道,这些信息应以全体人民都能理解的方式提供。这包括不断广泛传播有关公共决策的无偏见信息。

② 参见张明海:《川渝公租房一键网上申请 已实现公租房川渝“互保”3.7万户》,载《四川日报》2021年7月20日,第7版。

工程的重要补充，由住房公积金和住房补贴两部分构成。截至 2020 年 11 月底，全市公积金缴存总额 3340.30 亿元，参加职工 368.95 万人；中心城区已实施住房补贴，政策惠及单位 2632 个，职工 19 万名，发放资金 52.66 亿元，人均达到 2.8 万元。[①] 两地签署“深化川渝合作推动成渝地区双城经济圈住房公积金一体化发展合作备忘录和执法司法联动机制合作备忘录”——这标志着川渝两地住房公积金在推动双城经济圈建设和区域经济社会一体化发展等方面迈出实质性的一步。住房公积金虽说是一项由“计划”向“市场”过渡的政策，但该制度自建立到落地实施也产生了不错的效果，不过制度依然存在能够进一步完善的地方，下文中将会详细论述。

4. 老旧小区改造制度

四川省人民政府《关于进一步做好城镇危旧房棚户区及农村危房改造工作的实施意见》（川府发〔2016〕40 号）提出七点要求，即完善规划有序改造、加快推进项目实施、全面提升改造质量、推进棚改货币化安置、推进政府购买棚改服务、落实财税金融支持政策、切实加强组织领导。四川省在 2020 年提前完成棚户区改造 10.48 万套的任务。2020 年 9 月 24 日，四川省《关于全面推进城镇老旧小区改造工作的实施意见》（川办发〔2020〕63 号）印发，建立城镇老旧小区改造“五个一”机制。

在老旧小区改造方面，重庆城镇老旧小区改造 2018 年启动试点。2021 年 8 月 11 日，重庆市《关于全面推进城镇老旧小区改造和社区服务提升工作的实施意见》（渝府办发〔2021〕82 号）提出，2021 年新开工改造城镇老旧小区 831 个、2662 万平方米；到 2022 年，形成更加完善的制度框架、政策体系和工作机制；到 2025 年，基本完成 2000 年年底前建成的需要改造的城镇老旧小区改造提升任务，因地制宜补齐社区建设短板，促进社区服务水平和管理能力显著提升。

（三）唱好“双城记”之住房保障建设

如前所述，住房是所有社会主体所共同关注的一项有关国计民生的大事。对于住房的保障不仅是一项重要的经济工作，而且是一项重要的民生工程。住

① 参见廖雪梅：《重庆住房保障能力持续增强》，载《重庆日报》2020 年 12 月 2 日，第 1 版。

房问题的主题是关于城市、国家的可持续发展，其中，比较难以解决的则是如何持续保障的问题。双城在保障民生、发展经济中也有着很深入的合作，但对于社会民生的保障工作仍需解决一些程序问题，以保障在合作过程中决策程序的正当。同时，需要对双城提出的住房公积金一体化发展合作的具体内容进一步明确，以保障住房公积金的互助共济目的。

首先，在有关住房保障政策的决策方面。实际上，双城关于住房保障的合作主要是通过住房公积金的一体化发展来实施的。这是因为危房改造、老旧小区改造制度、棚户区改造等具有一定的行政区划性，即这些项目只能够由行政主管单位依据政策计划，在其行政区域内实施。而且，上述事项的设计、实施往往依靠行政主管单位的规划以及其上级机关的批准，并不直接与立法相关。在成渝地区双城经济圈建设规划的背景之下，有人提出，可以由双城的省、直辖市一级的住建委牵头，双方选取试点城市、区(县)，在双方均充分了解该地区的危房、老旧小区、棚户区基本情况之后，共同设计、共同决策进行改造。但该途径不免存在效率问题，即虽说共同规划、共同决策可能会产生更加合理的改造方案，但意欲让双方均对对方行政区域内的情况进行了解，仅此一项就需要巨大的时间、财力成本，不免会使改造活动效率低下。笔者认为，可以在原有的单方规划设计当中，增加一项类似于行政法中的“听证”环节，在该环节中由双城的省、直辖市一级的住建委听取、审阅各下级相关部门所提交的改造规划。

其次，对于住房公积金而言，存在更多的需要注意的事项。1999 年《住房公积金管理条例》正式颁布。截至 2019 年年末，四川全省共设 21 个设区城市住房公积金管理中心，3 个独立设置的分中心，全省住房公积金缴存总额 7508.42 亿元。推进住房公积金一体化发展，川渝两地有良好基础。据两省市《住房公积金 2019 年年度报告》数据显示，2019 年，两地住房公积金均保持较高的增长水平，从归集资金增量来看，两省市 2019 年增速均超过 13%；从业务资金余额来看，两省市的归集余额和贷款余额均保持在 1000 亿元以上的规模水平，具备区域合作发展的良好基础。但就住房公积金本身而言存在理论上的争议，即该制度本质上是为了使社会公众有房可住——住房保障，以及符合缴纳住房公积金的大众共同按照公积金标准缴纳，由有购房需求的缴纳人来申请进行使用。

但在实践当中，存在以下问题：住房公积金的互助功能未得到有效体现，互助金延伸服务功能未起到应有的作用。① 住房公积金的缴存单位多局限于公有制单位，住房公积金保障性功能未得到有效体现。② 依据住房和城乡建设部住房公积金监管司所公示的相关数据，住房公积金覆盖率自 2004 年开始至 2017 年一直处在 45% 左右；③其普惠性也存在疑问。对于上述问题，成渝两地正在积极推进改革，出台各项措施。例如，重庆市出台《关于进一步优化住房公积金提取业务办理方式的通知》（渝公积金发〔2021〕30 号）全面推广住房公积金贷款冲还贷和约定提取。重庆市出台《关于印发重庆市灵活就业人员参加住房公积金制度试点管理办法的通知》（渝公积金委发〔2021〕2 号）。2020 年 7 月 22 日，四川省和重庆市签署《协同推进成渝地区双城经济圈"放管服"改革合作协议》。2020 年 4 月 29 日，四川省住房和城乡建设厅住房公积金监管处下发《关于开展川渝毗邻地区城市间住房公积金一体化发展研究工作的通知》（川建金管函〔2020〕18 号），要求泸州、遂宁、内江、广安、达州、资阳 6 个中心切实做好相关工作。2020 年 5 月 5 日，重庆市住房和城乡建设委员会、四川省住房和城乡建设厅联合下发关于印发《深化川渝合作推动成渝地区双城经济圈住房公积金一体化发展工作方案》的通知（渝建〔2020〕31 号）。2020 年 5 月 5 日，重庆市住房和城乡建设委员会、四川省住房和城乡建设厅联合下发关于印发《深化川渝合作推动成渝地区双城经济圈住房公积金一体化发展工作机制》的通知（渝建〔2020〕32 号）。四川省高级人民法院、四川省住房和城乡建设厅印发《关于建立住房公积金协作联动工作机制的指导意见》（川高法发〔2020〕5 号）。

住房保障是涉及国计民生的大事之一，在成渝经济圈一体化发展进程当中，我们应当从决策的程序出发进行完善。在两地区所提出的住房公积金一体化发展中，应当做到：(1) 扩大住房公积金的受惠人范围，解决住房公积金存在的潜在公平问题。(2) 建立和完善合作联系工作机制，研究探讨工作中适时遇

---

① 参见黄燕芬、李怡达：《关于我国住房公积金制度改革顶层设计的探讨》，载《国家行政学院学报》2017 年第 2 期。

② 参见陈友华：《住房公积金制度：问题、出路与思考》，载《山东社会科学》2014 年第 3 期。

③ 参见罗航、邵凌波：《数字普惠金融助力成渝地区双城经济圈住房公积金一体化发展的机制研究》，载《西华大学学报（哲学社会科学版）》2020 年第 6 期。

到的问题,协商解决需要推动的各项工作。(3)建立信息共享、信息协查机制,为成渝区域内人才流动提供便利和信息保障。(4)推进互认互贷工作,贯彻落实住房公积金跨区域转移接续和互认互贷的工作机制。(5)探索资金融通使用。(6)联动治理违规使用公积金问题。① (7)推动成渝地区"智慧公积金"建设的专业化、信息化、智能化。例如,在信息建设方面,在推进成都平原经济区同城化的同时,四川省利用省政府一体化政务服务平台,实现了全省 21 个市(州)24 个公积金中心(含 3 个分中心)信息互联互通、缴存业务互查、贷款业务通办。② 对于成渝地区公积金一体化的设计,对于公积金缴存、结算标准应当进行深入分析,原因在于两地区各城市经济发展水平不同,职工收入和物价不同。对于两地区的发达城市和落后城市而言,企业员工对于公积金的需求有所差异。因此,是否在成渝地区推行统一的公积金缴存和结算标准存在争议。我们认为,在未来住房公积金的成渝区域一体化进程中,应当结合实际情况对上述困境给出回应。

---

① 《重庆市住房公积金个人失信行为管理办法》(渝公积金发〔2020〕58 号),规范了个人失信行为认定、惩戒措施等。

② 参见《四川省住房公积金 2019 年年度报告》。

第八章　成渝地区双城经济圈基层社会治理的创新

一、协商民主与公民自治

（一）协商民主和公民自治理论内涵

“协商民主”（deliberative democracy）最初由约瑟夫·贝塞特（Joseph M. Bessette）在 1980 年的《协商民主：共和党政府的多数原则》（*Deliberative Democracy: The Majority Principle in Republican Government*）一书中提出。随后，约瑟夫·贝塞特（Joseph M. Bessette）在 1994 年的《理性的温和声音》（*The Mild Voice of Reason*）中具体阐述了这一概念。早期对协商民主理论产生影响的两位哲学家是约翰·罗尔斯（John Rawls）和于尔根·哈贝马斯（Jürgen Habermas）。罗尔斯主张用理性来确保公正政治社会的运行体制。在罗尔斯看来，理性限制了自身利益，以此证明政治社会的结构是合理的，这种结构对该社会的所有参与者都是公平的，并确保该社会所有成员的平等权利。这些条件确保了未来公民公平参与的可能性。

从溯源上分析，协商民主是政治理论家使用的一个术语，用于指任何基于共识决策和代议制民主权衡的政治决策体系。它也是一种决策方法，涉及知情的公众，共同批判性地思考，并从多个角度讨论选择。它鼓励扩大视角、观点和理解，这能产生更好的决策。协商民主既是一种程序性的政治理论，也是一种实质性的政治理论。协商民主是一种民主形式，在这种民主形式中，公众协商是决策的核心。它采用了代议制民主和直接民主的要素，与传统民主理论的不同之处在于，协商而非简单的投票。协商民主或协商参与就是让人们（公民、居民、受影响的个人）更接近政府和决策者管理的事务。协商民主强调信息处理和信息交流,并鼓励人们批判性地测试、衡量和处理一系列意见、观点,运用协商方法寻求获得知情、高质量、有意义的结果。协商不是简单的辩论,协商是一个相互理解和相互妥协的过程,在这个过程中,协商主体有条不紊地达成共识,试图建立共同点,即着眼于公共利益或者社会的整体利益,而不是自身利益。在个人和集体公民决策方面,协商民主将重点从决策结果转移到决策程序和过程的质量。

政府应该赋予公民参与集体决策的权利。通过协商民主,就可以获得一种精英集体智慧。协商民主通过让所有种族、阶层、年龄和不同地理位置的人参与直接影响公共决策的协商,增强了公民在治理中的声音。因此,公民通过参与集体决策,影响他们日常生活和未来的政策和资源决策。公共协商会导致更好的政策、更好的公共教育、增加公众信任,并在政策付诸实施时减少冲突。

自治是一种纯粹的决策能力。自治可以分为个人自治、道德自治和政治自治。道德自治,通常可以追溯到康德的哲学理论,是一种深思熟虑并赋予自己道德法则的能力,而不仅仅是听从他人的命令。个人自治是指个人在生活中自行决定并采取行动的能力,通常不考虑任何特定的道德内容。政治自治是一个人的决定在政治环境中受到尊重和注意的特性。事实上,自治的概念往往和自我的本质及其构成的概念相联系。对柏拉图和亚里士多德来说,人类灵魂中最本质的是理性部分,柏拉图和亚里士多德也都把人类的理想与自给自足和不依赖他人联系在一起。① 对亚里士多德来说,自给自足是幸福的一个基本要素,它包括不依赖外部条件来获得幸福。最好的人是一个受理性支配的人,他或她的幸福不依赖他人。随着宗教权威的削弱和政治自由的增加以及对个人理性的强调,自治概念本身在现代继续发展。② 卢梭的道德自由思想,作为对自己的控制,与公民自由和参与立法的能力有关。康德进一步发展了道德自主的思想,认为它对一个人的行为具有权威。进入现代社会,越来越多地追求公民参与治理和提供公共服务,以提高政府的社会治理绩效。

---

① See Benjamin, Benjamin. *The Bonds of Love*: *Psychoanalysis*, *Feminism*, *and the Problem of Domination*, New York: Pantheon Books, 1988, p. 183 – 224.

② See Barvosa-Carter & Edwina, *Mestiza Autonomy as Relational Autonomy*: *Ambivalence and the Social Character of Free Will*, The Journal of Political Philosophy Vol. 15, No. 1 (2007), p. 1 – 21.

(二)深化基层民主治理,构建社区协商民主新形式

社区治理三种力量中的居民委员会,所包含的内容非单一居民委员会自身,而是代表着不同于居民自身和物业公司的政府方面的力量,如党组织、街道办等。党组织和街道办等政府资源要加入小区管理,往往会选择借助居委会的力量。居委会在提升小区社会治理水平时,也要时刻谨记引入党组织和街道办等政府力量的重要性。居民自治委员会也应成为一股强大的社区治理力量,协同攻克社区治理难题,例如,解决或部分解决业主委员会酬劳不足、物业公司执行力不足、居民与业主委员会相互监督缺失等问题。在业主大会举行选举工作时,可以动用公权力对候选人进行全面而细致的排查,尽量保障候选人的资质、品性、能力等各方面都属于中上水平。在业主委员会成员产生后,用政府威望为他们保驾护航,提升居民对他们的信任,提高他们的待遇,使为居民服务的人能劳有所得。尤其是当他们的工作遇到问题,或与居民产生冲突而无法解决时,更要为他们提供必要的支持。

在新时代,在社会基层治理问题上,必须转变思路,动员一切能够动用的力量,这样才能提高基层治理水平,提升社会和谐程度和人民群众的幸福指数。具体而言,就是要引入协商民主(deliberative democracy)的概念来进行社区治理。在西方理论中,协商民主有时也被称为话语民主(discursive democracy),是指任何基于共识决策和代议制民主权衡的政治决策体系。协商民主理论认为,合法决策只能产生于公民的公开协商。协商民主不是将政治决策视为公民偏好的集合,而是主张公民应该通过理性和收集相互竞争的论点和观点来作出政治决策。换言之,公民的偏好应该通过决策前的深思熟虑而不是自利来形成。首先,如上所述,社区治理主体是多元的,进行协商民主是必然选择。民主内部的问题应该是公开的,这也符合社区群众和各种社会治理主体的共同利益。一切都依靠政府,尤其是基层政府,是不现实的,也不利于社区的良好治理。共同利益与多元主体的各自利益并无根本矛盾,恰恰相反,共同利益是多元利益的前提,只有群体利益得到保障了,各主体利益才有可能实现。就基层社区治理而言,对共同利益的追求是基层社区得以高效治理的前提。社区的各项工作,如环境治理、公共基础设施的建设和维护等,都需要社区多元主体的共同参与。

其次,应当清楚认识到,协商民主能够有效解决基层社区治理的固有矛盾。协商民主的基础不是相互冲突的利益之间的竞争,而是支持对公共利益的不同观点的信息和理由的交流。归根结底,公民应该被更好的论据的力量所左右,而不是被其他审议者无法公开辩护的个人担忧、偏见或观点所左右。在过去,基层党委、街道办、居委会、业主委员会、物业公司等各种力量盘根错节,遇到问题时,往往相互推诿,不清楚究竟应当由谁出面解决。而现在,公共资源的供给越来越讲求依法、依规,政府和民众的法治意识、规范意识、人权意识都越来越高,居民愿意表达其诉求并希望得到合理的满足。通过协商民主的方式,能够使基层社区治理的多元主体的积极性被充分地调动起来,追求主动的协商,进行平等和理性的沟通交流,平复冲突,激发创造力,进而提升基层社区的治理水平。最后,协商民主意味着要进一步扩大公众的参与度。协商民主将社会治理问题纳入民主决策领域。协商民主实践的最终目标是增加公民参与、取得更好的结果和建立一个更真实的和谐社会。多数协商民主理论认为,对于公民观点的最大包容产生最合法、最合理的政治结果。长期以来,很多人短视严重,哪里的社会资源多,就注重参与哪里的公共治理、寻求提升话语权。但在自己的家门口,业主大会等公众参与的形式却往往缺席,即便参与了,内容也相当有限,经常流于形式,基本无法对社区的基层治理起到应有的作用。这与协商民主的精神是不相符合的,因为协商民主注重平等参与、理性参与、广度参与和深度参与。要鼓励引导业主多多参与社区治理,要给业主提供真正发声的渠道,让他们发表意见的主题和内容得到进一步拓宽。①

1. 三方联动,创新社区组织管理机制

"三方联动"创新社区治理是协商民主和公民自治的典型体现。三方联动是指由居民委员会、物业公司和业主委员会三方共同管理小区事务,各有关部门和相关社会组织共同参与的"党建引领、三方联动、多方参与、共建共治共享"的社区服务新格局。三方联动是社区管理机制的创新,其文化渊源于六国连

---

① 参见北京市习近平新时代中国特色社会主义思想研究中心、丁云:《发挥协商民主独特优势　推进城市基层社会治理》,载《光明日报》2018 年 11 月 28 日,第 6 版。

横，其核心内容是三位一体、三方联动、共同行动。

物业管理问题与无数的家庭息息相关。由于社区住户和小区物业缺少交流，带来信息不对称的问题，且物业公司和小区住户之间总是围绕服务和管理产生纠纷。这事关每一个社区居民，是影响社会治理的一个不可忽视的难点。[①]如何使这三种力量和谐共存、协调配合，从而有效解决社区居民生活中的难点和痛点，是当前城市社区治理需要关注的重点。

（1）基于道德风险考量，业主委员会或者院委会要履行对物业公司的监督义务。社区是基层社会治理不可或缺的一个方面。政府、街道办事处、居民委员会、业主委员会、物业管理公司等都有各自的治理权责。目前，虽然不少居民还存在物业管理是物业公司的事情之误解，但物业管理是全体业主的共同事务，这是一个不争的事实。作为由业主大会共同选举产生的业主委员会，在日常管理中，应代表全体业主承担业主责任。但市场中仍存在道德风险。什么是道德风险？道德风险是指一方当事人未本着诚信原则签订合同或提供有关其资产、负债或信用能力的误导性信息的风险。此外，道德风险还可能意味着一方当事人有动机在合同达成之前冒不寻常的风险，拼命地试图赚取利润。道德风险可以在双方达成协议的任何时候出现。合同中的每一方都有机会从违反本协议规定的原则的行为中获益。任何时候，协议中的一方不必承担风险的潜在后果，道德风险的可能性就会增加（Will kenton，2020）。由于物业公司和业主的利益并非完全重合，对物业公司进行监管是必要的。就某些小区无法有效成立业主委员会的情况，成都高新区锦羊社区在社区内建立党支部，并联合热心群众建立了院委会，但不同于业委会，院委会属于自治组织，根据其组成享有相应自治权利。院委会在民政备案，作为居委会的下设组织，可以推动院委会党支部成员或者书记兼任业委会主任，推动党组织和自治组织融合。

（2）居委会应履行对业主委员会工作的指导义务。尽管《物业管理条例》已经出台，但业主委员会的工作内容在具体的实践过程中如何细化？如何有效

---

① 参见李梦雅：《红色物业：党建引领社区治理的创新实践研究》，华东师范大学 2020 年硕士学位论文。

实施？仍需要进一步探索。从我国城市小区的现状看，高楼林立，小区人口密度大，每个人、每家每户的教育背景、生活背景和工作环境不同，小区居民的想法也千差万别，想要作出符合所有人心意的完美决策，几乎不可能或成本极高。小区居民也没有时间、精力和意识去监督业主委员会的各种工作，这样给业主委员会制造了寻租空间，小区居民的权益很难得到有效保障。为了有效克服上述矛盾，居委会应当对业主委员会的工作进行必要的指导，以帮助其正确履职，维护业主和物业公司的共同利益，促进社区治理水平的提高。

(3)对物业公司工作的协助义务。从实践角度分析，物业管理服务工作是一个综合性的工作，物业公司在提供物业管理服务过程中，也需要业主(业主委员会)、社区和街道提供帮助，积极配合物业公司开展正常的物业管理服务工作。众所周知，物业管理区域一向是基层社会矛盾的高发区。在这之前，说到物业管理一定是物业公司承担主要责任，其他机构充其量是辅助作用。这种认识不利于社区治理工作的开展，从创新社区治理的战略角度来分析，社区居委会、业主委员会和物业管理公司之间应当互动联系，他们之间密切配合，社区将更加和谐，社会治理将更加完善。

2. 三社联动，提升社区组织服务能力

党的十八届三中全会提出，创新社会治理，提高社会治理水平，改进社会治理方式，坚持系统治理，加强党委领导，发挥政府主导作用，鼓励和支持社会各方面参与，实现政府治理和社会自我调节、居民自治良性互动。[①]

三社联动，是指以社区为工作平台、以社会组织为载体、以社工为工作骨干，以满足社区居民的需求为工作导向，通过社会组织引入外部资源和社会力量，通过社工提供优质专业化的服务，把居民矛盾化解在社区的新型社会治理模式、社会服务供给方式和全新社会动员机制。三社联动的主旨在于通过社区建设、社会组织培育和社会工作现代化体制，形成资源共享、优势互补、相互促进的良好社会治理工作新局面，这有利于形成政府、社会和大众之间互联、互动、互补的社会治理新格局。

---

① 参见《中共中央关于全面深化改革若干重大问题的决定》。

在这一方面，成都高新区的做法值得推荐。成都高新区天全社区是一个典型的产业社区，社区内驻有富士康、华为等企业的产业园区，社区内居民以青年工人为主体，伴有少量的社区居民。社区内人口相比其他居民社区不算多，仅有四万余人，但是由于工人集体居住，导致社区内人口密集程度高，居民之间摩擦增多；同时社区以年轻人为主要居民，居民内部矛盾较多，治理难度较大。社区内设置了三级治理结构，由社区党委成员担任院落长，物业人员担任楼栋长，社区居民（通常是产业园区工人）担任楼层长。治理目标和治理任务由社区发布后层层细分，压实到楼层长。社区开展精细化网格治理，并配备有网格员。网格员多由楼栋长、楼层长兼任。成都高新天全社区治理特色：一是社区治理目标转变，之前产业社区以维稳为主要工作目标，现在开始重视居民的生活幸福感，社区治理更加关注居民需求。二是在党建下服务企业和员工，充分发挥党组织的凝聚力，在党组织领导下开展社区工作。三是社区精细化服务，每日24小时都有在岗值班人员，居民与工作人员电话联系，企业的有关情况也及时通报社区，有需求也会及时与社区沟通。

成渝地区在创新社会治理过程中，应当进一步丰富三社联动的工作内涵，健全互动工作机制，实现社区治理的善治目标。为此，应当构建社区公共信息平台，使社区不断增加服务群众的方式，积极利用社区现有的各种资源，与时俱进，不断创新。例如，可以建立社区公共服务点、服务网络或微信客服，无论是线上，还是线下，总能为社区居民提供温馨、便捷、实时的服务，随时听取社区居民意见，随时真诚改进，有效解决社区的各种问题。成都邛崃市临邛街道建立了社会工作服务站，以“社工 + 志愿者”的方式为社区居民提供各种服务。临邛街道社工站在2021年已初步形成了自己特色的“1 + 11 + N”服务模式：通过1个社工服务站运营，开展11大服务行动，依托N项管理制度保障、N个村（社区）社工室规范运营、N支服务队伍助力、N类社会资源支持、N种服务方式达成，探索并完善特色服务体系建设。[①] 对于社区工作者业务能力的培养，可以开

① 参见《走近社工站（室）·街道社工站统筹困难群众精准服务·让社区更有温度》，载成都市社会组织和社工网2021年12月3日，https://www.cdnpo.com/web/article/info/1466608144808546304。

展集中培训和案例指导，定期召集社区工作者学习其他先进社区的工作经验，听取他们提出的日常工作中解决不了的问题和社区工作带来的困惑。值得注意的是，成都市专门建立了社工学习平台，通过登录该平台，社会工作者可以进行自身的业务能力的培训，学习的内容主要有《社会工作综合能力》和《社会工作实务》等。此外，在学习平台学习相关业务知识后，成都市还组织了社工员评定考试，只有通过该考试才能上岗成为社工。

在社会治理改革创新过程中，要始终牢记"服务第一"的理念，引导社区工作者摒弃传统官本位工作观念，理解"服务第一"的工作理念，增强他们的服务意识，发挥管理服务协调作用，规范社区社会组织行为，提供定期培训以及工作督导，提升社区社会组织的服务能力。可以充分利用志愿者服务信息系统，提高社区社会组织开展志愿服务工作的规范化、制度化和信息化水平。①

党的十八届三中全会提出，"激发社会组织活力"。可以预期，在"三社联动"的逐步引导下，社会志愿服务组织将充分发挥社区社会组织的应有作用，引导社区社会组织发扬邻里互助、互帮的优秀传统，积极开展各种互助互帮活动，提高社区居民的自助服务能力。在文化培育方面，丰富群众文化互动，提高居民的文化生活质量。例如，在成都高新区天全社区法治工作站配有舞蹈室、健身房、SEED 教室和"童悦坊"亲子空间，为社区居民提供休闲、娱乐、学习和互动的场所。工作站内最大的一个房间被作为"JUMP IN 悦动青春"活动中心，配置有带灯光、音响和背景展示板的舞台，并有大量的桌椅，可以作为社区联谊的活动中心，也可以作为社区居民日常的讨论交流和活动中心。

同时，社区社会组织毕竟来自群众，与社区居民有着天然的密切关系，要利用好这一特定优势，开展互助互帮服务活动。引导社区社会组织在基层党组织领导下，有序参与基层群众自治，培养民主协商意识，提高参与协商的工作能力，通过协商解决关系居民切身利益的各类实际问题。

---

① 参见陈斌：《协同治理视角下"三社联动"机制的建构与完善》，载《湖北行政学院学报》2020 年第 3 期。

二、机构改革与多方参与

(一)建立风险社会治理的应对机构

随着成渝两地人民对美好生活需求的日益增长,为推动两地合作共赢,加快西部地区经济社会发展,市域联动的社会治理模式是构建社会治理共同体的必由之路。而要加快推进社会治理的一体化和现代化,就必须着力完善社会治理的风险应对能力,即必须提升对于各种风险的预测预警以及应对能力。习近平总书记指出:"我们既要有防范风险的先手,也要有应对和化解风险挑战的高招;既要打好防范和抵御风险的有准备之战,也要打好化险为夷、转危为机的战略主动战。"① 其中,政府的风险应对能力也体现着对新型社会风险的应对水平。同时,也体现了社会治理观念从治理为主到与风险预防相结合的关键性转变。只有切实提升政府风险社会治理的应对能力,才能实现社会治理能力的一体化和现代化。

1. 风险社会治理内涵

风险社会是由两位社会学家乌尔里希·贝克(Ulrich Beck)和安东尼·吉登斯(Anthony Giddens)提出的,是风险社会理论中最广泛、最有争议的理论之一。它是一种宏大的社会理论,涉及从现代工业社会向以技术危害为特征的新时代的过渡(Jamie Baxter,2020)。在日常社会中,风险常常是指危险、遭受损失、伤害或者其他不利的可能性。乌尔里希·贝克在其著作《世界风险社会》中指出:"风险是预测和控制人类活动的未来结果……是一种拓殖未来(制度层面)的企图,一种可认知的图谱。"②在乌尔里希·贝克看来,风险不单是指在未来可能会发生的伤害,风险本身具有自反性,也是指人类对风险的意识和认知。③

在乌尔里希·贝克看来,大家都面临风险,因为我们都生活在风险之中。

---

① 习近平:《以时不我待、只争朝夕的精神投入工作　开创新时代中国特色社会主义事业新局面》,载《人民日报》2018年1月6日,第1版。

② [德]乌尔里希·贝克:《世界风险社会》,吴英姿、孙淑敏译,南京大学出版社2004年版,第93~113页;徐双俊:《廉政风险防控机制构建范式及理论基点》,载《廉政文化研究》2013年第6期。

③ 参见楚德江:《风险社会的治理困境与政府选择》,载《华中科技大学学报(社会科学版)》2010年第4期。

从风险的范围及其程度来看,其具有破坏性、危险性、普遍性、全球性、整体性的特点。随着时代的发展,风险传播的速度也正在加快。风险可能随时随地出现,其产生的破坏可能是特定领域的,抑或是全局性、整体性的。某个特定行业、特定范围的风险也可能发展为全局性的。当前,中国特色社会主义社会治理面临着风险与挑战。近年来,由各种不同风险所导致的危机越来越多,对地方政府的社会治理能力与水平提出了严峻的考验。

2. 应对路径

随着城镇化、工业化程度的不断推进,我们面临的风险越来越多。在社会治理中,公共危机治理的关键结点在于预防风险向危机转变。从历史变迁和现代国际经验角度分析,随着科学信息技术的不断发展,风险是系统交织的,是呈网络化的。社会治理领域中存在的风险类型也是多样的,如经济风险、文化风险、环境风险、安全风险等。这些社会风险也有着交互性强、传播性广和网络化趋势明显的特征,对于社会发展过程中可能出现的重大风险,需要用全局化、网络化和交互的影响方法来观察和分析。① 风险既充满了挑战,也是在转型中谋求发展的一大机遇,要将挑战转化为机遇,就需要构建完备的风险管理机制,提高应对风险的能力。

(1)建立风险应对的协调机构。应对风险的基础性工作就是对风险进行预防,第一步是对各类风险的来源进行摸排。此时,应当确定应对风险社会治理的主体机构,明确其主体职责和工作流程。政府承担着管理社会风险的基本职责,而根据不同的风险类别,由行政机关不同部门分别承担不同的主体责任。例如,对自然灾害负有监管职责的地质局、气象局;对事故灾难负有监管责任的安全生产监督局、质量技术监督局;对公共卫生事件负有监管职责的卫健委、食药监局;对社会安全负有监管职责的公安局、国家安全局等。② 鉴于风险来源的多样性与复杂性,行政机关内部的单一部门可能无法及时有效应对风险,此时,

① 参见国务院发展研究中心"经济转型期的风险防范与应对"课题组、李伟、王一鸣等:《打好防范化解重大风险攻坚战:思路与对策》,载《管理世界》2018 年第 1 期。

② 参见杨方能:《我国特大城市社会风险预防机制之法制优化》,载《贵州民族大学学报(哲学社会科学版)》2019 年第 2 期。

应当建立一个综合性的协调机构来承担主体责任，协调各部门之间的风险应对工作。这样的跨部门的风险应对机构，能有效部署各部门的工作，将各部门离散的优势统一起来，建立更加灵活的应对机制。这也能提升行政机关的效率以及节约执法所需的成本。

(2)实现风险管理的常态化。处于新形势下，有必要通过统一立法，建立起一套统一的风险管理机制，加强对风险防控的管理力度。建立和完善常态化的应急管理体制和机制。应急法与常态法之间有很多的区别，但他们之间最明显的区别是：当社会经济秩序在相对平稳正常的发展时，一般可以实施常态法，但当经济社会处于一种不正常的状态时，或者是当法治受到严重威胁和干扰时，就要适用应急法。[①] 立法应当规定应对机构的职责，协调各部门风险管理运行程序，将我国的风险管理体系正式纳入法律的管理。常态下的风险社会治理应当将风险预测分析作为基础性工作，排查各类风险演变为公共危机的可能性，制定切实可行的风险应急预案。风险社会治理不能只依赖突击式的管理，应当将风险预防监测纳入日常监管之中。只有如此，才能提升风险预警与快速应对突发危机的综合能力。因此，这就需要打造风险防控的智慧治理平台，运用云计算、物联网以及大数据技术的数据收集、存储和分析能力，建立跨层级、跨部门、跨区域信息管理的服务平台，打破"资源壁垒"，实现数据互联，形成一体化、信息化的风险防控指挥调配机制，实现风险防控资源配置的最优。[②] 推动风险管理的常态化，可以从风险产生的源头进行快速的反应，灵活应对以及科学管控，从而有效提升应急风险管理能力。

(二)规范社会组织的发展与运行

社会是一个复杂的整体。社会治理的内容十分广泛，其涉及社会保障、公共安全、食品卫生、经济运行、教育、医疗、民生等诸多领域。我国社会治理的特点是，治理主体是以政府为主导，党委、政府、社会组织和公众等多主体来共同参与的社会治理结构。"社会协同、公众参与"是社会治理所必需的。在以往，

---

① 参见金磊：《中国城市综合减灾管理常态化的机制完善》，载《上海城市管理》2011 年第 2 期。

② 参见陈成文：《论市域社会治理的风险防控能力》，载《社会科学家》2020 年第 8 期。

参与社会治理的主体单一，只有行政机关参与，而如今，参与社会治理的主体正在不断扩大。行政机关开始与各类社会组织一起解决社会治理问题，不断拓宽参与主体范围，使各类社会主体都能参与到社会治理之中，借助社会力量，加强政府与社会组织的互动。

1. 培育和壮大社会组织力量

在不断延伸参与社会治理主体的范围的实践中，必须要以吸收和壮大社会组织的力量为重点。我国社会组织的发展是受政府推动的，主要表现为政府与社会组织之间的关系是管理与被管理的关系，而政府之于社会组织往往是限制多，而支持少。政府是行政资源的掌控者，而社会组织自身获得资源的能力有限，缺乏自主性。社会组织对行政机关有很强的依赖性，在社会治理的体系中处于弱势的地位。

社会治理是多元的，参与社会治理的各方主体，在社会治理中扮演着不同的角色，其发挥的作用也大相径庭。政府应培育和发展社会组织。行政机关应当合理地将公共服务的部分职能转移到社会组织手中。社会组织也应充分发挥其主观能动性，积极作为，以便更好履行其公共服务职责。随着党和国家的政策拓展，原有行政机关负责全部公共服务的社会治理思想已经改变。更多的社会主体参与到社会治理之中，且发挥了积极的作用。社会组织蓬勃发展，不仅表现为社会组织数量的持续增长，也表现在对社会组织的管理更加制度化、科学化。同时，政府向社会组织采购服务也日趋普遍，在社会治理中的分工也愈加精细，公共服务的市场化工作正有序开展。

2. 提供政策支持

就广义上而言，政策是系列规范性文件的统称。社会组织的发展与壮大离不开政策支持。《中共中央关于全面推进依法治国若干重大问题的决定》对社会组织的立法工作提出了要求，即“加强社会组织立法”，要求积极发挥社会组织在立法协商、普法和守法、推进法治社会建设等方面的作用。① 此外，在多部

---

① 参见杨丽、赵小平、游斐：《社会组织参与社会治理：理论、问题与政策选择》，载《北京师范大学学报（社会科学版）》2015 年第 6 期。

法律中也确立了社会组织在社会治理中的职责。例如,2014 年修订的《环境保护法》第 58 条就对环境公益诉讼制度进行了规定,该条赋予了社会组织在环境保护公益诉讼中的诉讼主体资格。①

加大对社会组织培育的支持力度,完善政府向社会组织采购服务的法律依据。目前,此方面还面临诸多问题。在购买机制方面,其规范性要求不高,相互之间的合作存在较大的随意性,政府与社会组织之间的权责划分不明晰,购买成本难以把控,容易导致权力寻租。根据现行的《政府采购法》,行政机关采购的服务范围也仅仅局限于行政机关本身运行的后期服务保障类,而要社会组织发挥的公共服务职能并未包含其中,使其尚无法律可依。此外,应当使行政机关与社会组织分工合作,相互协调配合,形成行政机关与各种社会组织之间科学、完善的合作体系。可以通过发布政府权责清单、社会组织公共服务指南或其他社会组织指导目录的方式让行政机关和社会组织真正做到合理分工。应当合理下放行政机关的行政权力,有序剥离政府部分公共服务的职能,加强社会组织在社会治理中的参与作用,使行政机构和社会组织之间建立互动的协作关系,而不是将社会组织视为被管理的对象,促进行政管理与社会组织的分离,推动社会组织改革。同时,引入一种竞争机制,将社会组织的公共服务能力量化评估,做到有序准入与退场。应当积极建立科学的制度化工作机制,区分管理,让社会组织承担更多的公共服务职能,增加政府机构从社会组织购买公共服务的比例,理顺政府管理与公共服务机构之间的关系,建立分工负责、各司其职的社会治理新格局。②

3. 完善监管

近年来,得益于我国政府在社会组织登记管理体制方面的改革,社会组织发展迅猛。同时,政府对社会组织的采购服务也日益增多。一些地方政府也在积极探索创新社会组织的管理体制,如广东省在 2012 年就将社会组织的业务主管单位改为业务指导单位。越来越多的省份也在试行社会组织直接向民政

---

① 参见周珂、于鲁平:《论加强环境司法体制的理论构建》,载《法律适用》2014 年第 9 期。

② 参见范如国:《复杂网络结构范型下的社会治理协同创新》,载《中国社会科学》2014 年第 4 期。

部门登记,下放其管理权限。但也应当认识到,从我国社会治理的实践需求而言,我国社会组织建设还是相对落后的。就调整社会组织的法律制度而言,还没有关于社会组织的单独立法。对于社会组织规制多见于行政法规或者部门规章。而部门规章的效力层次较低,体系繁杂,缺乏科学性,对社会组织的也是以程序性的规定为主,对于社会组织实体性内容的规定较少,与社会组织现实发展之间存在诸多矛盾。就社会组织的登记管理而言,虽然各地纷纷降低社会组织的登记门槛,但其缺乏相配套的监管措施,并且行政机关对其进行的监管也大多流于简单的行政登记,而没有对其职能业务的指导和管理的相关规定。缺乏相应的法律法规也一定程度上限制了社会组织的发展。同时,对于社会组织在市场中的运行而言,也有必要完善社会组织的整体监督制度体系,建立完善的政府监督、社会监督的法律规范,明确监督主体、监督职责,实施网络化管理,与基层组织加强联系,以便于采取监管行动,以督促社会组织进行正向行为,提升社会治理的监督效果。①

(三)转变政府职能、优化其社会治理中的职责

在成渝地区双城经济圈建设过程中,要提升成渝地区政府的社会治理水平,必须由管理理念向治理理念转型,而这一理念转变的关键是政府职能的转变。当前,我国处于中国特色社会主义进入新时代的历史大环境下,要想在国家治理现代化这个目标上取得实质性的突破,就要深化国家机构的转型和改革。当前,在社会深度转型和市场经济深化改革的背景下,政府职能转变具有相当的重要性,这不仅会影响政府、市场和社会三方的治理、变革进度,还会影响政府、市场、社会三者之间的相互配合与协同。转变政府职能是进一步提升政府治理能力的必经之路,是推进市场在一定范围内自我治理的需要,是充分发挥社会自身能动性的需要,是进一步深化改革的需要,是实现国家治理体系和治理能力现代化的需要。在建设成渝地区双城经济圈的过程中,要清晰社会治理的宗旨,从指导思想、行为主体、行为方式、行为内容、行为方法和行为效果等多方面,推进政府职能转变,进而有效提升双城经济圈政府服务经济社会发

---

① 参见胡杰成:《社会组织参与社会治理:进展、问题与对策》,载《中国经贸导刊》2014 年第 28 期。

展的能力，为“双城记”的健康迅速发展提供有力保障。①

1. 理念转变——由“权力本位”向“人民本位”转变

封建主义思想无论对国家还是民众都产生了根深蒂固的影响，在中国社会经济发展进程中，“权力本位”理念一定程度上占据着支配地位。政府在推进经济社会发展过程中，存在追求“权力本位”而忽视“人民本位”，追求“物本位”而忽视“人本位”的不良现象。就某种程度而言，这种发展模式和理念在短时间内对维持社会稳定和加速社会经济发展具有重大助力，但随着改革开放进程的推进，这一理念与习近平总书记提出的“以人民为中心”“发展为了人民”的理念显得格格不入。具体而言，在成渝地区双城经济圈社会治理进程中，转变政府职能，首要的是转变政府工作理念，坚持一切以“人民为中心”，削弱“权力本位”“物本位”思想，强化“人本位”“民本位”指标。在服务型政府建设中，政府不再是奉行权力本位，凌驾于人民之上的、封闭性的、服务于自身利益的官僚性机构，而是服务于人民的政府。权力本位转变为“以人民为中心”，尤其是着重提高公共产品与公共服务的质量，从而满足人民群众多样性和个性化的需求。以“人民为中心”，不断完善地方政府的权力结构，使政府机关的权力出自人民又用于人民，不断填补“权力”与“人民”之间的沟壑，化解两者之间的矛盾和冲突。②

2. 推进治理主体的多元化，协同合作，汇集优势

与传统型政府相比，现代型政府的主体地位发生了巨大变化。作为国家各项事务的管理者，传统型政府具有绝对主体地位，其对社会事务的管理采取的是行政命令模式，体现出管控型政府特点。而就现代社会治理而言，现代型政府起的作用是主导或者协作的作用，其原因在于：现代社会治理所面临的公共服务是复杂而多样的，全能型政府已经不适应社会治理的客观需要，而同时社会主体的自我管理能力正在逐渐提升。二者的结合就是政府需要逐渐将一些社会事务转移给社会组织，充分利用它们的优势，为成渝地区双城经济圈经济

---

① 参见刘涛：《治理变革视域下转变政府职能的基本路径》，载《前沿》2020 年第 6 期。

② 参见刘涛：《治理变革视域下转变政府职能的基本路径》，载《前沿》2020 年第 6 期。

社会发展做贡献。换言之,要打造现代型政府,单依靠政府的力量是不够的,还需要汇聚多种社会主体的力量,进而对社会各项事务进行调整。因此,在建设成渝地区双城经济圈的过程中,地方政府要将公共事务进行合理分类,哪些适合政府管理,哪些不该管或没能力管理,针对政府没有办法妥善管理的事务,将其分配出去,交由社会中的其他主体来处理,实现多个主体彼此合作协调,共同承担的共治局面。需要注意的是,在与政府合作的过程中,社会组织既要保持其自身的独立性,还要在社会公共服务与决策中享有一定的发言权与决策权,并承担相应的责任。①

3. 推进法治建设,培养法治思维与增加法治实现方式

邓小平强调:"制度问题更带有根本性、全局性、稳定性和长期性。"②正如弗里德里希·哈耶克(Friedrich Hayek)在《自由宪法》(*The Constitution of Liberty*)中指出的那样,法治不是自由社会的全部必要条件,而是自由社会的必要先决条件。在这里,自由社会本质上是法治社会。1992 年,世界银行正式将法治视为成功经济发展的先决条件,并将其与"有效利用资源和生产性投资"联系起来。③ 为适应双城经济圈建设的需要,必须用法治思维取代人治思维,不断推进社会主义法治建设。就国家层面而言,法治是现代国家建设的根本。建设法治成渝,必须坚持依法治理。就成渝地区双城经济圈建设的政府职能转变上,首先,要不断完善成渝地区相关法律法规和规章制度,建构与治理现代化相适应的现代法律规范制度。其次,要坚持依法执政、依法履职。政府的行为必须在法律授权范畴下运行。确保政府权力行使符合我国宪法、法律的相关规定,对权力行使必须做到有"法"可循。最后,建立和健全各类监督机制,实现国家监督、社会监督和人民监督的高度配合。就某种程度而言,社会、人民监督对法治型政府建设具有更好的推动作用。④

---

① 参见刘涛:《治理变革视域下转变政府职能的基本路径》,载《前沿》2020 年第 6 期。

② 尹广泰:《邓小平视野中的制度建设:立足国情面向现代化》,载《中国青年报》2014 年 8 月 18 日,第 2 版。

③ See Eric Li, *China and the Rule of Law*, American Affairs Volume III, Number 3 (Fall 2019): p. 133 – 154.

④ 参见刘涛:《治理变革视域下转变政府职能的基本路径》,载《前沿》2020 年第 6 期。

4. 树立政府系统谋划中的新发展理念

党的十八届五中全会提出创新、协调、绿色、开放、共享的发展理念。随着中国的持续发展，开放程度会越来越大，这是必然的趋势。就本质而言，开放并非权宜之计，而是建立社会主义现代化强国的必经途径。在建设成渝地区双城经济圈的过程中，也要注意以新发展理念为指引，树立开放发展的理念。

开放是对当今世界融合发展的响应，是对我国发展道路的新方向的探寻，是我国建设成渝地区双城经济圈必不可少的基础和条件。这就要求成渝各级政府在推进双城经济圈建设时，必须以新的发展理念为引领，在横向上要做到思想、战略、规划、动力以及格局上的开放，并进行深入的探索与推进。同时，要求各级政府扮演好“人民公仆”的角色，推动服务型政府的构建，切实从制度上优化，全面深化“放管服”。例如，邛崃市以工程建设项目审批改革为突破口，深度打造优质高效营商环境。邛崃市选择关注度最高、难度最大的工程建设项目审批作为突破口，聚焦审批过程中阶段不确定、过程不精简、服务不到位等问题，以法治方式砍事项、减要件、压时限、并环节，实现审批全流程确定性 100%、审批时间压缩 70%、审批要件压减 49%，立项用地到竣工验收压缩到 50 个工作日内，被媒体评价为实现了审批确定性全国最高、审批速度全国最快、服务模式全国最优。邛崃市工程建设项目审批标准化成功入选第七批国家标准委社会管理和公共服务综合标准化试点项目。邛崃市的创新改革获评 2020 年成都市国际化营商环境建设区(市)县十佳创新案例。邛崃市探索“分类式”放权。根据政务大厅服务半径，在距离主城区较远的天府新区新能源新材料产业功能区设立审批服务分中心，全面下放工程建设项目审批服务事项，实现“办事不出功能区”。对距离主城区较近、在服务半径内的成都绿色食品产业功能区和天府现代种业园，由行政审批部门、园区管委会共同组建政务事务服务官团队，全程提供代办帮办业务，避免人力资源浪费。

树立新发展理念，是对经济全球化大背景最好的应答，也为成渝地区建立法治型政府和服务型政府奠定思想基础。在“双城记”的谱写过程中，成渝地区地方政府应参考国际经贸规则，完善相关的法律和制度，最大限度保障竞争公平和市场经济效率，使行政手段的干预程度降到最低。政府只有真正做到“法无授权不可为”，才能保障企业在经济活动中的“法无禁止即可为”，从而保护市场经济主体的营商公平性。在市场经济活动中，则需要加大法律手段的应用程度，法律、规则具有权威、不以人的意志为转移、预期性强等特征，用其来对政府进行限制，约束其自由裁量权，防止权力之滥用，再合适不过。①

三、共治、自治、共建与共享之间的关系与平衡

（一）引入“互联网＋”模式，提升基层社会治理的“四化水平”

党的十九大报告指出，应当将社会治理的重心向下转移。也就是说，基层治理将会成为新的治理重心。这符合党的十八大提出的以人为本的发展理念，响应了党的十八大攻克基层治理难题的号召。基层治理的好坏直接关系人民的切身利益，只有解决了基层治理的困难，才能使人民过上更幸福的生活，才能推进全面小康的发展进程。就我国基层治理而言，仍存在许多问题：一是基层社会治理的针对性不强。我国已经实现了全国贫困县“摘帽”的目标，但一些“摘帽”成功的贫困县仍然在物质文化水平的发展方面落后于经济发达地区，教育水平和医疗水平建设仍有待加强，住房保障和养老保障仍需完善。我国区域发展不平衡、城乡发展存在差距、产业发展不和谐等诸多情况的客观存在，直接导致无法满足人民群众日益增长的对美好生活的物质需求。二是基层社会治理的时效性不强。大数据时代的到来，一些地区的基层治理还在采取传统落后的人工服务模式，基层工作的巨大工作量与有限的人力资源不相匹配，使基层治理的工作效率被群众诟病。面对群众多元化的需求，面对更加复杂的社会公共矛盾，应当将传统的治理模式转化为一种更加高效的治理模式，这样才能更好地顺应时代发展，提升治理的时效性。三是基层社会治理的群众参与性不强。基层社会治理的事务与群众的生活息息相关，除了需要基层管理人员的参与，更多需要群众自身的积极参与。党的十九大报告提到的共建、共治、共享的社会治理新格局对提升群众参与社会治理的深度和广度具有重要意义。我们需要推广更加便利的途径使广大人民参与基层事务，只有人民参与社会治理，

---

① 参见刘戒骄：《竞争中性的理论脉络与实践逻辑》，载《中国工业经济》2019 年第 6 期。

积极维护自身权益,监督政府言行,政府所有的决策才能以人为本,体现民意。四是基层社会的治理模式单一。基层社区人口流动频繁,人员素质参差不齐,公共服务设施滞后,环境污染严重等问题是社区治理的重点和难点。随着基层社区类型的多样化,单一的治理模式和管理制度难以应付社区管理中出现的问题,应该采取与实际结合,灵活变通的治理方法,遵循为人民服务的根本宗旨,因地制宜制定本地的社区治理模式,适应社区的发展变化。五是社会治理的体制"行政化"严重。社会治理自治能力薄弱,政府干预严重。在基层社会治理过程中,政府和基层的界限模糊,影响群众自治的积极性。基层自治能力有待加强,基层管理人员的素质有待提高。

针对上述提到的针对性不强、时效性不强、群众参与不足、管理模式单一、治理体制行政化严重的问题,急需探索出新的基层治理模式,攻克基层治理中存在的困难,为人民群众解决难题。随着大数据时代的到来,我国一些城市基层治理率先引入了"互联网 +"的模式,智能化使人们的衣食住行都离不开网络,医疗和教育都从原先单一的线下模式转换成了线上线下相结合的模式。为了顺应时代的发展,基层治理也采取了线上线下相结合的模式,实现更加高效更加惠民利民的服务目标。不同地区因地制宜构建了社区专属的网络平台,将互联网技术渗透教育、养老等各个领域。搭建专属的手机应用软件,让基层社区和街镇的群众能够直接参与社区的管理,应做到如下几点。首先,建立信息公开公布的板块。在该板块,政府动态和政府决策应及时公布,基层管理人员信息在人事板块公开可查询,政府信箱和政府热线公开且应当限时处理。其次,建立公众反映问题的板块。居民们可以将自己发现的问题,例如一些公共设备安全隐患或一些突发事件等情况上传,其他居民也能看到并积极反映,这样,政府工作人员就可以及时处理老百姓身边切实的困难,之后再由居民对事件解决的满意程度进行评价。再次,设立市民互动的板块。该板块可以为群众参与政府公共活动,如提出立法、决策建议等;政府密切联系群众、调查群众对政府工作的满意度等提供方便快捷的途径。最后,设立便民服务板块。该板块除具有群众监督的功能之外,就是为居民提供服务。可以在这个板块内构建网上办事的便民服务栏目。通过应用软件的线上平台。让人们足不出户就可以办理一些日常事务，另外，应当重点关怀社区里的弱势人群，为他们提供申请志愿者关照的栏目，方便其寻求帮助。

为了满足人们多样化的需求，将互联网技术引入基层治理，能够使基层治理变得高效，实现基层治理的智能化。因为基层治理的智能化，社区家家户户都可以通过手机参与社区治理事务，大大降低了居民参与政治生活、行使政治权利的门槛，提升了基层治理的社会化水平。在进行基层治理的同时，可以通过线上和线下两种途径开展普法活动，提升民众的法治观念，形成人人懂法，人人守法，坚守法律底线的社会格局，进而提高基层治理的法治化水平，推进社会主义法治化进程。随着治理模式的转变，基层需要引进更多类型的专业化人才，采取专业领域专人治理的方法，用科学的态度打造高度专业的社会治理队伍，增强社会治理的专业化水平。

（二）整合基层政府的职能、机构、资源和行动，提升主导能力

1978 年改革开放后，我国经济便进入了高速发展时期，人民的物质生活水平也得到了极大提高。但政治体制改革却没有跟上经济体制改革的步伐，在一定程度上阻碍了经济的发展。

基层政府的改革是发展社会主义市场经济的必然要求。马克思曾经指出经济基础决定上层建筑，即经济决定政治，且受政治影响。我国是人民民主专政的社会主义国家，我国国家机构由人大产生，受人大监督，对人民负责，是人民意志的体现。我国现阶段处于并将长期处于社会主义初级阶段，仍应当以经济建设为中心，大力发展经济。我国政府应当从市场的干预者转变为经济发展的服务者。为了服务市场经济改革，推动社会主义市场经济发展建设，基层政府必须进行改革。首先，基层政府改革能够最大限度的提高行政效率。将一些职能有重合的部门进行合并，缩减机构人员，建立新的有针对性的市场监管部门，有利于提升政府机构从业人员的专业程度，建立术业有专攻的专业化队伍。其次，基层政府经过简政放权，有利于大大减少行政管理成本，也使改革后的政府更加方便地为市场经济发展服务，是对中央建设服务型政府号召的响应。社会主义市场经济的发展迫切需要基层政府实施机构改革，基层政府落实机构改革后能进一步推动社会主义经济的发展。

基层政府的改革是推进社会主义政治文明的基本途径。我国政治制度改革进程中的重要内容就是基层政府的改革。党的十六大报告中提出不断深化行政体制改革,加快政府职能转变,改变政府管理模式,推动电子政务普及化,缩减行政成本,提高政务效率。社会主义政治文明的发展,离不开基层政府机构改革,原因有:一是基层政府改革使得政府决策更加科学和民主。基层政府在进行大部制改革后,政府在决策时更能放眼全局,作出更加科学的判断。二是基层政府改革更有利于民主监督的落实。在改革前,政府各部门职能十分模糊,各部门之间互相推诿现象严重,民众办理行政事务十分困难,即使想要行使自身的监督权,维护自身合法权利,也不知道维权途径。长此以往,政府难在百姓心中树立威信。政府机构的改革使部门之间职能明晰,政务的处理变得高效便捷,百姓也能够清楚地知道监督政府、维护权利的途径。三是基层政府改革是为了实现人民当家做主。政府的宗旨是为人民服务,那么基层政府的改革也是为了能够更好地为人民服务,使人民能够充分享有当家做主的各项权利。

基层政府的改革是构建社会主义服务型政府关键环节。党的十六届三中全会提出,政府应当由全能型政府转变为服务型政府。构建服务型政府要求政府一切工作以为人民服务为中心。基层政府的改革精简了政府机构,降低了行政成本,简化了行政程序,提高了行政效率,使人民办事更加便捷高效,提升了为人民服务的水平。

整合基层政府机构是基层政府改革的起步。通过前文可知,现阶段基层政府的机构设置还存在一些问题。各机构之间职能交叉甚至重复,而在特定领域的行政问题却无人管理。这样的机构设置导致在具体行政事务中要么行政流程纷繁复杂、费时费力,要么发生问题时各部门互相推诿,老百姓维权之路艰辛,极大损害了政府的威信。对此,应综合考虑各部门之间的关系,进行科学有效的改革,使各部门之间协调统一,相互配合,实现各部门各司其职,管理精确化,杜绝政出多门现象的发生。行政机构的改革要从两方面入手:一方面,裁撤那些职能相同或交叉以及并没有实质职能的部门。另一方面,将裁撤后的部门根据职能重新归类合并,将原先分属于几个部门的权力合并到一个大的部门统一管理,精简行政流程,由其统一指挥管理,使内部之间统一协调,实现资源的合理配置。行政机构的改革也是政府资源的重新配置，人力、物力、财力各个资源合理配置，才能最大限度地实现政府职能。优化的组织结构才能更好地服务于社会公共事务，合并产生的大部门拥有合并前各个部门的权力，进一步将权力整合之后，应明确规定各部门管理的事务及其责任。大部制改革后，原来的各个部门由大的部门统一领导，负责一项或几项具体的事务，杜绝政府部门之间职能越位、错位、缺位现象的发生，这有利于基层政府各个部门良性运转。

整合基层政府行动是基层政府改革的基础。基层政府进行机构整合就是为了能够使各个下属部门在大部门的统一领导下有条不紊地行动，而不是各自为战、混乱无序。行动的一致性是部门良好运行的基础，只有各个部门之间目的相同、相互配合，才能构建科学高效的行政机构。

整合基层政府的职能是基层政府改革的关键。政府行政机构改革的目的就是最大限度地发挥政府职能。政府职能是政府设立的意义和依据，是政府开展行政工作的目的。第一步就是精简机构，形成科学合理、协调统一、职责明晰的部门运行机制。第二步应当建立与经济发展相适应的，与社会主义市场经济相配套的行政管理体制，实现从干预经济发展到服务经济发展的角色转变，为经济的良性发展创建环境。一方面，基层政府可以通过降低市场准入门槛，降低市场运作成本，通过宏观管理市场来创造良好的发展环境；另一方面，可以着力于市场主体的培养和发展，整合一些专业的经济管理部门，将他们改制为企业，参与市场的竞争。只有所有参与市场竞争的企业拥有公平公开的竞争环境，市场才能够欣欣向荣。公平公正的竞争环境离不开政府的监督管理，政企分开是绝对应当坚守的底线。无论是机关抑或是机关领导，都不能为一己私欲破坏竞争规则。第三步应当将职能的重心转移到社会管理和公共服务。衣食住行、就业、医疗、养老、教育每个问题都是老百姓的头等大事。政府职能重心应从只重视行政管理转到为社会发展规划蓝图，制定科学政策，发挥政府良性引导作用，关注就业、改善公共医疗、解决教育困难和社会老龄化问题上来。

整合基层政府资源是基层政府改革的重点。政府在进行公共服务时，如何投入资源，如何配置资源都是由政府单方面决定。因此，基层政府往往会将资源倾斜给上级重视发展的领域，无法真正体现民意。政府资源的配置没有从民众的实际需求出发，地区之间资源配置不均衡，部门之间碎片化，难以合力发挥其整体效用。应当整合基层政府的资源，例如，信息资源、医疗资源、教育资源、人力资源、就业资源等，大力发展基层公共服务设施的建设；落实基层教育人才的引进，解决教育资源不均衡，就近上学难的问题；开展就业培训，鼓励创新创业，提供积极的创业环境。此外，政府也应当不断丰富自身资源，因地制宜利用本地资源招商引资，提升地方资源聚集量，此外，还可以通过和其他政府共享资源，从而达成互利共赢的合作。

（三）整合基层党建，提升社会协同参与的合力

"问渠哪得清如许？为有源头活水来"。各级基层党组织是党在社会基层的一个可靠的根据点和联络站。从群众中来，再到群众中去是我们党坚持的重要的群众工作路线，基层党组织与广大基层群众具有天然的联系，与人民群众具有天然的亲和力，可以把党的各项路线方针政策更好落实到基层，也更能在工作实践中了解人民群众的诉求。而基层社会治理的各项工作离不开基层党建工作，基层党建工作的好坏，在一定程度上影响着基层社会治理工作的成效。就成渝区域社会协同治理工作而言，只有整合成渝区域内的基层党建，激发基层党建活力，提升基层党员综合能力，才能为提升社会协同参与的合力提供有力的工作保障、人才保障和组织保障，才能尽显"此日中流自在行"。

坚持强化基层党建功能，扩宽基层党建内容，推动建设服务型党组织。各党支部要做好党组织建设，加强党组织的领导，管理监督好党员，还要集中力量打造一批可看、可听，能学习、能复制的社区和企业基层服务型党建示范点，以点带面，整体稳步推进文明城镇基层服务型党组织的创建工作。结合基层党建工作安排，深入社区走访，密切联系群众，继续强化党支部联系和服务群众的功能，切实把党建工作、推动社会和谐发展、促进经济建设快速发展、解决群众关心的热点难点问题、融洽党群干群关系结合起来，厘清发展思路，促进基层社会长远发展和基层治理水平的整体同步提升。基层党建工作也要引导群众积极参与，带动群众学法、知法、尊法、守法。层层落实基层党建工作，提升基层党组织的战斗力，让基层党组织和党员干部为经济建设发展、社会平稳运行、完善社会治理贡献力量。解决部分基层党组织涣散、工作流于形式、脱离群众的问题，

完善基层党建监督,对基层党建工作作出定期的考察和评比,积极探索开展党建工作的新形式、新路径,定期对基层党建工作人员进行党建、法律知识等的培训,提高基层党建工作人员的综合能力,从而提升党建工作的效率和质量,并且要强化对基层党组织的监督和管理,定期对基层党建工作进行考核巡查,形成完善的制度监督体系。督促党建各项工作的分工落实,深入群众,把基层党建工作落实到位。强化基层党建的工作队伍建设,通过一定程度的考察和选拔,吸收利于开展党建工作的相关优秀人才,让其加入基层党建工作队伍,提升党建工作队伍的整体素质。

深入了解社会实际问题和人民群众实际需求,适应经济社会发展的需要,聆听人民群众的实际呼声,切实解决基层社会发展的实际问题。积极追求创新和改革,不仅要对党的最新理论知识及时学习,即学习党的基础理论知识和适应新时代的先进理论,还要不断提高自己发现问题、为群众办实事的能力和水平。基层党组织要根据社会经济的发展和基层公众的实际需求,与时俱进,及时更新党建工作的基本内容。坚持没有调查就没有发言权的工作理念,通过实地走访、调研等各种灵活的形式,了解基层公众面临的问题和需求,以此为基础做好党建工作。基层党建工作不能仅仅流于形式,而没有解决实际问题,没有为人民服务。积极提升党建工作人员的综合素质和能力,同时提高思想政治素质和综合实践能力,推进党建工作质量的提升。在实践中充分认识社区基层党组织的实际面貌,积极发挥社区基层党组织的"以点带面"作用,扎根社区群众,认真做好社区基层党建工作,评定基层社区优秀党支部、优秀党员,做好积极示范引领,充分借鉴基层社区优秀党支部发展经验,层层推动党建工作质的提升。①

顺应互联网时代潮流,充分利用互联网,整理党建工作思路,通过线上和线下结合,实现创新驱动党建工作提质升级,坚持以创新开辟党建工作建设新局面。充分利用互联网开展党建工作,积极做好党的理论知识和精神的网络宣传工作,通过网络平台积极传播党的基本理论、知识,宣传中国共产党党员的感人

---

① 参见刘志财:《新时代基层党建工作的新思路》,载《人民论坛》2018 年第 17 期。

事迹和优秀党支部的发展轨迹，大力弘扬新时代精神。探索建设党建服务“云平台”、公众号、小程序、线上网站，利用党建服务的公众号等党建工作新模式，大力宣传基层党建工作，加强与社会公众的联系，进一步聆听社会公众的声音，利用线上新形式为社会公众服务，提高党建工作的质量和效率，也可以通过媒体和社会公众对党建工作进行监督，对党建工作提出切实可靠的建议，为党建工作激发活力。

基层党群服务中心积极探索新形式，进行空间资源共享改革，党群服务中心在工作时间之外也可以对社区居民免费进行开放，让社区与居民联系更加紧密的同时，也增强了社区服务的公益功能，提高了社区空间资源的利用率，增加居民的公共休闲娱乐学习空间。另外，平时设置更多公益性的学习课程，促进社区与居民、居民与居民的良好互动。通过以上形式，让社区居民更加了解社区，增强社区居民对社区的归属感，对社区工作的认同感。应在门口的宣传栏定期开展政策宣传活动，公示社区各项基本信息，使社区居民及时了解各项政策，也让社区居民了解社区的工作动态，将基层党建工作落到实处，这也是发挥基层党组织作用的有效途径。

重视党建、培养党性，加强党建工作者的思想道德建设。进一步强化基层党组织建设的内容，严明党组织纪律。基层党建工作项目丰富、内容繁杂、影响广泛，只有党建工作者的思想建设到位，才能以正确态度对待自己的工作，才能激活基层党组织活力，让基层党组织得到社会公众的支持和信任。①

（四）整合基层社会需求、社会工作者、社会组织、社会资源，增强社会协同治理主体能力

引入多元社会治理主体思想观念。社会治理过程中的主体越发呈现出多元参与的特征，对于此种情况，需要有效协调多主体和谐有序地融入社会事务共治体系，厘清社会多元主体治理现状，逐步实现社会治理主体多元化，增强社会协同治理主体能力，积极探索社会治理的新实践。实现参与社会治理的主体

---

① 参见刘志财：《新时代基层党建工作的新思路》，载《人民论坛》2018 年第 17 期。

由一元逐渐向多元转变，形成新的社会协同治理格局。[①] 在社会转型过程中，原有的社会治理模式的弊端逐渐显现，政府无法触及社会生活的方方面面，也很难实现信息的完全把控，政府无法逾越自身障碍成为人民的全能政府，这就需要政府加快转变传统的社会治理模式，形成多元主体协同治理的新社会治理格局，在这种新格局下，政府与市场、政府与社会组织、公共机构与私人机构之间能够协同共进，社会资源也能得到更加高效的利用。以深入了解基层社会需求为前提，采取多种方式对社会实际情况进行走访、调研，了解社会基层实际情况，通过实地调研考察和走访基层社区工作者和社会公众，了解当前社会所需的公共产品、公共服务和当前社会治理面临的主要问题，让便捷化社会公共服务协调配套，让城市发展更加持续，让社会治理更加现代化，实现社会资源的共建和共享。将公共服务、综合治理、营商环境三大板块对接联系，通过不断优化办事创业和营商环境，最大限度让企业和群众少跑路，推进审批服务便民化，为企业减负，为社会公众创造便利条件。由政府主导、其他社会治理主体协同，共同创立人才服务工作站、创业服务中心等公共服务平台，逐渐减少社会治理过程中遗留的盲区。推动建立社会治理公共服务负面清单，提升社会营商环境和基层服务便利化水平，明确提出公共服务事项范围，其中应当包括卫生健康、就业创业、社会保险、户政与出入境、住房保障、社会救助、拥军优抚、尊老助残、法律服务等各类事项，让城乡居民真正成为社会治理的受益者。[②]

加强社会公众参与，减少群众参与的难度和成本。社会公众是社会参与的主体，要不断增加社会公众反映意见的渠道和形式，畅通其参与社会治理的渠道，加强各类形式的社会沟通、协调，保障社会公众的公共事务话语权。政策制定实施前要充分征求社会公众意见，使决策过程更加民主化、科学化。更好地了解社会公众的生活需求和工作需求等各项需求，开展有针对性的需求调查，并根据得出的需求报告，不断丰富完善基层的生活性、保障性配套服务。

实现基层社会需求与社会资源、社会工作者与社会公众的良性互动，改变

---

① 参见侯保龙、乔耀章：《试论中国社会治理体制改革的基本特色》，载《探索》2014 年第 5 期。

② 参见文斌：《党建引领为基层治理“蓄能充电”》，载《中国城市报》2021 年 3 月 22 日，第 B02 版。

传统单一而陈旧社会治理模式，进一步提升社会综合治理水平，为社会经济发展、人民生活水平提高提供有力保障。大胆探索市场资源和社会资源的深度链接，系统搭建社区居民参与社区公共事务的良好平台，进一步深入建设社会基层服务综合体，打造一系列社会公共服务资源空间，提升社会公众的幸福感。但是，以上这些解决安全和基本生活需求远远不够，还要充分发挥社会组织作用，通过开展可持续性的社会公益性活动，吸纳爱心志愿者，通过走访调查，指定帮扶关注社区基层弱势群体，以意见箱、社会公告栏等各种形式，引导社会居民参与基层社会发展治理。

在多元主体参与社区发展治理的方面，社区需要形成一套自己的特色发展经验。以往社区的服务对象主要为社区的老年人群体，在很大程度上忽略了作为上班群体的中青年居民、社区商业群体以及社区租住户居民。对此，应当创新社区治理发展思路，有针对性地进行改革，比如，在社区治理中，平衡社区中商家和社区居民之间的利益冲突，加强社区对中青年居民群体和可能存在的商家群体的互动联系，关注中青年居民群体和可能存在的商家群体的潜在诉求和利益保护等，努力解决传统社会治理所遗漏的各种问题。从实践效果上分析，引入适当的社区商业（含文化事业）、社区零售对社区治理是一种创新，也是一次发展的机遇。在治理社区的过程中，社区应当着力培养自己的核心工作队伍，避免社区工作人员的频繁流失，立足社区自身可以高效率利用的资源，立足社区治理的长远利益，增强自己的可持续发展能力。首先，发展立足于社区本身的专职工作者。社区专职工作者基层任务重，工作量大，应对持证社工进行不同等级的工资补贴，鼓励专职社工提升自己的社会工作专业素质。要不断培养根植于社区的常态工作人员，增强社区工作队伍的新兴力量，也要让这些专职社工不同程度地亲身参与到社区的建设项目中来，积累社区工作经验，得到锻炼的同时，也能为社区治理做出实际贡献。同时，也要为专职社区人员提供升职空间，如打破传统的人事管理制度，优秀的社区工作人员可以在招考入编问题上享受特别的政策扶持；在工作生活待遇方面，也应当有相应的待遇和保障措施。其次，发挥社区的自治组织队伍与志愿者队伍的作用。通过居民委员会、业主委员会、院委会、院落党支部、党员等实际发挥作用，化解居民纠纷、调解物业纠纷、行使表决权参与选举投票等。规范和引导相关社会组织正确开展活动,由基层社区的专职工作者领头,带领相关社会组织、社会公益志愿者队伍和群众骨干队伍,共同工作,协同基层社区治理,实现社区的共建、共治、共享新格局。①

对于相关社会组织,现实中存在一个问题,即公益性的社会组织依靠政府扶持和补贴,没有参与市场竞争,不能增加可持续发展能力。对此,应当引导相关社会组织逐步进行针对性的改革,逐渐把自己的运作模式转变成符合市场规律的现代化运营模式,变成积极的市场竞争关系,实现优胜劣汰,而不是单单依靠政府扶持和补贴生存。因为遵循市场竞争和商业模式才会带来成长,才能脱离政府的扶持,拥有可持续发展能力,否则应该被社会所淘汰。从目前的实际效果来看,相比于市场上的商业竞争主体,社会组织参与社会治理的效果不尽如人意。对于社会组织来说,其专业性和专业壁垒排在其后,实际解决社区问题的能力排在首位。同时,政府对社会组织的扶持,对于通过商业竞争参与社区治理的主体来说是不公平的,是对市场规则的破坏。应赋予社会组织一种平等的工作环境,减少各类“特殊人群”的参与,追求“公平”,平衡各方主体的利益,规范化参与社区治理。同时,也要给社区更多的操作空间,去改善社区治理的实效。引进第三方力量参与社会协同治理,逐步形成政府、市场资源和社会力量共同参与协作的多元主体治理格局。

社工队伍薪资待遇偏低,职业发展前景不佳,社会认同感偏低,社区工作人员进入公务员队伍难,缺乏绿色通道,除社区的大学生志愿者下基层在报考公务员时有一定的优惠政策和特殊通道外,目前其他的社区工作人员没有进入公务员队伍的通道。一方面要加强社区人才队伍建设,提高社会工作者整体素质和工作能力,引进社工方面的高素质人才,结合本土具有社会工资经验的社会工作者,建造更加专业化、职业化、高素质的社会工作管理与服务队伍,多渠道对社工人员进行职业能力培训,加强监督考核,形成规范统一的监督考核标准,

---

① 参见蒲新微、衡元元:《还权、赋能、归位:群众制度化参与社区治理之路》,载《南京社会科学》2021 年第 2 期。

对社会工作成效进行定期考核评估;另一方面制定合理标准,提升社会工作者待遇,明确职业发展前景,避免优秀社会工作人才流失。对于基层社会治理,面对的工作综合多样,小且细,多而杂,总会遇到各种各样复杂的实际问题,社区作为协调基层社会问题最接地气的“兜底”,也作为政府管理工作和群众生活相衔接最合适的协调纽带,社会基层工作还是会落实到街道和社区去处理和协调,社会治理要重视社区治理,让这些问题及时得到解决。

四、成渝地区双城经济圈深入推进平安成渝建设

(一)创新社会矛盾的多元纠纷解决模式,提升法治便捷化

多元化纠纷解决机制是指可以满足社会成员多种需求的程序体系和调整系统。它将社会中多样纠纷解决方法以特定功能相互协调。包括诉讼机制及非诉讼机制。[①] 习近平总书记在中央政法工作会议上指出,要“坚持把非诉讼纠纷解决机制挺在前面”。当前,我国多元化纠纷解决机制发展水平取得了一定的成绩,但仍需要继续深化改革。这不仅是社会治理格局的重要内容,更是实现国家治理体系和治理能力现代化的重要举措。[②] 笔者认为,多元纠纷解决的目标是更好地解决社会矛盾,满足人民日益增长的司法需求,提升法治便捷化,从而提高预防与化解重大风险的能力。

社会矛盾的多元化纠纷解决有其必要性及现实基础。近年来,有数据显示,法院诉讼成为化解纠纷的主要途径,这直接导致了纠纷解决方式的不平衡,成为社会治理的突出问题。[③] 就其现实基础而言,笔者认为,总体上,多元纠纷解决机制仍以法院为主体,可以由法院为多元纠纷解决提供平台及必要的支持与引导。当前,人民法院已进行了一些有益的探索,拥有深化多元纠纷解决机制改革的现实基础。法院应当探索纠纷前移机制,积极与其他纠纷调解

---

① 参见范愉:《“当判则判”与“调判结合”——基于实务和操作层面的分析》,载《法制与社会发展》2011 年第 6 期。

② 参见朱旭光:《五力并举推动一站式多元纠纷解决》,载《人民法院报》2019 年 8 月 19 日,第 2 版。

③ 参见四川省成都市中级人民法院课题组、郭彦:《内外共治:成都法院推进“诉源治理”的新路径》,载《法律适用》2019 年第 19 期。

主体建立无缝衔接关系，联动解决社会纠纷和矛盾，使纠纷化解机制不断多元化。[①]

笔者认为，为促使相关改革在提质增效的基础上能够得到顺利推行，有必要遵循几项根本性原则：一是以非讼纠纷解决机制领衔，诉讼是化解矛盾纠纷的重要手段，但绝非唯一手段，也绝非唯一依靠。以非讼手段解决纠纷是坚持把法治与德治相结合，推动实现良法善治的重要方式。二是要充分发挥法院的作用，法院应利用好丰富的审判资源，建立"一站式"诉讼服务中心，以促进诉源治理。[②] 三是要加强外部介入，构建司法行政机关、各个街道和社区的纠纷调处中心。以法院为主体不等于让法院表演"独角戏"，多元纠纷解决的重点是"多元"，既是途径的多元化，也是参与主体的多元化，社会治理过程中，要根据产生纠纷的地点、原因和单位构建起多元纠纷化解机制，在纵向上建立起多元纠纷化解网络。充分发挥各类社会成员参与纠纷调解的作用。

基于上述原则，应当探索社会矛盾的多元纠纷解决模式，以期提升法治的便捷化。笔者认为，应当建立更加智能化的社会矛盾多元纠纷解决模式。大数据、人工智能技术的发展为人民法院工作方式方法创新提供了科技基础。大数据、人工智能等新技术日新月异，"一站式"多元纠纷解决通过现代技术逐步由构想走向现实。要充分评估分析司法大数据，对潜在的社会风险矛盾进行科学预警，提前防控化解重大社会风险。[③]

此外，创新社会矛盾的多元解决纠纷模式，还应当立足于成渝地区司法实践的实际。从成都的视角来看，2014 年至 2018 年，成都法院受案数量从 15.7 万件上升到 39.5 万件。[④] 2020 年成都市法院共受理案件 438,040 件。[⑤] 从实践分析，成都法院推动多元纠纷解决机制的改革路径主要有：一是依托党委政府，形成多元治理大格局。二是积极应对基层治理，将纠纷化解在基层。三是

① 参见俞锦峰：《三种方式推动一站式多元纠纷解决》，载《人民法院报》2019 年 8 月 26 日，第 2 版。

② 参见朱旭光：《五力并举推动一站式多元纠纷解决》，载《人民法院报》2019 年 8 月 19 日，第 2 版。

③ 参见俞锦峰：《三种方式推动一站式多元纠纷解决》，载《人民法院报》2019 年 8 月 26 日，第 2 版。

④ 参见四川省成都市中级人民法院课题组、郭彦：《内外共治：成都法院推进"诉源治理"的新路径》，载《法律适用》2019 年第 19 期。

⑤ 参见成都市第十七届人民代表大会第五次会议上成都中院院长所作的《工作报告》。

由点到面,突破重点,将纠纷化解于诉前。四是创新信息化应用,将纠纷化解于线上。广泛应用微法院、在线调解等“非接触式”诉讼服务平台。五是形成衍生案件治理架构体系,将纠纷化解于诉中。结合成都法院的改革实践,笔者认为,应当建立高度智能化的社会矛盾多元纠纷解决机制。以崇州法院为例,该院借助大数据、人工智能等多种高新技术将多种原本分散的职能,通过数据的传输、共享与分析统合在一起,极大地提高了诉前纠纷解决的效率与质量。此外,该院还设立了家事纠纷调解室、乡贤调解室等机构,且辅之以心理咨询等配套服务,极大地提高了调解的规范化与实效性,将多种纠纷解决模式统合为一体,实现了“一站式”多元纠纷解决,提升了法治便捷化。因此,社会矛盾的多元纠纷解决模式应当广泛采用高新技术,用科技力量助力纠纷解决,以期更好满足人民群众的司法需求,助力法治化进程。

(二)加强平安成渝的智能化建设、构建社会治理新格局

2021 年 1 月 4 日,四川省政府办公厅和重庆市政府办公厅共同印发《成渝地区双城经济圈便捷生活行动方案》,将针对户口、交通、医疗、社会保障、教育和住房六方面展开便捷化服务。其坚持以习近平新时代中国特色社会主义思想为指导,全面贯彻党中央、国务院关于推动成渝地区双城经济圈建设的战略部署,深入落实中共重庆市委五届八次、九次全会和中共四川省委十一届七次全会、八次全会精神,坚持以人民为中心的发展思想,坚持新发展理念,树立牢固的“川渝一盘棋”以及一体化发展的思维和理念,打造区域协作国家级标杆,在供给侧结构性改革中着力深化社会公共服务,协调好两地公共服务政策,使“1 + 1 > 2”,提升两地群众的生活水平与便捷化程度,促进人口流动和生产要素自由流动的高效率,打造高品质的、宜居的生活用地,从而增强人民群众的安全感和幸福指数。建立川渝两地标准统一、相互配合的公共服务政策与体系,从而提升高质量资源的总量、优化效能,开拓便民事项,精确供给与需求的对接,便利与优化人民群众获得的服务。①

---

① 参见《成都市国民经济和社会发展第十四个五年规划和二〇三五年远景目标纲要》;吴景双:《成渝新格局点亮“第四极”》,载《中国发展观察》2021 年第 2 期。

1. 加大交通基础设施支持力度

成渝区域在交通区位上具有相当的优势，尽管在此之前成渝交通建设已经取得了骄人的成绩，但随着《成渝地区双城经济圈建设规划纲要》的出台，为让成渝区域得到更好发展，交通基础设施建设必将得到进一步的加强。就区域定位上而言，让成渝区域成为西部综合交通集散地，必须开展如下工作：(1)铁路交通建设方面，应当扩展线路，将线路目标延伸到全部县级城市。在高铁建设上，应当主力打造以成都市和重庆市为中心的高铁连接点，且触角延伸到成渝区域的所有地级城市。积极筹划建设成都、重庆直达南亚国家的国际货运铁路和客运铁路，规划直达高铁项目。(2)公路交通建设方面。以成德绵广为北轴线，成渝为中轴线，成自泸宜为南轴线，对高速公路进行改造升级，扩宽路基，增加通行力，提高运行速度。多举措探索实践成渝主干道的免费通行，促进生产要素的有序流动，减少人财物流动成本。(3)在水路交通方面，着力推进乐山港、南充港、宜宾港、泸州港和重庆港的基础扩容建设，清理航道，提升水运能力。积极加强成渝区域交通基础设施网建设将提升成渝区域对外开放的能力。①

2. 共建共享高速信息网络

中国电信四川公司与中国电信重庆公司已开展共同协作——加快5G网络建设的进度，加快信息基础设施建设的更新换代，提供更加高速共享的信息网络——为推动成渝地区双城经济圈建设，更好打造内陆开放战略高地添砖加瓦。相关数据显示，截至2021年3月23日，川渝地区共建成5G基站3.45万个。此外，为了建成西部领先的“川渝陕”大型数据中心，中国电信四川公司、重庆公司已合力建成一张ROADM光网络，可提供100G以上速率×96波的传输能力。四川公司打造出“云锦天府”的大数据品牌，其结合云计算和5G等发展优势，开展战略大数据中心布局，将拥有超过25万机架的服务能力；重庆公司云计算基地可运营超过20万台服务器，两地大数据中心既能相互之间高速接

---

① 参见王成栋、付真卿：《为何如此聚焦？具体提了什么？》，载《四川日报》2021年3月8日，第5版。

入传输网络,也具备很高程度的安全性和较大的容量,为促进平安成渝的智能化建设,激活川渝地区数字经济发展打下牢固的基础。①

3. 加快推进成渝生态环境大数据建设

成渝区域地处长江上游,长江流域的生态环境保障是成渝两地进行社会治理的重要内容。而生态环境保障的基础是建设成渝区域生态环境大数据基础设施,运用数据模型等多样分析方法,充分借助大数据的分析优势,找准生态环境保护的重点和关键点,科学布局产业。利用大数据进行生态环境保护监测,以"三区三线"和"三线一单"为生态环境管控依据,建立完善数据传递机制系统,靶向出台各种生态环境保护措施。②

(三)创新应急机制与强化应急管理,提高风险社会治理能力

什么是应急管理呢?有学者认为,为了降低突发事件对社会造成损害,管理主体对突发事件产生的原因、发生过程及其负面影响按照科学的标准对其进行分析,充分利用各种资源,对突发事件进行有效的预防、应对和恢复。③ 也有观点认为,应急管理是对突发公共事件的预防、应对、处置及善后过程。事实上,我国应急体系的建设已初步发展,并在实践磨炼中不断走向完善。我国政府已开始有计划、有步骤地全面、主动展开了应急管理体系建设。④ 相关建设主要分为体制、机制与法制三方面:一是体制方面,按照《国家突发公共事件总体应急预案》的相关规定,我国应急管理体制的建设以"统一领导,分级负责"为基本原则,即"在党中央、国务院的统一领导下,建立健全以分类管理、分级负责、条块结合、属地管理为主的应急管理体制"。要在统一指挥布局下,实行行政首长负责制,进一步发挥专业应急机构的指挥能力。⑤ 二是在机制层面,党的十六

---

① 参见黄光红:《川渝地区主要城区和重点区域实现5G网络全覆盖》,载《重庆日报》2021年3月30日,第6版。

② 参见张伟:《加快推进成渝生态环境大数据建设》,载《重庆日报》2020年5月29日,第10版。

③ 参见何志程:《高校突发事件应急管理存在的问题及对策研究》,东北师范大学2012年硕士学位论文;丁小青:《地方高校突发事件应急管理机制研究》,湘潭大学2020年硕士学位论文。

④ 参见田华:《我国应急管理体系的建设历程与完善思路》,载《云南行政学院学报》2017年第5期。

⑤ 参见田华:《我国应急管理体系的建设历程与完善思路》,载《云南行政学院学报》2017年第5期。

届四中全会提出要建立健全社会预警体系，提高保障公共安全和处置突发公共事件的能力。在此之后，我国逐渐建立起了风险摸排评估机制、预警与预估机制、信息发布与舆论引导机制、分级响应与负责机制、应急处突救助机制、社会力量动员与协调机制、应急资源保障与分配机制、灾后重建与善后机制、调查问责机制等涵盖了突发公共事件全过程的应急处突机制体系。[①] 三是法制方面，2007 年 11 月 1 日起正式生效的《突发事件应对法》，标志着我国应急管理工作的法治化。其出台意义重大，首次为各类突发公共事件提供应对依据。弥补了我国应急管理相关法律规章的空白，完善了我国应急管理制度，是我国应急管理事业融入国家法治建设的一大重要成就。此后，我国围绕该法陆续出台了数十部相关的法律法规及行政规章，我国应急管理领域的法治体系趋于完善。

随着实践经验的积累，我国的应急管理体系得到了不断的深化，亦在实践中得到进一步的验证与锻炼。就我国应急管理工作的无序和随性状态，建立了“一案三制”为核心的应急管理体系。近年来，我国应急机制与应急管理理论及政策层面有了新的发展，党的十八大报告强调建立健全源头治理、动态监控、应急处置相结合的社会管理机制，党的十八届三中全会提出推进国家治理体系和治理能力现代化，党的十八届四中全会提出推进公共安全法治化，构建国家安全法律制度体系。[②] 当前，应积极推进应急管理高质量发展，以高质量应急管理工作推进应急管理事业再上新台阶，服务经济社会高质量发展。[③]

笔者认为，就应急机制的创新而言，应当进一步推广智能化，将大数据及人工智能等高新技术应用于应急机制之中。国务院机构调整之后，我国设立了应急管理部，使应急管理工作迈上了新的台阶。而作为自然灾害多发地的成渝地区，在应急机制的创新上，应当投入更多的资源，建立起应急联动机制，组建直属于应急管理部统辖的独立而统一的应急管理机构，利用大数据技术统一监测风险、统一调配资源、统一决策部署以提高应对风险的能力。就强化应急管理

---

① 参见田华：《我国应急管理体系的建设历程与完善思路》，载《云南行政学院学报》2017 年第 5 期。

② 参见田华：《我国应急管理体系的建设历程与完善思路》，载《云南行政学院学报》2017 年第 5 期。

③ 参见《中国应急管理》编辑部：《推进应急管理高质量发展》，载《中国应急管理》2021 年第 3 期。

而言,要建立和完善应急预案体系。要建立起完整的、严谨科学的、普遍适用的、配套完善的应急管理预案体系。大力推进预案编列的针对性、实效性、合理性和完全性。要提高风险管理认识,实行常态化风险管理。应急管理是风险管理的最后手段,因此,要从根本入手,将不确定的应急管理转化为常态化的风险管理。增强风险意识,对客观存在的风险因素保持理性认识。逐步掌握社会客观存在的各类型风险的特征及发展趋势,有针对性地作好风险防范部署。①

---

① 参见田华:《我国应急管理体系的建设历程与完善思路》,载《云南行政学院学报》2017 年第 5 期。

第九章　成渝地区双城经济圈市域社会治理创新的协同模式

2020年8月，四川省和重庆市联合印发《关于推动成渝地区双城经济圈建设的若干重大改革举措》，全面对接深化四川重庆合作，推动成渝地区双城经济圈建设工作方案等部署的重要改革任务，聚焦制约成渝地区双城经济圈高质量建设发展的深层次矛盾和体制性障碍。提出探索经济区和行政区适度分离综合改革、完善川渝自贸试验区协同开放示范区体制机制、推进城乡融合发展改革示范、健全生态环境联防联控机制等11项需两省市协同推进的重大改革举措。[①]《关于推动成渝地区双城经济圈建设的若干重大改革举措》是第一个全国省级层面的跨区域全面深化改革合作的示范典型。

2021年11月4日，四川省出台《关于促进高新技术产业开发(园)区高质量发展的实施意见》(川府发〔2021〕28号)第17条规定，促进川渝地区协同创新。支持高新区发挥区域创新的重要节点作用，推动川渝在更大范围、更高层次上开展经济、科技合作，促进万达开、川南渝西、遂潼、高竹等毗邻区域融合创新，高水平建设西部科学城。推动成立成渝地区国家高新区发展联盟、“泸内荣永”国家高新区产业联盟等，鼓励共建川渝合作产业示范区。推进两地企业证照“一网通办”试点、出台“互认互通人才政策”等。

一、市域社会治理创新协同模式的理论蕴涵

随着经济社会的不断发展，人民群众当家作主的自我意识和自我管理能力

---

① 参见周尤：《重庆四川联合印发〈关于推动成渝地区双城经济圈建设的若干重大改革举措〉》，载《重庆日报》2020年8月24日，第1版。

不断增强,社会主体多样化、社会力量的发展能够直接和间接地影响国家治理的模式,社会治理共同体逐渐形成。社会治理是国家治理体系建设的重要组成部分,社会治理的成效关系到国家治理现代化的水平高度。[①] 创新社会治理的协同模式,能充分地促进和体现我国国家治理能力和治理体系现代化的发展。在面临日益复杂的社会问题与突发事件时,若仅依靠传统的政府管制,已难以完成社会治理的根本任务,进而难以达到社会治理所追求之目标。因此,日益强化的多元社会力量开始加入社会治理,与政府一道,共同承担社会治理的责任。

随着科技工业的发展,人类社会整体进入了信息多变、互通交流时代。信息的高速传播、世界民主进程的加速繁荣以及公民个人意识的觉醒,使原本的社会治理模式面临结构性剧变。新公共管理运动力求变革社会管理模式,试图改变社会失序的脸谱面貌。虽然新公共管理运动没有从根本上改变社会管理的传统内容与模式,且它将公民作为客户的治理理念已显过时,但它提出了"精简政府规模"和"释放公共权力"的具体要求,体现了社会协同治理的方向目标。[②] 在中央财经委员会的第六次会议上,习近平总书记指出,要推动成渝地区双城经济圈的建设,并支持重庆西扩、成都东进。自 2017 年以来,成都市武侯区率先探索并提出"三个一模式",采用政府指导和社会参与的社会治理创新思路,健全社会治理之机制,搭建社会治理的创新性平台,培育社会组织,充分利用各种资源,增加社区的自我管理、自我创新功能,构建起了创新性社区公益生态圈。

"协同"是指在系统内部,各个组成要素或者分子单元之间所存在的一种和谐状态,即在外界的环境变化达到一定峰值时,一个平衡的开放系统,在内部非线性的作用下,如何从自发的无序状态变为有序状态,或从有序状态向更加有序的状态转化的途径问题。成都市存在一种以村级社会组织公共服务建设为

① 参见梅帅:《社会治理视域下失信惩戒机制:治理意义、要素构造与完善方向》,载《征信》2020 年第 12 期。

② 参见姚怡帆、叶中华:《社会治理创新的逻辑转向——基于协同治理理论》,载《领导科学论坛》2020 年第 23 期。

基础,涉及教育、基础设施、文体、医疗和社会管理等诸多类型,通过理顺政府和自治组织在农村公共服务中的关系,形成一种由地方政府主导、多元主体参与的社会治理协同模式(范逢春,2014)。从协同治理的形态分析,社会治理协同治理模式是以社会治理主体为中心的多主体联合治理,以政府主导、社会各主体积极参与的网络或者网格治理。从联合国全球治理委员会对“协同治理”的定义来看,协同治理是公共和私人机构以及个人管理其共同事务的诸多方式的综合,[①]它强调治理主体采取联合行动的过程以及各主体之间利益冲突的调节(利益博弈平衡)过程。[②] 国内的其他学者也对“协同治理”概念进行了一定程度或者范围的解释。例如,郑巧和肖文涛认为,协同治理是政府、公民、企业和非政府组织等主体构成的一个开放系统,他们通过合作和协调共同完成社会公共事务的治理,是协调和增加公共利益的过程。[③] 李辉和任晓春则认为,协同治理是指通过主体之间的要素和资源的匹配,达到政治国家和公民社会之间的最佳合作关系的状态。[④]

综上所述,协同治理是指多元化的社会主体通过互助合作、共同融合的方式,就其共同的公共事务采取协同行动,实现社会治理目标,发挥协同治理优势的过程。就协同治理的特征而言,首先,从治理主体来看,治理主体是多元的,不仅是政府,还包括社会组织和公民等。其次,治理过程是持续进行的,世界是不断变化和发展的,社会治理的变革是社会环境变化所推动的,恒定不变的社会治理模式是不可能存在的,每一种创新治理模式的兴起都离不开不断变化的社会存在。辩证唯物主义世界观的根本要求是一切从实际出发、从实践出发,社会治理主体必须立足社会实际,借鉴历史经验并进行深刻反思,根据当下社会的具体情况,分析过去的治理模式,提出社会治理模式的创新方案。此外,治理边界是治理主体以其关键能力为基础,在同其他的社会治理主体相互作用的过程中,形成的治理规模和范围。目前,成都对治理边界的认识、治理主体的协

---

① 参见李辉、任晓春:《善治视野下的协同治理研究》,载《科学与管理》2010 年第 6 期。
② 参见俞可平主编:《治理与善治》,社会科学文献出版社 2000 年版,第 5 页。
③ 参见郑巧、肖文涛:《协同治理:服务型政府的治道逻辑》,载《中国行政管理》2008 年第 7 期。
④ 参见李辉、任晓春:《善治视野下的协同治理研究》,载《科学与管理》2010 年第 6 期。

同发展和法治保障以及公民社会在社会治理中的参与程度等方面，均有待加强（陈承新，2015）。再次，治理行为是积极主动的。社会治理本质上就是许多积极行动的集合，协同治理强调社会治理的重心由政府向社会单元转移，多元治理主体协同有利于发挥治理主体的灵活性、多样性和主观能动性，更好地攻克社会问题和应对突发性事件。关联性（社会性）让每个治理主体都意识到社会治理的成果同全社会每一个人、每一个组织都息息相关，社会共享社会治理成果时，治理主体实施的治理行为才能是积极的、主动的，而不是压制和被动的管控。最后，从治理功能上分析，协同治理主体的多元性弥补了传统社会治理模式的一些缺点，如传统的政府管控模式，政府对社会问题采取"统揽"的治理方式，然而，这种方式无法应对如今日益复杂的社会问题以及日趋明显的社会分工。多元主体参与社会治理模式可以利用集体的力量来弥补单一政府治理的不足，通过协同治理来实现社会公共利益，进而实现公民个人、社会组织的利益，以达到社会治理的目标。

区域协同治理是现代社会治理的未来发展趋势，也是推进国家治理体系和治理能力现代化的有效途径。20 世纪 90 年代后，随着全球化的进一步发展，许多主权国家因为指导思想、阶级利益的混乱出现了政权分裂、社会涤荡的现象，而环境治理、跨国治理等也成为全世界面临的共同挑战。为了应对治理危机，联合国将重建基础设施、法治、公共服务以及安全等与善治相结合。"治理"逐渐被用于评估国家和政府对社会的改善能力。"社会合作"理论是西方国家在经历了政府失灵以及市场失聪后，所提出来的用于社会治理的第三条路径。社会合作这一理论没有固定的形式，只有一些关于政府和市场、经济和社会关系的价值取向可以让大家参考。作为一条完善政府和市场各自缺陷的道路，社会合作理论一直试图在政府干预以及市场自治之间寻求一个平衡点，克服全能政府的缺点。西方国家改革政治决策模式的出发点是想要建立一种由公民参与政府决策的机制。这种机制让公民开始意识到，如果不承担社会治理责任，就不能享有相应的权利。因此，人们开始在享受权利的同时，也逐渐承担起了社会治理的责任。西方国家让社会治理模式从社会管理转换到了社会治理，这让政府同市民社会不再对立，公民、社会组织也逐渐参与到社会治理过程中来。

西方国家的社会治理框架是在合作性、参与性、民主性和制度性的理念下建立起来的,西方国家对治理体制的改革大大增加了公民和社会组织参与社会治理的机会、途径和积极性,有序、合理的社会治理框架体系的建立使社会治理的效果大幅提升,更加利于社会治理目标的真正实现。① 社会治理创新协同模式,不仅要注重各个治理主体之间的合作,还需要关注区域治理中的各区域联动、协同治理。社会治理从单一区域治理开始转向跨区域性的社会治理,成都和重庆主城区开始积极探索跨区域联合治理模式,如在交通、社保、教育等方面,成渝两地签署了协作性协议,并且批复同意遂宁市、重庆市潼南区建设一体化先行试验区,成渝地区各种协同治理框架协议正如火如荼地展开,区域协同治理模式也正在逐渐的推进和建设中。

二、市域社会治理创新协同模式的基本要求

"协同治理理论"起源于20世纪70年代德国著名物理学家赫尔曼·哈肯创立的"协同学理论"。"协同学理论"认为,当系统处于混沌状态时,构成主系统的大量分系统之间在一定程度上存在相互协同作用,在临界点时将发生质变,使系统从混沌(乱)状态转变为一个新的稳定的状态。② 从本质上而言,协同治理是多元主体参与的社会治理模式。从我国当下的社会情境分析,社会需求存在多样性,使协同治理成为必然。在传统的社会治理过程中,往往是由基层政府来提供主要的公共服务,而当政府的服务无法满足人民日益增长的服务需求时,多元化的社会治理力量就显得至关重要,进而创新协同治理也就应运而生。要真正实现党的第十九次全国代表大会提出的推进国家治理体系和治理能力现代化的要求,就必须在国家和社会之间寻求一个社会治理的平衡点,以达到国家和社会协同发展、共同治理的良好状态。

郁建兴等认为,社会建设中的政府和社会关系的模式可以分为四种,即政

---

① 参见周晓丽、党秀云:《西方国家的社会治理:机制、理念及其启示》,载《南京社会科学》2013年第10期。

② 参见孙中一:《耗散结构论、协同论、突变论》,中国经济出版社1989年版,第41页。

府管控、平等合作、社会协同以及社会自治。[①] 政府管控模式是指政府为了建立和维持稳定的社会秩序，往往都会采取管控性治理手段。在此种模式中，社会力量是极其羸弱的，社会的积极性和主观能动性都相对较低。平等合作模式是指随着协同模式的不断运行和发展，公民和社会组织的社会治理能力得到充分锻炼并不断提升，逐渐成为成熟的社会治理力量，此时，社会力量完全有能力同政府进行平等合作，共同承担社会治理的责任。社会协同模式是指在我国政府治理能力占优势且社会自我管理逐渐发展的情况下，为了国家和社会发展的需要，政府动员社会各主体力量，同政府的力量形成合力，共同承担社会治理的责任，形成协同治理的社会治理模式。社会自治模式是指社会力量的高速发展使公民的自我管理和服务意识较强，社会组织的发展也十分迅速，从而组成的社会力量能够使社会高度自治，发展到一定程度甚至能与政府治理相对称。

韦伯（Weber）的管理控制模式是将社会各阶层的价值观和愿望纳入公共政策并成为公共政策的一部分，它不仅是这些外部群体对政府决策施加影响的渠道，也是国家在大众社会中行使权力的一种方式。官僚制之所以合理，是因为在其内部，管理控制是基于知识、专业性和技术能力。在当前以及今后的很长一段时间，协同治理模式将是我国社会治理模式的优选项。相较于韦伯的管理控制模式，协同治理模式是一种治理主体之间的新组合形式。韦伯所提出的是一种严格的等级管理制度，这容易造成社会僵化。刻板的垄断模式导致社会自我管理、自我服务的空间狭窄，就根本上而言，这也谈不上社会治理的改革与创新。在协同治理模式中，不是单纯地由政府或者社会一方来管理公共事务，而是共同协商、互通有无、集思广益的共同前进。

要做好区域协同治理，社会组织的去行政化是不可或缺的。成渝地区的社会治理现状同我国大环境的社会治理现状有相似之处，虽然政府为了能够更好地提供公共服务，支持社会力量加入社会治理的过程，但简政放权的措施并未

---

① 参见郁建兴、任泽涛：《当代中国社会建设中的协同治理——一个分析框架》，载《学术月刊》2012 年第 8 期。

有效实现社会治理去行政化的目的。例如,社区的居委会本身作为社区的基层自治组织,应当充分体现社区居民的整体意志,但就我们调查分析而言,如今各街道办事处将各项行政任务分别下放到各个居委会,导致各居委会逐渐被行政化,这与去行政化的目的是分道而行的。此外,有的政府也会采用项目制的形式采购社会公共服务,许多社会组织为了能够获得政府项目的资金,将政府同自己的关系转变为从属关系等,这些获得项目资金支持的社会组织参与到社会治理中,往往更倾向于表达政府的意志,很难在社会事务上做到自主管理、自主服务和自我创新。值得注意的是,不少地方政府对社会治理主体的多元性还没有充分和准确的认识,他们通常还是采用行政命令等方式,以自上而下的形式管理社会公共事务,无视公民和社会组织对社会治理的重要作用,简单垄断社会治理,究其缘由,我们在调研中发现,追求"短、平、快"的社会治理效果是其重要的驱动因素。区域协同治理,不仅是地区间的协同,还包括地区内的政府同其他治理主体的合作。要真正做到社会治理的协同,发挥社会自治组织和公民参与社会治理的积极性,就应当对现有的社会自治组织去行政化。首先,需要提升公民在社会治理中的参与程度。政府在制定和调整社会治理政策时,应当征询和充分考虑社会公众的意见,公民的积极参与能够很好地向政策制定者表达公民的意愿,以使社会公共政策更加具有开放性、合理性和实践性,体现最广大人民群众的集体意志并且保障绝大多数人的切身利益。其次,还需要培养社会组织参与社会治理的自身能力。从相关数据得知,成渝地区社会组织的规模和发展得到了很大的提升,但社会组织的能力建设相对滞后。如何提升和培育社会组织参与社会治理的能力是重要的一环。应通过各种政策、资金等来支持和引导社会组织参与到社会治理中,发挥社会组织的应用功能。在协同治理模式中,政府所起的作用应该是制定社会治理发展的方针政策,而具体的社会事务应当交由专门化、社会化和市场化的社会组织等主体来承担。社会组织是社会自治的主体,社会组织的自我管理、自我监督也更加丰富了现代社会法治的内涵。

此外,成渝地区双城经济圈内各城市的分化和融合问题也关乎成渝地区双城经济圈的协同治理。在经济圈内的各城市中,无论是经济圈的南翼、北翼还是东北翼地区，各城市的发展存在相当大的差距。从成渝地区的空间格局来看，要在经济圈内形成以成都市为顶点、重庆主城区为重心、经济圈东北翼地区和西南翼地区为支点的等边三角形的结构。成渝地区双城经济圈是处于国家战略地位的整个经济体，但其内部各城市之间存在较为明显的圈层分化现象。成都市在部署经济圈的建设工作时，提出了成都都市圈——成、德、眉、资四城同城化发展的目标和要求，且探索实践了各种积极措施，这使四城的区域一体化意识得到了大幅增强，在空间规划、交通基础、公共服务和产业布局等方面的统筹协调更具有合力。目前，重庆和周边的四川地市的合作也进入强势推进阶段，双方政府之间积极签订各种合作协议，建立协同交流、共同发展的关系，将各自的优势融合成整体的优势，以实现整体的最大化利益。例如，重庆"一小时经济圈"、渝西的经济走廊等战略措施大幅度地促进了沿长江江轴带、成德绵轴带等成渝城市的经济发展。2020 年的 3 月，重庆市和遂宁市为了推动遂宁市和重庆市潼南区一体化发展，两市签署了"1 + 17"一体化发展的合作协议。这样的合作措施能够体现出，两市正在推动"地理中心"向"发展轴心"的转变，正在拆除行政门槛限制，破除两市的跨省地域限制，推进成渝地区双城经济圈中各城市由"中部塌陷"向"中部崛起"转化。2020 年 5 月两地签署《大数据协同发展合作备忘录》。① 2021 年 8 月，两地签署"1 + 9"项大数据协同发展合作协议。② 首先，就发展历程而言，两城市在大部分的社会治理指导思想及相关政策等方面是相似的，但在具体的实施背景、实施事项等方面还存在较大的差异。其次，就社会组织参与治理而言，重庆市南岸区的民泰基金会积极加入社会公益工作，其参与社会治理的表现为其他社会组织提供了良好的示范。成都市的

---

① 参见夏元：《川渝两地签署大数据协同发展协议》，载《重庆日报》2020 年 5 月 14 日，第 7 版。

② 参见向菊梅：《两地签署"1 + 9"项大数据协同发展合作协议　川渝年底前将实现 115 个事项跨省通办》，载《重庆日报》2021 年 8 月 28 日，第 1 版。在数字基建方面，双方将加快推进全国一体化算力网络成渝国家枢纽节点建设，探索开展内部高速数据传输网络建设；共建共享共用中新数据通道，探索中新数据通道在川落地。在政务数据共享方面，双方将扩大共享范围，完成共享责任清单编制；依托"天府通办""渝快办"推进第二批跨省通办事项，探索数据服务共享互通的业务机制和技术路径，力争 2021 年年底前实现 115 个事项跨省通办。两地还将协同推进大数据立法，在地方立法中设置区域数据合作条款；编制《成渝经济圈公共信息资源标识编码规范》《生猪大数据区域监管数据字典规范》等，推动川渝大数据标准体系互认互通。

社会组织参与社会治理的机制也有所变革创新,但仍在寻找更加完善之措施。再次,就双城医疗保障体系的建设而言,成都市在城乡医疗保障的整合工作方面敢为人先,为医疗保障制度的变革和创新贡献了成都智慧。重庆市在城乡医疗保障整合方面,促进公平的成效较为明显。最后,就成渝双城的空间结构建设而言,成都更加注重大都市区的治理模式和区域协调这两方面。

改革开放以来,虽然我国经济建设取得了举世瞩目的成就,但低水平的社会发展和高水平的经济发展之间的不平衡日益明显,以往的管控型政府治理所体现出来的政府对公共事务的独立统筹,在一定程度上抑制和阻碍了社会主体参与社会治理、承担治理责任的主动性。政府部门(含事业单位)的机构设置也日趋冗杂,导致政府治理效率低下。随着时间的推移,社会问题逐渐累积,导致传统的政府治理模式难以为继。政府以及社会大众开始思考如何找到一种更好的治理模式来应对经济社会发展所带来的棘手的社会问题。政府开始充分重视社会组织的发展,动员公民参与到社会治理过程中来。党的十九大提出,我国要推进国家治理体系和治理能力的现代化,打造"共建、共治、共享的社会治理格局",并提到我国的社会治理的总体格局是"党委领导、政府负责、社会协同、公众参与、法治保障和科技支撑"。① 当前,党委领导、政府主导、社会组织和公民充分参与是成渝地区双城经济圈典型的治理模式,也是具有中国特色的社会治理协同模式。但选择了一种正确的社会治理模式,并不意味着可以一劳永逸,还需要清楚地认识到,在协同治理过程中,我国所面临的挑战和困难是不断发生和变化的,如我国的社会文明尚需提高;社会矛盾和纠纷的化解机制需要完善;生态环境保护意识需要增强等。② 此外,社会组织的专业化程度相对较低,自治性较弱,过多依赖政府,公信力不足;国家对社会组织的监管体系、监管制度以及支持力度等都尚显不足。当前,在社会治理中,我国较为发达的城市开始逐渐颁布关于"垃圾分类"的地方性法规,以国家管控的手段强制施行垃圾

① 参见习近平:《决胜全面建成小康社会　夺取新时代中国特色社会主义伟大胜利——在中国共产党第十九次全国代表大会上的报告(2017 年 10 月 18 日)》。

② 参见习近平:《决胜全面建成小康社会　夺取新时代中国特色社会主义伟大胜利——在中国共产党第十九次全国代表大会上的报告(2017 年 10 月 18 日)》。

分类,但还应当重视公民环境保护意识的提升。在社会治理过程中,还应当注重环境保护组织的治理能力以及公众的环境保护治理的参与度的提升。针对社会组织力量较弱的现实情况,政府应当发挥主导作用,同时通过多种制度和多方面的平台建设给社会组织、公民参与社会治理提供充足的途径。

三、市域社会治理创新协同模式的重点内容

我国社会治理的创新主要体现在:发现多元社会治理主体并且培植治理主体的治理能力,焕发多元性主体的治理活力。社会治理模式随着社会经济的发展不断变化。为了达成社会治理的目标,国家应当充分动员社会组织和公众参与到社会治理过程中。社会治理并不是政府专属的任务,而是社会整体应当共同承担的责任,所有的社会治理主体都应当认同社会共同承担社会治理责任的观念。我们认为,按照协同治理模式的本质要求,可以从以下几个方面推进社会治理协同模式的创新。

(一)政府放权,转移部分社会治理事务

在社会治理中,政府大权独揽的传统已经无法适应现今社会的复杂性和多变性。卡蓝默在“倒置原则”中提到,政府应尽可能下放公共权力,逐渐放弃对社会治理中心地位的垄断,从而使社会可以开展有效的自我治理。① 就我国社会治理现状而言,完全放任社会自治显然是不可取的,政府本身对于公共事务的治理就有法定的责任。此外,传统的政府管制治理挤压了社会组织的发展和壮大空间,致使社会力量较弱,且很难在短时间就成长为能独立承担社会治理责任的优势主体。况且,就客观现实而言,政府对绝大部分公共事务的治理还发挥着积极作用。考察众多的国家,可以从中发现,那些成功的政治共同体往往是与有权威的政党、高效能的政府和高度参与公共事务管理的公民联系在一起的。高效能的政府是建立良好运转的国家的必要性条件之一。

马克思主义关于国家的学说认为,国家享有社会管理与政治统治两项基本

---

① 参见[法]皮埃尔·卡蓝默:《破碎的民主·试论治理的革命》,高凌瀚译,三联书店 2005 年版,第 33 页。

的职能,要求政府不光在政治统治方面表现出色,还应当在社会建设中起到重要且令人民满意的作用。由于政府的政治统治职能,政府往往注重对社会的统治,而忽略社会自治权力,抑制了社会的灵活性。就政府而言,其极易认为,公共权力是政府的垄断物品,只有政府才有权行使国家权力。服务型政府要求政府开始注重社会建设职能,这也是实现国家治理能力现代化的必然选择。建设服务型政府在社会治理创新协同模式的推进中起着重要的基础性作用。社会协同治理的核心在于政府需要将部分的公共权力让渡给社会,通过权力移转,更加容易获取公共事务相关信息的社会主体获得了部分公共事务的自主管理权、决策权和参与权。

“明主之官物也,任其所长,不任其所短,故事无不成,而功无不立。”①让社会组织任其所长,能够充分降低政府决策失误的可能性,提高决策的准确性和科学性。政府不是万能的,也不是公民的保姆,不可能也不应当对所有公共事务进行统揽。随着社会发展,政府开始摒弃管制型政府借助在传统等级制度中所获取的权力来维持对社会秩序管制的规则,政府通过将公共权力分享给社会主体,把自己不擅长和不能准确决策的任务转交给其他的社会治理主体,其自身专注于其他必须由政府去行使公共权力的事务中。协同治理模式的构建需要满足对社会治理主体行使权力合法性的认可,国家需要进行一种制度化的安排,赋予社会主体参与社会治理和承担社会治理责任的权力。政府的任务不是和社会抢夺公共权力的归属,而是为社会治理主体进行社会治理提供一个良好的制度环境。政府通过引导,将社会治理力量凝聚起来,做好一个社会治理的引导者,建构一个合理的、开放的治理体系。

(二)加强社会治理主体的治理能力培养,丰富治理主体的多元性

欲用之,必先强之。加强社会治理主体能力的培养,有助于分担政府的社会治理责任,且促进社会向一个良好的、健康的方向发展。托克维尔也认为,无论中央政府有多么的强干精明,也无法做到面面俱到、明察秋毫,无法仅靠一己之力去获知国内的所有生活信息,因为这样的工作已经超过了一个政府的人

---

① 《管子·形势解》。

力、物力和财力所能及之范围，当它要自己创造很多发条并且让它们运动时，其结果要么是很不完美，要么就是徒劳无益地消耗精力。① 韦伯的传统等级制所描述的权威合理化已不合时宜，在现代社会中，要树立政府的权威不再是依靠种族和宗教，而是依靠人民。政府不是神或自然的产物，而是人的产物。② 政府由人民产生，它的合法性不再源于"天命""神授"，而是源于人民的认可和自愿服从。现代人民和过去的民众不同，它们有自己的不同诉求，而协同模式满足了公众参与社会治理和实现其诉求的要求。此外，广泛的社会主体参与社会治理不仅是一种社会治理模式的手段，更是民主的一种体现方式。多元治理主体的参与能够有效遏制腐败在政府部门的出现，并且能够显著地提高民主化程度和政治透明度。总而言之，服务型政府和社会力量是一种相互促进的关系，社会力量要求政府提供良好的治理环境，由管制型向服务型转型，服务型政府反过来又能推动社会力量迅速发展，服务型政府的建立和创新在制度层面保障了社会治理各主体的健康发展。

(三)充分发挥主动性，增强社会治理主体的协同治理观念

社会治理共同体达成共识是协同治理行为得以实施的前提，当治理行为向同一方向开始发挥作用并产生实际效能之前，治理共同体对于社会治理责任在观念上的统一，永远都比行为上的趋同更先行一步。从理论上而言，对民主文化的培育和对民主目标的推动，在时间上应当是按顺序依次开展的，然而在现实中却存在空间和时间上的错位。在一个无政治共同体意识的国家中，每一个体或者集团都在追逐满足自己需求的物质目标，且不考虑其他社会利益，将公共利益置之不顾，③这样的社会显然是不利于开展集体行动，通过多主体协同实现集体目标的。因此，培养社会主体协同治理理念尤为重要，社会治理协同合作文化的培养就是一种好办法，让尽可能多的治理主体意识到社会治理责任是

---

① 参见[法]托克维尔：《论美国的民主》，董果良译，商务印书馆1989年版，第100页。

② 参见[美]塞缪尔·P. 亨廷顿：《变化社会中的政治秩序》，王冠华等译，上海人民出版社2008年版，第86~98页。

③ 参见[美]塞缪尔·P. 亨廷顿：《变化社会中的政治秩序》，王冠华等译，上海人民出版社2008年版，第93页；张良：《现代化进程中的个体化与乡村社会重建》，载《浙江社会科学》2013年第3期。

全体社会成员义不容辞的责任。

治理主体的治理观念,需要从两个方面进行培养:一是协同治理需要当政者的认同。从我国的社会特征分析,具有中国特色的社会治理是在党的领导下,由政府主导,社会多元治理主体积极参与治理社会公共事务,共同推进社会的和谐和有序发展的过程。同西方多党制国家不同,中国共产党的领导是社会主义最本质的特征。政府作为公共权力的享有者,不仅是制定和实施政策、发布行政命令的机关,更是党和人民的联系结点。长期以来,执政者以颁布命令的方式管理着社会个体,但在这个日益复杂的社会中,行为主体之间的关系依赖性日益密切,社会治理往往要比社会管理更加复杂。决策者需要意识到,推进构建协同治理框架,不是要削弱执政者在社会治理中的地位,而是为了扩大治理主体的范围,让其他治理主体同执政者形成合力,共同治理社会,从而有效地发挥社会主义制度的优越性。因此,执政者应当承认其他治理主体的合法性,并在治理决策过程中求同存异,尊重社会治理各个主体的意见,且体现在政府制定的各种社会治理政策之中。应当坚持建立社会治理共同体、谋求共同发展的目标,朝着协同治理的方向不断前进。二是协同治理不仅需要执政者的认同,更需要其他社会治理者的认同。社会组织、公民和企业等作为社会主体之一,应当提升对协同治理的认识,必须有主体意识,对于社会治理目标和利益需要达成一致的意见。社会治理主体需要对国家利益持认同观念,同时需要遵守和认同规则。此外,由于各个治理主体之间有其自身利益的需求,需要对社会治理的参与主体进行必要的约束和抑制。治理主体通过协商、让渡部分自我利益,进而共同追求利益的最大化。

(四)加强治理制度的建设,保障治理过程正常进行

全球治理一直是一个热门的话题,然而世界各国的治理水平参差不齐,这是由诸多因素造成的,例如,各个国家的国民素质差异较大,各个国家的发展水平也存在不同。这些不仅是国家之间治理水平差异的因素,更是治理水平差异的体现。究其缘由,崇尚历史制度主义的学者认为,一个国家的兴盛,在很大程度上,取决于国家的财富量,国家财富的增加又取决于经济增长,经济的增长又是由于有效率的经济组织,而这样的经济组织应当满足在制度安排上的对应条

件。每个人对美好社会所抱有的憧憬,都必须通过能包含不同需求的制度来实现。因此,要使社会治理能正常进行,就不能忽略制度化在社会治理中的保障性作用。

制度的作用在于:制度可以明确社会治理运行的规则,明确治理主体的权力和责任。制度通过明确个体的权利和义务来规范个体的行为,是社会治理的惯例通过凝练而成的结果,是社会治理的根本保证。在不同的历史时期,会产生不同的社会诉求,这些诉求的实现都是对现有制度的调控能力的挑战。随着公民意识的觉醒、城市化的进程不断推进,人们、社会组织对若无法及时实现个人或集体诉求,人们便可能通过个人或集体的联合加入政治生活中,这种政治的参与在治理模式恰当、制度先进的国家所表现出来的是民主化的推进。反之,在一些缺乏合理规则、制度落后的社会中,时常会伴有社会骚乱和暴动发生。这同时也体现了倘若现有制度无法适应个体参与政治的需求及其扩大趋势,那么就会限制社会治理成效的提升。在协同治理模式的制度化框架下,所有的社会治理主体在参与社会治理的过程中都必须严格遵循事先制定的协同规则。每个公民、社会组织都必须按照制度的规定,对自己的愿望和诉求进行改良,以一种合理形式并通过合法的渠道加以追求。

协同治理模式的制度化不仅能有效地提高治理过程的透明度,降低社会治理各主体协同过程中的犯错率、易错率,还能使治理目标和程序清晰,降低社会治理协同磋商的时间成本,同时还能明确责任主体,让社会治理主体无法抱着侥幸的心理推卸其责任。此外,制度化应当注重与本国的国情相结合,并在此基础上,参考他国的有益经验,构建起符合本国国情的社会治理制度。在构建社会治理创新协同模式的实施路径时,应当充分考虑到各个国家、地区的政治、经济以及文化水平的不同,单纯的谈及他国经验不过是高谈阔论,并不是同一个先进的制度在每一个国家都能正常运转并且产生良好的作用。社会治理制度的设计并非是不变的,需要充分考量本国国情,立足本土的特殊情况来进行修正。据文献考证,自“二战”以后,许多国家开始学习和追捧西方制度、发展规划以及民主政治模式等,但在一些国家移植了西方制度或者复制了西方的模式后,社会和经济的发展并没有加快,反而还引发了大量的社会矛盾,繁荣和发展的梦想在盲目崇拜中逐渐崩塌。克罗齐耶曾指出,移植国外模式终归会以不适应而告终,即使国外的模式在最初创新的创制过程中也曾发挥过积极的作用。[①] 20世纪八九十年代,政治改革成为主流,一些发展相对落后的国家也试图改革,但缺乏相应的政治和社会基础,随着权力的释放,社会进入无序化状态,这样的后果比实施改革前更加糟糕。因此,本土化在制度建构中的作用不言而喻,如若忽视本土化的作用,不仅无法达到最初的目标,反而还可能造成难以估计的损害。我国作为一个发展中国家,在党的领导下,一直坚持立足我国国情,走中国特色社会主义道路,发展适合中国特色的社会主义制度。

四、市域社会治理创新协同模式的构建

(一)协同治理的制度规范体系

社会治理现代化是对社会治理体系和治理能力的总体要求。社会治理体系和治理能力的现代化,“就是使社会治理体系制度化、科学化、规范化、程序化、精细化,使社会治理者善于运用法治思维、法治方法、法律制度治理社会,把中国特色社会主义各方面的制度优势转化为治理社会的效能”[②]。

1. 社会治理的法律规范

在法治社会中,法律体系被认为是共同的良好理念和对社会所有成员的义务引导。法治的一个重要作用是如果预先制定一般法律规则,并以一致性和可预测性的方式应用,人们可能会期望更少的争议或者纠纷,而不是更多的争议和纠纷。[③] 法治是市域社会治理现代化的重要手段,应着力增强城乡社区居民的法治意识与法治能力。党的十八届三中全会提出“坚持依法治理,加强法治保障,运用法治思维和法治方式化解社会矛盾”。法治是现代社会秩序的基础性保障力量,它可提升社会治理的有效性与合法性。社会治理的法治水平是决

---

① 参见[法]克罗齐耶:《法令不能改变社会》,张月译,汉语大词典出版社2008年版,第25页。

② 徐猛:《社会治理现代化的科学内涵、价值取向及实现路径》,载《学术探索》2014年第5期;王华杰、薛忠义:《社会治理现代化:内涵、问题与出路》,载《中州学刊》2015年第4期。

③ See Eric Li, *China and the Rule of Law*, American Affairs Volume Ⅲ, Number 3 (Fall 2019), p. 133 – 154.

定其现代化水平的关键变量。[①] 没有法治,社会治理将难以开展,其社会治理目标也难以达成。[②] 推动成渝地区双城经济圈建设,协同制度规范建设的内容应当包括:(1)法律规范体系。构建现代化治理的社会制度体系,一个重要的方面就是根据城市特点制定相应的社会治理地方性法规。目前,我国只有少数城市制定了相应的社会治理地方性法规,更多的是以规章、政策以及其他规范性文件的形式出现,稳定性和定型化的地方社会治理立法相对滞后。因此,应当制定权责明晰、便于操作的地方性法规、地方政府规章,为攻克社会治理难题提供有效的法律依据。(2)法治实施体系。"徒法不能以自行"[③],法律的一般性和具体应用之间的差距必须通过司法决策来弥合。各项制度的有效实施是法治得以实现的途径,若无有效的法律实施体系将很难做到法治化。因此,有学者认为,应健全落实依法决策机制,推动程序公开化、裁量标准化、行为规范化。强化和完善解决社会矛盾公共危机的法治机制,使法治成为解决社会矛盾和公共危机的长效、制度化手段。[④] (3)法治监督体系。没有监督就没有真正的法治,监督体系是法治建设的重要内容。在法治监督体系的建立过程中,应当区分监督的重点、难点,有步骤、分类别的构建法治监督体系。对此,有学者认为,要加强对滥用职权、徇私舞弊、贪赃枉法等问题的监督,建立健全立体化、全天候的法治监督网络。[⑤] (4)法治保障体系。社会治理现代化的过程是贯彻落实全面依法治国的过程,为此应当构建统一的公共法律服务网络。充分利用现代信息技术,推进社会治理协同的智能化建设。

2. 社会治理的政策规范

社会治理的政策规范是社会治理重要的方向指引和行动保障。这方面,深

---

① 参见唐皇凤:《法治建设:转型中国社会治理现代化的战略路径》,载《江汉论坛》2014 年第 9 期。

② 参见陈成文、陈静、陈建平:《市域社会治理现代化:理论建构与实践路径》,载《江苏社会科学》2020 年第 1 期。

③ 《孟子·离娄上》。

④ 参见殷昭举:《中国社会治理的现代化》,载《社会学评论》2014 年第 3 期;王华杰、薛忠义:《社会治理现代化:内涵、问题与出路》,载《中州学刊》2015 年第 4 期;陈一新:《推进新时代市域社会治理现代化》,载《人民日报》2018 年 7 月 17 日,第 7 版。

⑤ 参见余钊飞:《论市域社会治理现代化的制度规范》,载《民主与法制时报》2020 年 6 月 11 日,第 7 版;陈一新:《推进新时代市域社会治理现代化》,载《人民日报》2018 年 7 月 17 日,第 7 版。

圳经济特区、南京先后制定过相应的系统性社会治理法规。2018 年、2019 年川渝两省市分别签署了“1 + 12”“2 + 16”合作协议和专项计划，推动两省市共同参与落实长江经济带、西部陆海新通道等国家战略。2019 年，双方共同推动 9 个方面的重点工作，如推动开放通道和平台建设、区域创新能力提升，在生态环境方面推动联防联治，推进基础设施互联互通、产业协作共兴。两地在推动市场一体化、公共服务共建共享方面取得进展，如建立了“川渝专利行政执法协作”平台和食品生产环节协作互通机制、特殊食品生产及经营监管互助机制，协同维护市场公平竞争秩序。两地互相增投普通高校招生来源计划。推进跨区域医联体建设，华西医院、重庆医科大学附属医院等共建专科联盟 348 个、远程医疗协作网 236 个。当前，川渝养老保险关系转移接续已经实现网上办理，异地就医住院费用即时结算实现全覆盖。双方在双城经济圈建设过程中，将加大公共服务的供给，大力推进两地教育、医疗、就业、养老等公共服务领域协调发展，运用信息化手段，积极推动公共交通、社保、医保等领域“一卡通”。

2021 年 10 月，《成渝地区双城经济圈建设规划纲要》正式获得通过。该纲要提出探索经济区与行政区适度分离改革。成渝区域在现行的行政管理模式下，将经济区与行政区适度分离，创造政府集中精力抓经济发展的环境，“形成不同于一般行政区域的具有特色的管理体制”①。两地已经明确了都市圈建设任务，其中以成都市为中心，共同组建了“成德眉资”同城化发展领导小组办公室，编制了《成德眉资同城化发展暨成都都市圈建设三年行动计划（2020—2022 年）》，签署了同城化合作协议，明确了在交通、产业、生态建设、公共服务等多个领域的重点项目和推进举措。重庆市则按照构建大都市圈的格局，将中心城区 9 个区扩展为 12 个区，并准备推动长寿、江津、璧山、南川四个区与中心城区同城化，从而建设成为成渝地区双城经济圈的核心引擎。②

① 王佳宁、胡新华：《综合配套改革试验区的功能区设置与管理体制考察：上海浦东与天津滨海》，载《重庆社会科学》2010 年第 12 期。

② 参见盛毅、杜雪锋：《基于经济区与行政区适度分离视角的成渝地区双城经济圈建设路径》，载《西华大学学报（哲学社会科学版）》2021 年第 2 期。

3. 社会治理的自治规范

自治主体是自治规范的创造者和遵守者。加快构建民主、开放、包容的自治规范体系，打造人人有责、人人尽责的社会治理共同体，提高社会治理社会化水平，是推动基层社会治理现代化的重要内容。就成渝地区双城经济圈社会治理的自治规范建设而言，该领域社会自治规范体系建设的前提是全面贯彻依法治国精神，同时必须完善基层群众的自治机制（制度机制、运行机制和保障机制）；完善企事业单位自治机制（工会作用的健全、职工权益的保障和内部纠纷的解决）；完善网络虚拟空间的自治制度规范体系建设（规制主体、规制内容和规则客体）。[①]

（二）协同治理目标体系的构建

1. 实施素质教育，实现教育公平

实施素质教育，实现教育公平是一个全国性的问题，是一个具有普适性的问题，不仅局限于成渝地区双城经济圈。我国教育分配不公、资源分配不均的问题仍然存在。党的十九大报告提出，推动城乡义务教育一体化、促进教育公平。这不仅需要国家政策的落实，更需要让农村家长重视农村义务教育。为了进一步推进教育公平，在协同治理的格局之下，我们可以通过政府和学校合作、政府和企业合作、政府深入民生等途径来实现。

（1）筑起政府与家长的沟通桥梁，帮助人民树立正确的思想观念。由于我国在20世纪经济、社会的发展程度低下，相关教育设施配备不到位，导致我国教育程度不深入，家长普遍的素质教育不到位，观念也存在一定的问题。一些老一辈在思想上还存在女孩读书无用的观念，认为女子应当恪守成规，甚至应当为了家庭牺牲女孩受教育的机会。作为政府，应当加强宣传马克思主义教育观、思想观，深入贯彻男女平等的原则，反对“读书无用论”，特别要在男女教育平等的问题上给予极大的重视，大力宣传教育成功的案例，让我国的应试教育做到绝对公平。享受教育公平不仅是孩子的权利，也是他们的义务。

（2）拓展政府与学校合作，推进教育公平。在实践中，目前我国在素质教育

---

① 参见余钊飞：《论市域社会治理现代化的制度规范》，载《民主与法制时报》2020年6月11日，第7版。

方面已有很大进步,如两免一补政策、推行义务教育的实施等。但面临我国教育人口基数大,教育问题多样性等问题,我们还需要投入更大的精力。结合我国未成年人受教育程度的实践,我们认为,有必要将义务教育阶段从 9 年制调整为 12 年制,义务教育应当覆盖高中阶段。在信息技术飞速发展的当代,将义务教育仅仅局限于初中阶段已经不能适应我国经济和社会的发展,同时,这一举措对于提高经济相对落后地区学生的受教育水平将起到重要的作用。

(3)加强政府和企业的合作,完善农村教育的投入。随着社会经济的发展,很多企业家在履行社会责任时,会注重对学校资金的投入。一方面,政府可以根据当地企业的情况,加强和当地企业的合作,给予政策优惠,共同促进农村基础教育设施的投入。同时,可以呼吁企业投入"希望工程",建立"未来学校"或者"希望图书馆"等。另一方面,政府还可以放宽创业政策、减少企业税收等,吸收企业的投资,从而吸引外来资金。教育公平、提升素质教育不是一蹴而就的,在协同治理的模式之下,我们要加强政府和各界的合作,进行多方面考虑,全面提升素质教育、促进教育公平。

2. 促进就业和创业,实现人的价值

就业是我国最大的民生,党的十九大报告指出,国家要促进就业创业,实现人的价值。随着高等教育的普及,就业者队伍越来越庞大,就业问题越来越严峻。[①] 国家为了缓解就业压力出台了一系列政策,例如,扩大研究生录取规模、完善大学生创业孵化园等。当前,政府需要以改革创新的方式,逐步形成政府与非政府之间的协同效应,在社会治理中充分发挥社会力量的作用,推动就业政策的有效实施,实现人的价值。

政府做好宣传工作,鼓励就业——政府和就业者协同。目前,我国就业队伍庞大,例如,就全国高校毕业生数字而言,在 2018 年首次突破了 800 万,2019 年达到了 834 万,在 2020 年达到了 874 万,在 2021 年达到了 909 万。岗位需求也呈现多样化的趋势,但很多求职者对自己的定位不够清晰,导致无法很好就业。政府应当鼓励就业者把握好国家政策,让求职者不仅看到大城市就业机会

① 参见王源琪:《经济下行背景下促进就业创业的对策研究》,载《产业创新研究》2020 年第 19 期。

丰富,配套设施健全,也要鼓励他们投身西部建设,献身基层服务。工作没有优劣高低之分,很多国企、大型企业人满为患,但小企业和经济落后的地区仍然存在很大的人才缺口。我们要在了解自身能力、树立梦想的同时,积极投身于社会主义事业的建设之中,做新时代的新青年。

高校联合政府做好就业指导工作,协助就业者就业——政府和高校协同。我国职业教育正在进一步提升之中,在学生职业教育生涯中,政府要做好产教融合机制的深入,联合高校和企业顺利开展产教融合,为高校学子拓宽就业渠道,并且为企业提供对口型人才。通过产教融合的模式,不仅提高了学生的思维创新能力,同时提高了学生的实践动手能力,为企业培养出一批"理论＋实践"的双复合型人才。同时,政府还可以帮助高校搭建创业平台。例如,有大学投入资金,进行大学生创业孵化园的建设,组建了大学生的创业队伍,建立起了大学生创业的示范基地。

3. 合理分配财富,完善利益格局

社会资源分配的不合理不仅会造成社会不和谐,还会影响社会的可持续发展。合理分配财富和资源,是社会主义建设的重要任务。目前我国收入差距大,低收入群体普遍,脱贫攻坚任务艰巨,规范收入分配秩序,调整利益格局是解决社会矛盾的必然趋势,也是政府科学治理、民主治理、依法治理的要求。

(1)机关事业单位和政府协同。为了调整利益格局,合理分配社会资源,政府应当明确合法收入的界限,打击非法收入和官员腐败。机关事业单位应鼎力支持政府的工作,促进收入分配的合理化和规范化,杜绝权钱交易、以权谋私的行为,让绿色从源头来,让收入在阳光下运行。

(2)立法机构与政府协同。人大和政府应当合理协商,加快法律法规规章的出台,落实税收政策的改进工作,根据成渝经济圈建设的实践,按照企业标准再以细分,加大对高新技术产业和新进国民财富的合理分配。

4. 科学设计社会保障制度,实现社会和谐稳定①

社会保障制度是调节收入分配的重要指标和要素,是保障人民幸福安康、

① 参见鲁全:《完善社会保障制度促进社会财富合理分配》,载《群言》2013 年第 4 期。

社会和谐安定的基本制度设计。目前,由于不同地区有不同的劳动年龄层次,这导致职工的基本养老保险差异急剧,职工养老保险制度处于区域分割的状态。

为了调节社会保障制度,缩小养老保险的差距,政府各部门应当相互协作,共同推进养老保险制度的改革。例如,民政部门等服务机构,建立了集中的公共服务管理体制,使老年人、残疾人、残疾军属、残疾军人等低收入者享受公共服务资源,促进社会财务合理、公平的分配。

5. 完善社会纠纷矛盾的处置机制

社会矛盾能否妥善处理,社会矛盾调节机制是否完善有效,关系到社会的稳定和谐。社会矛盾的调节机制通常包括民事和行政的调节和沟通等,这是平衡主体之间利益,消除矛盾的必经之路。民事诉讼中的调节方法是在法官的主持之下,双方主体根据事实和证据情况,且对自身利益进行衡量,进而处理矛盾纠纷的方式。而行政调节通常是行政主体在其职权范围内,在尊重法律法规的基础上,对矛盾纠纷案件进行处理,协调各方的利益诉求。

当前,我国在不同的领域中有不同的矛盾和冲突,且十分尖锐和紧迫,形势较为严峻。建立起一套完备的矛盾纠纷处理机制,平衡各方利益,促进社会和谐发展是社会治理工作的重要内容。

党和政府协调治理。① 调节社会矛盾不仅是政府的职责,也是党的使命,党和政府协同治理,是新时期建设中国特色科学治理观的内在要求。基层政府应当积极贯彻党中央妥善处理社会矛盾的政策,创新社会纠纷矛盾处理机制,切实维护人民的合法权益。

不同层次社会组织和政府协同治理。为了高效处理社会纠纷矛盾,政府有必要建立三级不同层次的调节机制,即从基层的居民院落到为处理矛盾纠纷成立的调节工作站,再到街道专门调节中心。这实际上形成一种层层分级,协调各方利益,政府与各个层级相互合作、相互支持、相互监督的矛盾纠纷解决新机制、新思路。

---

① 参见李凯:《山东省新泰市基层社会矛盾调解机制研究》,长春工业大学2020年硕士学位论文。

(三)协同治理运行机制的构建

1. 市域社会治理依法有序的运行

法律是治国之重器,良法是善治之前提。要搞好社会治理,构建协同治理体系,就要法治先行,务必要运用法治思维来推进社会治理创新。

(1)要清晰界定权利与权力的关系,要明晰义务和责任的关系。权力运行必须坚持法定原则,即权力的范围合法、权力的行使程序合法。同时根据权力的外在属性,权力的运行也应当坚持合理性原则和正当性原则。在权力的行使过程中,注重与社会实践结合,充分考虑社会效果,真正做到合法性、合理性和正当性的和谐统一。区域内城市社会治理主体能够各安其所、各负其责、消除特权、依法行事、有序竞争、平等合作。运行秩序得到法治保障,权利可以得到公平救济。①

(2)要处理好权力机关与行政机关、立法机关与执法机关之间的责任分配,保障社会治理秩序有序依法运行。在社会协同治理中,作为权力机关的地方人大,具有一定的立法权和法律实施的监督权。地方人大通过立法将党和人民的意志上升为法律,让社会在法律规范下运行。地方人大依法履行监督职责,确保政府主导行为的合法性。人大是立法机关,要充分发挥地方人大的立法功能,以两地协同发展为基础,结合本地发展特色,构建具有区域特征性的协同治理法治体系。② 而政府作为公共权力的掌控者,其履行职责的目标就是为公众利益服务。区域内的各级政府是公共资源供给主体,起着统筹协调的作用,③同时还承担起执法机关的责任。地方政府在协同治理过程中,要做好区域经济发展规划,统筹两地发展优势,同时维护好协同治理机制的秩序,对破坏区域协同发展机制秩序的个体和相关机构给予处罚。

2. 市域社会治理合作协商的有效开展

协商的过程就是合作过程,社会治理合作理论告诉我们,任何社会治理的合作协商都是基于一定认知共识基础之上的。在法治社会下,作为一种完备的

---

① 参见特约评论员:《社会治理法治化的重大蕴涵》,载《法制日报》2013 年 11 月 6 日,第 2 版。

② 参见贾宇:《社会管理创新与法治保障》,载《公民与法(法学版)》2011 年第 8 期。

③ 参见郑雄飞:《中国社会建设思想和理论的当代转向》,载《中国公共政策评论》2013 年第 1 期。

社会治理理论体系,必须具备合法性,必须拥有一套完整的规范来维护。①

各个社会治理主体在合作协商过程中,必须超越个体或者集团利益,从维护公共利益的角度或者社会整体利益的角度,制定和出台相关的社会治理政策。2020 年 1 月,中共中央财经委员会第六次会议就推动成渝地区双城经济圈建设作出重要部署,突出了成渝两大国家中心城市的极核辐射带动功能。2020 年 5 月,《中共中央国务院关于新时代推进西部大开发形成新格局的指导意见》发布,重庆、成都等被进一步赋予推动城市群高质量发展和大中小城市网络化建设的重任。2020 年 10 月 16 日,中共中央审议《成渝地区双城经济圈建设规划纲要》,强调要全面落实党中央决策部署,突出重庆、成都两个中心城市的协同带动,注重体现区域优势和特色,使成渝地区成为具有全国影响力的重要经济中心、科技创新中心、改革开放新高地。② 一系列文件的出台基本确定了成渝经济圈协同合作协商规范的范畴。

3. 市域社会治理社会自治再造

党的十八大报告已有初步论述:“加强和创新社会管理……引导社会组织健康有序发展,充分发挥群众参与社会管理的基础作用。”社会自治的基本前提是政府与社会形成一种平等的法律关系。但在现实中,一方面,我国目前“双重”规制的社会组织管理模式严重制约社会组织的发育,使其无力对庞杂的社会公共事务进行自治;另一方面,许多地方的党委和政府又往往习惯于通过人事、财政等手段对社会组织进行控制,削弱乃至剥夺其自治能力。

建立社会治理中的社会自治体系。首先,要建立协同治理的自治体系。因为自治体系是一个闭合的、关联的制度体系,是实现各类主体有效合作的前提。其次,在治理体系中,应当加强自我治理。要注重非政府组织在社会治理体系中的作用。为了满足社会和公众参与社会治理的需求,相较于传统的管理模式,要注重开创社会协同治理的新区域模式。非政府组织可以发挥其专业性、

---

① 参见王志刚:《社会治理的合作制理论研究探析》,中国矿业大学 2017 年硕士学位论文。

② 参见刘彦华:《四川省推动双城经济圈建设成势见效》,载《小康》2021 年第 7 期;杨继瑞、杜思远、冯一桃:《成渝地区双城经济圈建设的战略定位与推进策略——“首届成渝地区双城经济圈发展论坛”会议综述》,载《西部论坛》2020 年第 6 期。

技术性,优化各类资源配置,从而提供高质量的社会公共服务。

在自治体系中,还有一项最重要的机制,就是问责机制。在实践中,“成都模式”体现在以村级组织公共服务建设为单位,涉及文体、教育、医疗、基础设施、社会管理等类型。要注重理顺政府与自治组织在农村公共服务中的关系,形成一种政府主导,多元社会主体参与的共治模式。

4. 市域社会治理社会综合的强化

市域社会治理社会综合的强化是指在社会治理过程中,应当综合调动各方社会资源,拓宽社会治理主体参与渠道,发挥社会主体的主观能动力,更好推进社会治理的现代化。

(1)培育协同治理的优质资源。要构建良好的社会治理机制,必须要培育协同治理的优质资源。这些优质资源包括公共服务精神、社会责任感、公民参与度等。在推进区域一体化进程中,必须不断优化社会资源结构,从而有效推进区域社会协同治理。① 一是强调制度规范建设。社会协同治理是法治化下的治理,需要从制度层面对社会治理主体的权利和责任进行确定性规定。让社会治理主体有行为预期,让社会治理主体清楚自己参与社会治理的权利边界以及行为之后的责任大小(范围)。二是增强社会信任。社会互信是社会治理的重要保障,而增加社会互信的重要途径就是信息的充分公开。为此,应当建立各类信息发布平台,及时公开与社会治理相关的信息。同时注重诚信建设,培育符合社会主义核心价值观的社会治理主体。三是增加公众参与度。拓宽社会组织和社会公众参与社会治理的渠道,构建新型的社会治理民主协商机制和参与型社会治理机制。

(2)优化社会协同治权结构。这是实现在区域统筹发展中社会治理主体有效协同运行的核心和关键。社会协同治权的特征有:这种权利的权利主体是政府、社会组织及公民等;权利的内容是为社会提供公共服务和公共产品;权利运行的模式是党政主导、社会参与。② 一是界定政府权力结构。党的十八届三中全会明确提出,优化政府机构设置、职能设置、工作流程,完善决策权、执行权、

---

① 参见刘卫平:《论统筹城乡发展中社会管理的协同治理》,载《江西社会科学》2013 年第 7 期。

② 参见刘卫平:《城乡社会治理主体协同机制:实现形态与优化策略》,载《邵阳学院学报(社会科学版)》2016 年第 1 期。

监督权既相互制约又互相协调的行政运行机制。党的十九届四中全会指出:“必须加强和创新社会治理,完善党委领导、政府负责、民主协商、社会协同、公众参与、法治保障、科技支撑的社会治理体系,建设人人有责、人人尽责、人人享有的社会治理共同体,确保人民安居乐业、社会安定有序,建设更高水平的平安中国。”要落实上述文件精神,必须在以下四个方面实现创新:政治权力运行机制的创新、市场运行机制的创新、民主治理机制的创新、社会自治机制的创新。① 而上述四个创新中,重点是实现政治权力运行机制的创新,即有效规范权利的运行,实现权利与责任的统一,为社会治理的协同创新发展提供有力的政治保障。② 二是理顺政府与市场之间的关系。③ 在区域社会协同治理中,应当充分重视市场机制在资源配置中的作用,努力推进社会治理中公共服务的市场化。地方政府应当扶持社会组织的发展,放开公共服务的市场准入,激活区域经济社会活力和协同力。④ 三是整合区域要素。把成渝双城区域内的各种资源要素进行有机的融合。针对成渝双城区域社会资源开发与整合功能的薄弱问题,构建党委、政府、市场、社会和公众协同的区域资源整合机制。在区域统筹中,充分发挥各级党组织的领导作用、政府的主导作用、市场机制的资源配置作用;充分发挥区域社区自治组织在社会资源整合协同中的重要作用。⑤ 要积极建设区域社会治理信息分布联动平台、综合信息服务平台、公共危机应急联动信息平台和社会公众诉求信息平台,建立完善的区域社会治理综合信息系统。⑥ 当前,两地在推动市场一体化、公共服务共建共治共享方面取得了一些成果。比如,建立了“川渝专利行政执法协作”平台和食品生产环节协作互通机制、特殊食品生产及经营监管互助机制;两地互相增投普通高校招生来源计划;川渝养老保险关系转移接续已经实现网上办理,异地就医住院费用即时结算实现全覆盖

---

① 参见肖斌、郭明:《以“治权改革”创新地方治理模式——2009 年以来顺德综合改革的理论分析》,载《公共行政评》2013 年第 4 期。

② 参见刘卫平:《城乡统筹发展中的社会协同治理机制研究》,湘潭大学 2014 年博士学位论文。

③ 参见许正中、张淑翠:《全面深化财政改革构建国家治理枢机》,载《行政管理改革》2014 年第 2 期。

④ 参见刘卫平:《城乡统筹发展中的社会协同治理机制研究》,湘潭大学 2014 年博士学位论文。

⑤ 参见康忠诚:《论社会管理中社会协同机制的构建》,载《西南农业大学学报(社会科学版)》2012 年第 2 期。

⑥ 参见刘卫平:《城乡统筹发展中的社会协同治理机制研究》,湘潭大学 2014 年博士学位论文。

等。成渝地区未来将加大公共服务的供给力度，推进两地教育、医疗、就业、养老等公共服务领域协调发展。[①] 全面推动成渝地区双城经济圈建设，强化“川渝一盘棋”思维，唱好“双城记”，深入推进“一干多支、五区协同、四向拓展、全域开放”。[②]

(四)协同治理的考核评价指标体系的构建

1.社会治理评价的价值取向[③]

党的十九届四中全会提出了共建共治共享的社会治理格局，对我国新时代国家治理体系和治理能力现代化进行了战略部署。[④] 党的十九大报告指出，新时代要坚持和发展中国特色社会主义，坚持共建共治共享的基本方略。将新发展理念作为指导，以人民为中心，保障民生，共同促进社会的发展。要坚持人民主体地位，重视人民群众的参与度和获得感，让人民有效参与社会治理，促进民主社会的建设。要将服务和管理结合起来，形成良好的社会氛围，促进基层的系统治理、依法治理、综合治理和源头治理。[⑤] 2021 年 11 月 11 日，中国共产党第十九届中央委员会第六次全体会议公报指出，为中国人民谋幸福是中国共产党的初心和使命。[⑥]

“改革开放以来，我们党开始以全新的角度思考国家治理体系问题，强调的领导制度、组织制度问题更带有根本性、全局性、稳定性和长期性。”[⑦]在社会治

---

① 参见《四川省第十三届人民代表大会第三次会议四川省人民政府工作报告》(2020 年 5 月 9 日)；杨继瑞、杜思远、冯一桃：《成渝地区双城经济圈建设的战略定位与推进策略——“首届成渝地区双城经济圈发展论坛”会议综述》，载《西部论坛》2020 年第 6 期。

② 参见经营管理者编辑部：《四川全面推动成渝地区双城经济圈建设形成高质量发展重要增长极》，载《经营管理者》2020 年第 6 期；先锋编辑部：《速览 2020 年四川省政府工作报告要点》，载《先锋》2020 年第 5 期。

③ 参见王思斌：《新中国 70 年国家治理格局下的社会治理和基层治理》，载《青海社会科学》2019 年第 6 期。

④ 参见陈勇勤：《共产主义、科学社会主义与新时代中国特色社会主义》，载《中共宁波市委党校学报》2018 年第 40 期。

⑤ 参见王思斌：《新中国 70 年国家治理格局下的社会治理和基层社会治理》，载《青海社会科学》2019 年第 6 期。

⑥ 参见《中国共产党第十九届中央委员会第六次全体会议公报》(2021 年 11 月 11 日)。

⑦ 包心鉴：《推进国家治理现代化的实质是实现制度现代化——从邓小平理论到习近平论述》，载《理论视野》2014 年第 8 期；连朝毅：《马克思主义社会管理理论及其在当代中国的新发展》，载《马克思主义研究》2015 年第 2 期。

理与法治的关系问题上，习近平总书记指出，社会治理必须依法开展，必须提高社会管理法治化水平。[1] 新时代的社会治理应当构建配套的规章制度体系，应当创新法治化引领性规范，为社会力量参与社会治理提供有力的法治支撑。在全面依法治国的背景下，社会治理创新必须坚持法治原则，不能背离法治原则，只有在法治原则下，社会治理创新才能丰富和完善中国特色的社会主义法治体系。[2]

价值取向也可以称为价值判断。就社会治理中的价值判断而言，它是价值主体基于自己的阅历和经验、文化知识、价值认知等对于一定客体效用性的预期，这种预期包括客体的有效性如何、在多大程度上具有有效性、有效性的适用对象如何等内容。[3]

中国社会治理评价指标体系的出台，将有助于社会治理工作的推进和社会治理改革的创新[4]（见表 9－1）。

表 9－1　中国社会治理评价指标体系的具体内容

<table>
<tr><th>一级指标</th><th>二级指标（6 个）</th><th colspan="2">三级指标</th></tr>
<tr><td rowspan="6">中国社会治理指数</td><td>人类发展</td><td rowspan="6">29 个客观指标</td><td rowspan="6">6 个主观指标</td></tr>
<tr><td>社会公平</td></tr>
<tr><td>公共服务</td></tr>
<tr><td>社会保障</td></tr>
<tr><td>公共安全</td></tr>
<tr><td>社会参与</td></tr>
<tr><td colspan="4">价值取向：民主、法治、公平、正义、稳定、参与、透明、自治</td></tr>
</table>

① 参见张福东、何冰：《马克思主义社会管理思想的研究》，载《中国管理信息化》2015 年第 13 期。

② 参见顾亚楠：《社会治理法治化研究》，中共陕西省委党校 2019 年硕士学位论文。

③ 参见王婷、胡长栓：《社会主义社会治理中法治和德治的价值统一性》，载《马克思主义理论学科研究》2019 年第 5 期。

④ 参见《中国发布社会治理评价指标体系》，载人民网，http://politics.people.com.cn/n/2012/0629/c70731-18413170.html；俞可平：《中国社会治理评价指标体系》，载《中国治理评论》2012 年第 2 期。

2. 公共安全评价指标体系的强化

维护公共安全、国家安全和社会稳定以及人民民主专政的社会主义国家的长治久安是国家和人民的共同目标。公共安全是国家"十一五"科学和技术发展的重要内容，其内容全面，不仅包括水资源、生态环境、能源安全，还包括国家信息系统、医疗保障、军队安全等。我国的公共安全体系主要包含：国家预防和控制突发事件的安全保障体系、国家关于公共安全发展的部署和规划体系、国家灾害风险的预测和评估体系等。随着我国对公共安全建设工作的重视，各级政府不断加大公共安全建设的投入，公共安全工作取得了较大的发展，但在实践中仍存在一定问题。因此，有必要强化公共安全评价指标体系，利用指标项目评价中的有效信息进行反馈，及时发现各种公共安全问题并予以纠正，这是提升公共安全指数的必要路径。

我国公共安全指标体系的建立是进行评价研究的前提和基础，要加强公共安全指标体系的强化，在建立和巩固发展的同时，要遵循的原则主要有：

（1）系统体系的前瞻性。前瞻性，即可预见性。公共安全的评价体系是一个开放的系统，它的更新和修改，应当与环境变化息息相关。整个评价体系应当是适应社会变化和发展的，是能节约管理成本和时间成本的。整个评价体系能为社会发展规划作出相应的建设性指导和参考。

（2）内容规定的科学性。指标内容应当符合科学性原则，应当注重理论和实践的结合，因时因地选取指标内容。这些指标能够充分反映评价对象的特征，具有可以量化的条件，可以真实评价对象的客观存在。

（3）体系指标的实用性。就区域公共安全评价指标体系而言，评价指标从其特征或者特性而言，应当具有普适性，即这个指标应当适用于整个区域，而非只适用于考量区域内某个城市的评价需要。

（4）指标的可比性。就区域公共安全的评价指标体系而言，应当结合时间变化和空间变化，确定指标选取范围。这些指标在区域内不同城市之间可以进行比较，也可以在同一个城市的不同时期进行比较①（见表9－2）。

---

① 参见王永升、邢更力：《公共安全视频监控建设联网应用评价指标体系研究》，载《中国安防》2018年第4期。

表 9－2　公共安全评价指标体系的强化

指标体系	内　容
环境与资源指标体系	生态环境；水资源；其他能源
国家的防灾救灾指标体系	国家灾害风险的预测和评估；国家防灾制度；国家救灾制度
国家关于公共安全发展的指标体系	关于公共安全发展的部署和规划；关于公共安全发展的部署和规划的评估
公共安全应急指标体系	国家预防和控制突发事件的安全保障
其他	国家信息系统；医疗保障、食品药品安全；军队安全和治安安全

3. 虚拟社会治理评价指标体系的建构

扬布拉德（Gene A. Youngblood）在 1983 年提出了虚拟社会（virtual community）这个词语。莱茵戈德（Rheingold）在 1993 年就虚拟社会进行了定义：当足够多的人以足够的人情在网络空间中进行足够长时间的公开讨论，形成人际关系网时，从网络中产生的社会聚合。① 笔者认为，就虚拟社会的定义而言，是人们主要依托互联网（数字通信网络）而进行的一系列活动从而产生的各类社会关系的集合体。虚拟社会与现实社会之间存在不对称性、匿名性、虚拟性等特点，这些特点下的虚拟社会的治理也显得比较困难，为社会治理增加了一些挑战。但在本质上，虚拟社会也只是现实设计的一种拓展而已，我们想要建立的虚拟社会治理体系，也是在现实社会治理体系角度上的拓展。除此之外，也要针对虚拟社会治理的难点问题，建立虚拟社会治理评价指标体系。

虚拟社会的发展是适应我国现实社会要求的，且虚拟社会的发展对现实社会的发展主要起推动作用，即虚拟社会的发展是适应现在的现实状况，而且不能阻碍现实社会发展。虚拟社会治理状况的好坏直接反映在对现实社会的人和事物的影响中。因此，最重要的是，虚拟社会对现实社会的影响不应是有害的。成渝地区位于中国的西南部，其经济和交通都发展很好，因此很多新兴理论和观点在这里聚集和讨论，这些观点对虚拟社会的治理起着十分重要的

① See Rheingold, Howard Lee. "virtual community". Encyclopedia Britannica, 15 Mar. 2021, https://www.britannica.com/topic/virtual-community. Accessed 6 December 2021.

作用。

虚拟社会治理的第一个问题就是网络暴力。这也是基于网络与现实社会的信息不对称等问题出现的,虚拟社会治理的好坏,一个比较重要的标准就是,网络暴力案件的解决情况和网络暴力案件的发生率。网络暴力会给当事人带来极大的心理伤害,而且也会危害现实社会的和谐与稳定。集体无意识的行为造成了网络暴力,而更多地从众者也加剧了网络暴力的程度。网民们躲在匿名性、虚拟性的背后,用自己手里的键盘,屏幕里的文字,看似站在道德的制高点评判他人,但大多数的网民是在对事实本身并不了解的情况下,盲目地对所谓的事实情况进行判断。笔者看来,虚拟社会治理评价标准应该加入"评测网络暴力"这一指标,用来监控网络暴力发生的数据,再设计相应的制度对其进行约束,减少网络暴力这一情况的发生。

大数据被广泛收集、广泛使用,对网络隐私(online privacy)和知识产权的保护也应该加入虚拟社会治理评价体系中。隐私权被描述为"控制关于权利人的信息流"的权利。[①] 隐私权是一项基本权利,是自治权和人的尊严的重要保障,是许多其他权利得以建立的基础。虚拟社会的隐私权属于现实社会隐私权的一种延伸,就民法的权利分类角度而言,网络隐私权是一种典型的人格权。网络的隐私权是指"在互联网背景下,公民所享有的各种私人信息和活动空间不受他人非法侵犯,以及法律禁止任何人在互联网上泄露公民个人的相关私人信息,也禁止任何人对公民在互联网上进行诽谤等"[②]。随着社会的发展和网络科技的进步,手机端和电脑端的应用泛滥,很多应用也在不断地收集客户信息,这就导致非法收集信息和用户信息泄露的情况增多,大量用户在不知情的情况下被应用窃取信息,甚至很多应用在未经批准的情况下擅自使用用户的信息对用户进行分析,更有甚者将用户的信息进行倒卖用以牟利。网络确实为人们提供了便利,但也使人们的隐私暴露在大众的视野当中,网络的匿名性也导致了很多人肆无忌惮的侵害他人的隐私。此外,网络不仅是人们创作和发展的广阔

---

① Richard A. Posner, *The Right of Privacy*, 12 Georgia Law Review, 1977, p. 393.

② 李奕霏:《"人肉搜索"引发的隐私权侵权及其法律规制》,载《西北大学学报(哲学社会科学版)》2010 年第 5 期。

之地,也是人们自由传播和分享信息的地方,但很多人滥用了网络便利性的特点,侵害他人的知识产权。因此,十分有必要对网络用户的隐私和知识产权进行保护,将对网络隐私和知识产权的保护纳入虚拟社会治理评价的指标中。

查阅以往的资料,我们发现对虚拟社会治理的评价指标的研究很少,我们也只能通过一些社会问题对这一体系进行一些简单的构建,还有很多需要完善的地方,希望这些雏形能为以后的体系构建提供一点思维。综上而言,我们主要以三个指标来构建虚拟社会治理的评价指标体系:虚拟社会的价值指标(要体现社会主义核心价值观)、对网络暴力的监控指标以及保护网络信息和个人隐私指标(见表9－3)。这些指标也是我们想要解决的虚拟社会监管中的问题,这些指标主要依靠成渝地区的协同治理来落实和监管。

表9－3　虚拟社会治理评价指标体系的建构

指　标	内　容
虚拟社会的价值指标	公平;正义;守法
对网络暴力的监控指标	监控主体;监控责任;监控程序
保护网络信息和个人隐私指标	个人信息的保护范围;不正当使用个人信息的处罚;个人信息被侵犯的救济

4. 社会心态评价指标体系的创新

社会心态是人们根据自己的价值观对社会现象的一种认知。社会心态问题是值得人们高度关注的现实问题,但如何衡量和评价社会心态的变化也是一个十分棘手的问题,现在的大多数研究围绕社会心态的概念、功能以及形成机制等问题进行分析和阐释。[①] 我们认为,社会心态作为一种社会意识形态问题很难被量化。在具体设计指标体系时,应当尽量结合成渝协同治理的实际,通过社会心态的形成过程由浅到深来构建。社会心态评价指标体系主要是围绕社会主义核心价值观、社会的规范和公民的自我意识三个方面来展开,也是一个社会意识的形成过程。首先,由公民的自我意识形成了自我认知;其次,形成一个国家的核心价值观,形成了国家的文化;最后,把这种国家的意识和文化上

① 参见马广海:《论社会心态:概念辨析及其操作化》,载《社会科学》2008年第10期。

升到法律规范等各种规范领域形成对社会的一种管理和制约。这也是一个比较完整的评价体系。因此,社会心态评价指标体系主要包括社会主义核心价值观层面、社会规范层面和公民的自我意识层面(见表9-4)。

表9-4　社会心态评价指标体系的创新

指　标	内　容
社会主义核心价值观指标	自由观念;平等观念;公正观念;法治观念
社会规范指标	法律规范;道德规范;商业规范;生活规范
公民的自我意识指标	安全感;归属感;公正感;获得感;幸福感;其他

5. 文化治理评价指标体系的再造

一个国家的文化是国家的精神凝聚力和价值取向的集中体现,文化软实力也是一个国家综合国力的重要组成部分,文化的好坏是检验社会好坏的试金石,建立文化治理评价指标体系是构建成渝地区协同治理体系的重要内容。结合成渝地区双城经济圈社会治理的实际情况,可以从社会核心价值体系、公民的文化素质和文化产业的发展三个方面对文化治理评价体系进行指标构建。社会的核心价值体系也是我们反复强调的社会的核心凝聚力,这是构建社会意识形态最内核、最重要的东西,它体现出一个国家一个社会的精神内核。

2016年12月25日,第十二届全国人民代表大会常务委员会第二十五次会议审议通过了《中华人民共和国公共文化服务保障法》,其立法宗旨是:"为了加强公共文化服务体系建设,丰富人民群众精神文化生活,传承中华优秀传统文化,弘扬社会主义核心价值观,增强文化自信,促进中国特色社会主义文化繁荣发展,提高全民族文明素质。"其对"公共文化服务"的定义是:"由政府主导、社会力量参与,以满足公民基本文化需求为主要目的而提供的公共文化设施、文化产品、文化活动以及其他相关服务。"2021年9月29日,四川省第十三届人民代表大会常务委员会第三十次会议审议通过《四川省公共文化服务保障条例》,其立法宗旨是:"为了加强公共文化服务体系建设,丰富人民群众精神文化生活,保障公民基本文化权益,传承中华优秀传统文化,弘扬社会主义核心价值观,坚定文化自信,推动文化强省建设。"《四川省公共文化服务保障条例》第2条规定:"公共文化服务应当坚持党的领导,坚持以人民为中心,坚持以社会主义核心价值观为引领,遵循政府主导、部门协同、社会参与、面向基层、共建共享的原则,促进优秀公共文化产品的提供和传播,推进中华优秀传统文化、革命文化、社会主义先进文化的传承和发展。"《四川省公共文化服务保障条例》第12条规定:"县级以上地方人民政府应当推动跨区域文化交流,创建区域公共文化品牌,促进公共文化服务协同发展。积极推进成渝地区双城经济圈公共文化服务一体化发展。"2020年6月5日,重庆市第五届人民代表大会常务委员会第十八次会议审议通过《重庆市实施〈中华人民共和国公共文化服务保障法〉办法》,其立法宗旨是:"加强公共文化服务体系建设,保障人民群众基本文化权益,丰富人民群众精神文化生活,传承中华优秀传统文化,弘扬社会主义核心价值观,提高社会文明素质。"

我们根据社会的核心价值体系构建治理制度的框架、社会治理系统,社会的核心价值体系构成我国社会的精神内涵。公民的文化素质决定了社会的总体文化素质,因此想要检测国民的文化素质程度,就得对作为个体的公民的文化素质进行检测,且良好的社会文化可以对公民文化素质的培养起很强的推动力和影响力。文化产业就是文化显化为物质力量的一个重要载体,文化产业是现代社会各个国家发展的核心竞争力之一,它是国家文化软实力的重要体现。因此,文化产业的发展也应纳入文化治理评价指标(见表9-5)。

表9-5　文化治理评价指标体系的再造

指　标	内　容
社会核心价值指标	爱国理念;敬业理念;诚信理念;友善理念
公民的文化素质指标	公民的受教育程度;公民对社会文化的认同程度;公民开展文化生活的主要方式;公民对社会文化的评价
文化产业的发展指标	文化人才;文化的基础设施建设;文化保护;文化创新

6. 社会稳定评价指标体系的完善

社会稳定是一个地区发展的前提和基础。只有社会稳定,才能为地区的经济、文化等各方面的发展助力。社会稳定也是维持国家政治、经济、文化安全的基础。通过对世界各国的发展经验进行总结,不难发现,越发达的地区往往越是社会特别稳定的地区。相反,那些连年战火不断的地方,往往都是社会经济发展相对落后的地方。因此,稳定对于一个社会和谐发展的重要作用是不言而喻的。就社会稳定评价指标体系的完善而言,应当主要从社会经济稳定、政治稳定、社会主导思想稳定和社会生活稳定等方面进行完善。在对社会稳定的指标体系进行研究时,我们主要加入几个特性来对稳定性进行一个监控。首先,我们要确保我们的社会、经济、文化、政治的制度建设都是法治化的,也就是说我们的法律体系应当是基本完善和有效的。其次,我们要确保我们的社会、经济、文化、政治制度的运行状态都是可控的,不能处于失控的状态。最后,我们要确保我们的社会、经济、文化、政治的制度建设是可行的且合理的(见表9-6)。

表9-6　社会稳定评价指标体系的完善

指　标	内　容
社会经济稳定指标	物价稳定;经济发展速度稳定;人民生活水平的稳定
社会政治稳定指标	意识形态的统一;价值取向趋同;政治信仰相同
社会思想稳定指标	人民的思想观;人民的价值观;人民的评价观
社会生活秩序稳定指标	工作秩序;旅游生活秩序;其他生活秩序

7.决策风险评价指标体系的重塑

随着我国社会经济改革的不断深入,各种社会问题也不断涌现出来。这些问题增加了我国社会的不稳定性和风险性。因此,在推进社会经济改革过程中,我们要不断完善我国的决策风险评价体系以应对不断变化的社会环境和可能出现的各种社会问题。我们需要不断对决策风险评价体系进行重塑和完善。就决策风险的评价而言,我们对于决策风险的评价主要分为外部风险和内部风险①两个方面(见表9-7)。

① 参见郝豫:《我国地方政府重大决策社会稳定风险评价研究》,载《经济视角》2015年第2期。

表9－7　决策风险评价指标体系的重塑

指　标	内　容
外部风险指标	政治(良法善治);经济(发展平衡);社会满意度
内部风险指标	决策的合法性;决策的合理性;决策的效果(衡量)

8. 政府公共服务评价指标体系的细化

政府的公共服务能力是衡量一个政治系统运行好坏的重要指标之一。为了提高政府的社会治理能力,必须要充分保障政府的公共服务职能得到有效的履行,最大化实现政府公共服务能力的效用,对此我们需要建立政府公共服务评价指标体系,以期对政府的服务能力起到提升和推动作用(见表9－8)。

表9－8　政府公共服务评价指标体系

指　标	内　容
公共事业指标	公共服务态度;公共交通的规划;弱势群体的帮助
民生指标	医疗支出、医疗保险、养老保险、住房成本;教育支出;失业率、就业率

(五)协同治理的法治化

1. 市域社会治理创新协同模式法治化的思维模式及基本特征

(1)社会协同治理法治化的相关概念。所谓“协同”,就是协调多个不同要素或单位步调一致地完成某种既定目标的过程或能力。协同的关键点是不同主体之间的协作与共赢。就社会治理的协同而言,公共事务的处置过程中不同主体之间的合作或者协作,①即多个主体的参与与合作。协同具有全局性、整体性、社会性、互动性、主动性、效用性等特征。②“社会协同”就是发挥各类社会主体的作用,整合社会资源,建立政府协调机制同社会协同机制互联,政府行政能力与社会自治功能互补,政府管理力量与社会协调力量互动的社会治理网络。③关

① 参见骆毅:《互联网时代社会协同治理研究》,华中科技大学2015年博士学位论文。

② 参见高斌:《社会协同治理的路径选择》,载《党政论坛》2019年第4期。

③ 参见孙秀艳:《社会协同的内涵解析与路径选择》,载《中共福建省委党校学报》2011年第10期;张晓晨:《新型城镇化推进中的政社协同机制研究》,华中师范大学2017年博士学位论文。

于“社会协同治理”，国内学术界提出了一些具有代表性的观点，如胡钊源认为，“社会协同治理”的内涵是发挥各类社会主体的作用，整合社会管理资源，通过建立宏观的社会协同机制，促进社会协同管理网络的形成。[①] 王卫认为，社会协同“有利于改变单位制解体后民众的‘原子化’状态，增强公民的组织性，协调和整合多元化的利益和社会矛盾”。社会协同治理是基于协同学理论和治理理论，在社会治理的过程中，强调多元社会治理主体之间相互协调、合作治理社会公共事务，实现社会公共利益最大化，促进社会既充满活力又和谐有序。[②] 社会协同治理的目的是通过多元主体组成富有弹性的协同治理网络系统，共同解决社会公共问题，从而实现稳定和有序，从而最大限度地维护和增进公共利益。[③] 2020 年，党中央明确提出推动成渝经济地区双城经济圈建设，将成渝地区建成具有全国影响力的重要经济中心、科技创新中心、改革开放新高地、高品质生活宜居地，打造带动全国高质量发展的重要增长极和新的动力源。[④] 川渝地区如何落实《成渝地区双城经济圈建设规划纲要》以及国家“十四五”规划关于成渝地区建设的指示要求，是值得思考的问题。推动成渝地区双城经济圈建设，是未来川渝合作的重头戏。重庆“十四五”规划第三篇提出，深入推动成渝地区双城经济圈建设，持续释放“一区两群”空间布局优化效应。[⑤] 四川“十四五”规划第二篇提到，以成渝地区双城经济圈建设引领“一干多支”建设，打造带动全国经济高质量发展的重要增长极和新的动力源。在全面推动依法治国的社会背景下，成渝地区双城经济圈社会协同治理必然要求法治的参与。社会协同治理必须在法治的框架下进行，必须以社会主义法治体系为基础，以社会主义法治理念为指导，以社会主义法治保障为支撑。

社会协同治理的法治化，实质是在法治框架下的管理创新，其目的是保证

---

① 参见胡钊源：《我国社会协同治理理论研究现状与评价》，载《领导科学》2014 年第 8 期。

② 参见刘卫平：《社会协同治理：现实困境与路径选择——基于社会资本理论视角》，载《湘潭大学学报（哲学社会科学版）》2013 年第 4 期。

③ 参见蓝剑屏：《我国社会协同治理的主体障碍及解决路径》，载《中共福建省委党校学报》2018 年第 12 期。

④ 参见《城市代理》编辑部：《2020 年中国城市大事件》，载《城市代理》2020 年第 12 期。

⑤ 参见汪茂盛：《重庆市人民政府工作报告速览》，载《当代党员》2021 年第 3 期；李发戈：《对建立高质量发展评价考核体系的思考》，载《先锋》2021 年第 1 期。

社会协同治理的各项工作有法可依。用法治理念统摄全局,用法治的眼光审视各种社会问题,用法治的方法破解各种社会难题,用法治巩固社会治理成果。它表现在:一是社会协同治理必须符合法律的各种规定,必须在法律法规的各种框架下进行。法治状态下的社会协同治理,各治理主体之间有着具体确定的权利义务界限,其治理的手段和方式有着明确的规定。二是社会协同治理涉及多个方面的内容,包括治理管理的主体、权限、程序、方法、途径、手段等,为保证成功的社会治理创新经验得到广泛的和长期的应用,应及时将其制度化,通过制度形式将其固定下来。三是社会协同治理法治化以"依法行政"为导向。在具体的社会治理活动中,必须坚持法治思维模式,必须把法律作为解决社会协同治理中出现的矛盾和社会协同治理的突破口,实现社会治理手段的法治化。四是社会协同治理法治化以程序为保障。社会协同治理法治化的本质特征在于法的强制力应具备足够的正当性,即是获得人们普遍尊重的良法。而既要保证社会协同治理的正常进行,又要切实保障人们的合法权益的双重价值导向,唯有通过正当程序控制公权力。①

推动成渝地区双城经济圈协同治理法治化是经济圈各项建设的客观要求。成渝地区双城经济圈协同治理法治化的深刻意义主要体现在法治化的自身发展、成渝经济双城经济圈协同治理发展等方面。社会协同治理法治化既是法治由国家层面向社会层面的转移与深化,也是社会发展理念与价值观以及社会运作机制与方式的发展与转变,并由此导致社会特征显著变化。推动成渝双城社会协同治理法治化也是对法治国家的巩固,理由在于:国家是政府和社会关系的主要方面,这是由社会存在而决定的;就现实意义而言,国家成为构建法治的主体和主要推动力量。就成渝地区协同治理法治化而言,应当根据成渝地区实际情况有序推进。

(2)成渝地区双城经济圈社会协同治理法治化特征:一是坚持党的领导。成渝地区双城经济圈协同治理法治化的过程中坚定不移坚持中国共产党领导。

---

① 参见汪海霞、郭维汉:《法治视阈下社会协同治理的制度创新》,载《南京师大学报(社会科学版)》2013 年第 6 期。

习近平总书记在党的十九大报告中鲜明指出："历史已经并将继续证明，没有中国共产党的领导，民族复兴必然是空想。"新时代坚持和加强党的全面领导，是党的十九大向全党提出的一个深刻命题。在成渝地区双城经济圈的社会协同治理法治化中亦是如此。坚持党的领导是推动成渝地区双城经济建设的政治保障和根本前提。在成渝地区双城经济圈的建设中，要高举中国特色社会主义伟大旗帜，坚持以习近平新时代中国特色社会主义思想为指导，使成渝地区双城经济圈建设服务于中国特色社会主义制度的完善和发展。二是坚持人民主体地位。习近平总书记曾指出："人民权益要靠法律保障，法律权威要靠人民维护；要充分调动人民群众投身依法治国实践的积极性和主动性，使尊法、信法、守法、用法、护法成为全体人民的共同追求。"要保证人民在党的领导下，依照法律规定，通过各种措施，以提高成渝地区人民福祉为目标，并将此贯彻落实到成渝地区协同治理法治化的全过程。在协同治理法治化的过程中，要充分体现成渝地区人民的意志。检验成渝地区同城化协同治理效果的标准便是成渝地区人民的生活是否得到了改善。2020 年 12 月 27 日，《中共成都市委关于制定成都市国民经济和社会发展第十四个五年规划和二〇三五年远景目标的建议》提出"幸福美好生活十大工程"，把企业、市民的感受作为评价"第一标尺"。川渝首批 95 项跨省通办政务服务事项实现线上"全网通办"或线下"异地可办"。出台便捷生活行动方案，提出 16 条便民政策举措。户籍迁移实现跨省市"一站式"快捷办理，居住证信息定期交互。大力推进异地联网医药机构扩面，实现跨省异地住院定点医院、门诊费用直接结算，定点医药机构分别达到 5122 家、8982 家，养老保险关系实现无障碍转移接续。① 建立住房公积金跨区域转移接续和互认互贷机制。重庆、成都中心城区公共交通实现"一卡通"和"一码通乘"，开通 8 条跨省城际公交线路。三是社会组织、公民共同参与社会协同治理。社会组织、公民参与政府合作共治体现的是一种协同合作关系。社会协同治理能够拓宽成渝地区社会主体参与社会协同治理的渠道和途径，扩展社会主

---

① 参见刘畅、冉瑞成：《推动成渝地区双城经济圈建设按下"快进键"——川渝"一盘棋"建好经济圈》，载《经济日报》2021 年 1 月 3 日，第 2 版。

体参与社会协同治理的范围和途径,保证社会主体对社会治理事务介入权,力促政府依法决策、科学决策、合理决策。社会主体应依法有序参与、履行相关义务。社会主体参与社会治理法治化活动的重要体现就是社会主体对政府社会管理与公共服务活动实施社会监督,这种监督的主要目标在于让政府依法进行社会治理,全面正确适当履行其社会治理的职责。[①] 推进成渝地区双城经济圈社会协同治理法治化是推动成渝地区双城经济圈建设的必然要求。从改革开放到现在,中国社会发生了翻天覆地的变化。从宏观系统来看,这是一个从传统社会加速迈向现代社会的历程。首先,法治社会建设是对传统人情社会的反思与重构。法治社会就是要改变以人情为核心的人治社会。我们要探寻的法治社会在规则系统之中融入了情与理,法治社会促使社会主体利益和诉求表达机制得以有序形成。其次,法治社会建设是对公共理性的培育与提升。[②] 现代社会的一个重要特征是理性精神,理性精神包括了求实精神、求知精神、进取精神、协作精神和科学精神。[③] 四是法治的完整性。成渝地区双城经济建设社会协同治理法治化之"法",即法治社会的规则系统,不仅包括国家颁布的各类法律法规等正式规则,还包括各类群体中的地域习惯、商业习惯等发挥调整社会关系作用的无形性规则。从国家层面上看,我国的法治发展道路不是一个自生自发的过程,而是一个由政府主导的建构型进程。经过多年的努力,现在国家层面已构建了完整的中国特色社会主义法律体系。法治社会是共同治理的社会而非孤立自治的社会,法治社会的基本理念是国家与社会之间通过相互作用、相互建构,从而形成稳定的"社会中的国家"结构。[④] 因此,在推动成渝双城协同治理法治化的过程中应该注重法治的融贯性,注意各阶层法律制度之间的融贯。法治社会建设的前提条件在于法治社会的规则系统须为良法。法律在形式效力上是由国家制定或承认的,但在本质上,它应该代表和回应社会的需要。[⑤] 法治

---

① 参见徐汉明:《习近平社会治理法治思想研究》,载《法学杂志》2017 年第 10 期。

② 参见江必新、王红霞:《法治社会建设论纲》,载《中国社会科学》2014 年第 1 期。

③ 参见韩庆祥:《当代中国的社会转型》,载《现代哲学》2002 年第 3 期。根据原作者的观点,科学精神包括了客观化、标准化、精确化、定量化、程序化、制度化和规范化等内容。

④ 参见江必新主持的国家社科基金课题:《加快建设法治中国研究》。

⑤ 参见江必新、王红霞:《法治社会建设论纲》,载《中国社会科学》2014 年第 1 期。

社会亦必须增强科学性以确保其实效。五是成渝协同治理法治化的时机已成熟。中国特色社会主义法律体系的建立,标志着中国特色社会主义法律制度的成熟,法治在我国国家层面已经初步形成,且具有深入社会实践的可能性。在法治建设中我国积累了一系列依法治国的经验,使我们对问题的认识更加清晰,达成了初步共识。① 还有公民和社会组织的法律意识逐渐强化。这些都为成渝地区双城经济圈社会协同治理的法治建设提供了充分的前提条件。法治社会要求个人作出理性的判断,恰当地表达自己的利益。法治社会的建设有助于将法律的价值追求渗透到人们的心中,使人们对法律精神产生认同,理解法律原理,形成法治意识。这一过程正是培育和促进公共理性的过程,这一建构结果有助于确保社会运行在理性的轨道上。②

2. 市域社会治理创新协同体系的法治化

从文献考察分析,我们发现,学界对于社会治理、社会协同治理、社会创新体系的相关概念在定义上存在诸多争议,未能在学界范围内形成一个较为统一的概念,并且区域社会治理作为近年来我国出现的一种新型提法,又常常和国家治理、社会治理、基层治理等概念存在类比交叉。尤其是随着国家对成渝地区双城经济圈、京津冀一体化建设的重视,这种实践与理论之间的冲突将会显得更为剧烈。从历史渊源的角度上看,社会治理在中西方的理论发展道路存在较大的差别,但整体上并没有偏离历史发展的普遍轨迹,都在循序渐进地前进,并且随着时代的发展,中西方社会治理理论开始出现相互交流借鉴和理论融合的趋势。中国提出具有中国特色的治理理论,同时西方也开始关注来自东方的理论,并且中国正在形成“传统 + 西方 + 中国特色”的社会治理理论体系,理论话语权在逐渐提升。而对于区域社会治理的精准施策,一是要把握社会治理的深刻内涵;二是要厘清社会治理的要素组成;三是寻找到一条适合不同区域的治理路径。其中,社会协同治理、社会创新治理体系的构建值得学界广泛关注,如何实现协同治理、如何打造创新治理体系,对这些问题的解答,有助于为社会

① 参见江必新、王红霞:《法治社会建设论纲》,载《中国社会科学》2014 年第 1 期。

② 参见江必新、王红霞:《法治社会建设论纲》,载《中国社会科学》2014 年第 1 期。

治理现代化提供良好的指引。

对于社会治理创新协同体系法治化要想更好地进行解释与论述,我们有必要在不同维度上对它进行有逻辑结构的拆分式处理:其一,社会治理创新协同体系在第一维度上包含的应当是社会协同治理这一概念。但值得注意的是,迄今为止,学界对于社会协同治理尚没有形成一个明确而统一的定义,但较为典型的是,有学者在论及此问题时,一般倾向于将所谓社会协同治理使用"不同城市群直接的社会治理合作或社会治理协同"这一概念进行代指。① 除此之外,由于社会协同治理是与区域经济一体化和市域社会治理等一系列概念相伴而兴,因此还有不同研究将其称为"跨域协同治理"。其二,社会治理创新协同体系在第二维度上还包含社会创新体系这一概念。关于社会创新体系,在国家层面上,可以追溯到 2006 年胡锦涛同志在全国科学技术大会上强调的"要建设各具特色和优势的区域创新体系"。这里所称的区域创新体系其实就是指社会创新体系,是国家总体创新体系在社会区域层次内的下行延伸。与社会协同治理相似的是,对于社会创新体系的内涵,学界没有统一的定义,有学者将其定义为,是在一定区域内为了实现某种目标的一种系统;②也有学者认为,区域创新体系是一种创新能力;③还有学者认为,区域创新体系是一种环境。④ 通过对社会治理创新协同体系两层结构的探究,我们可以得出,这种体系其实是指区域不同地区之间,尤其是相邻两个不同行政区划在社会治理上的合作,这种合作治理具体可以体现为维持社会正常运作所需要的各种制度、体系等。

关于社会治理创新协同体系的法治化,学界对其研究目前主要集中在主要方式和实现路径上。我们认为,在现有研究的基础上应当做如下处理。首先,在方式上,法治作为现代国家治理的基本运作方式,国家治理现代化的内在要求就是实行法治。⑤ 因此,搭建社会治理的法治架构,营造良好的法治氛围,不

① 参见刘斌、牛利娜:《京津冀城市群如何实现协同发展与跨区域治理》,载《前线》2018 年第 4 期。

② 参见郭悦红、张磊、孙可娜:《区域创新系统与区域经济发展的协调性实证分析》,载《生产力研究》2011 年第 12 期。

③ 参见杨凤阁:《河南省区域创新能力分析与发展策略》,载《地域研究与开发》2012 年第 1 期。

④ 参见赵瑞芬、王俊岭:《我国区域创新环境不平衡发展研究》,载《特区经济》2011 年第 11 期。

⑤ 参见张文显:《法治与国家治理现代化》,载《中国法学》2014 年第 4 期。

断健全法治程序，提高社会治理法治化标准，是实现社会治理创新协同体系法治化的必由之路和重要优化方式。简言之，就是在立法、执法、司法、守法等四个层面同时发力，层层推进，法律作为社会治理的工具，坚持法治思想，在社会治理协同体系的构建上坚持法治思想。其次，在实现路径上，主要观点认为，良法与善治须结伴同向而行，正所谓徒法不足以自行。但对于法的具体指代，有学者认为它不应局限在现行制定法的层面，还应包括习惯法等在内的生活中的法律，[①]如建立和完善奖励制度、“黑名单”制度、信息公开制度、宣导制度、辅助合规、推进公益诉讼等。[②] 在运用上，学界认为，治理主体可以运用行政手段来实现协商型、协议型的规制模式，[③]对一些社会问题，可以采取法律之外的其他手段解决，但这些手段的运用必须限制在宪法和法律的框架之内。[④] 除了上述研究，学界对社会协同治理法治化的研究还有许多精细化的领域，如注重民营企业和民营经济的盘活和权利保障，[⑤]注重社区工作的联动，[⑥]注重区域内知识、技术、服务等创新能力的构建以及法律层面对知识产权的保障。[⑦] 总的来说，关于社会治理法治化的研究成果较多，国内学者基本都肯定了法治化在推动社会治理创新和现代化工作中的重要性和科学性。

社会治理协同体系的主要目的还在于实现公共事务的一体化解决，在区域内形成责任共担、协同共治的协同治理机制。但要注意的是，这并非意味着区域间要打破行政区域区分，由“两家”彻底合成“一体”，它更多的是希望通过法治这种思维、制度去打破区域间的发展壁垒问题，谋求在社会经济等各层面能够得到一个高维度的发展。

---

① 参见罗豪才、周强：《法治政府建设中的软法治理》，载《江海学刊》2016 年第 1 期。

② 参见江必新：《关于多元共治的若干思考》，载《社会治理》2019 年第 3 期。

③ 参见季金华：《社会治理创新与法治政府建设互动的法律机理》，载《江苏大学学报（社会科学版）》2017 年第 5 期。

④ 参见赵天宝：《论中国社会治理观的赓续与嬗变》，载《江苏社会科学》2019 年第 6 期。

⑤ 参见岳公正、李遵白、熊德斌：《欠发达地区区域创新体系改革与民营化战略》，载《贵州社会科学》2013 年第 8 期。

⑥ 参见姜振华：《社区协同治理视野中的“三社联动”：生成路径与互构性关系——基于北京市将台地区的探索》，载《首都师范大学学报（社会科学版）》2019 年第 2 期。

⑦ 参见穆广杰：《区域创新能力综合评价体系的创建与应用》，载《中州学刊》2012 年第 4 期。

社会治理协同创新体系的法治化作为解决社会协同治理问题的路径之一，其本身也涉及体系构建问题，打造一个科学合理以及适合不同地区区域发展模式的区域创新体系，对于区域内经济、社会、文化、生态、管理等各个方面都是有促进作用的。我们认为，协同治理的法治化包含以下几种模式：其一，立法层面的协同。在社会协同治理的区域范围内，通过联合立法的形式来开展社会综合治理和统一治理活动。这就要求区域间在地方立法权的行使上要建立畅通的沟通协调机制，做到立法权在一定程度上的统一行使。具体体现在立法权的划分上，要根据实际情况来作出合适的调整，如解决不同层级的立法主体之间协同立法的适用性问题，是否违背国家上位法规定等一系列问题。其二，司法层面的协同治理。如上文论述，社会治理协同体系主要是为了打破区域间的发展壁垒。对这种体系的法治化主要是通过践行法治思想、贯彻法治思维的方式来推。落脚到司法层面，这种司法壁垒将会更明显，因此，对于具体的司法制度，如判决效力的互认、区域间的司法协作，应当成为协同治理法治化在司法层面的具体操作措施。其三，执法层面的协同治理。协同治理是随着区域经济、文化的一体化而同时推进的，这在执法层面上体现得尤为明显。在特定情况下，执法协同可以借鉴经济协同的相关经验。成渝两地可以实行交叉执法、协同执法、合作执法等创新方式，并且在协调机制渠道畅通的基础上推广合作经验，进一步推动执法的协同，在执法层面推动社会治理体系的法治化。

3. 市域社会治理创新协同能力的法治化

2020 年 1 月 3 日，习近平总书记在中央财政经济委员会第六次会议上提出，要着力推进成渝地区双城经济圈建设，形成西部高质量发展的重要增长极，打造内陆开放战略高地。[①] 至此，成渝地区双城经济圈建设正式纳入国家级战略建设计划领域。唱好“双城记”，推动高质量发展，成渝地区社会治理创新协同能力法治化的研究就成为助力双城建设的题中之义。

(1)社会治理创新协同能力法治化的内涵。为了对社会治理创新协同能力法治化有一个更好的认识，需要对这一概念进行解构，并进行一个简单的定义。

---

① 参见范恒山：《成渝地区双城经济圈建设的价值与使命》，载《宏观经济管理》2021 年第 1 期。

在分析、归纳文献资料的基础上，我们发现，目前学界对创新协同能力存在较大争议，但在正本溯源后，一般认为，社会治理尤其是区域间城市群的创新协同能力是指城市之间在空间、经济、交通、通讯等方面的密切关系，是构成具有地域特色的社会空间网络的基础。一个系统的治理能力体现在网络中的企业、科研机构和高校的节点、节点之间形成的关系网络，以及人才、信息、资金等资源的流动。① 有学者认为，这一概念至少包括以下核心特征：创新效率、创新要素和资源的可获得性、创新成果的共享性和创新能力的可持续性。② 至于社会治理创新协同能力的法治化问题，我们认为，这里所称的法治化应当是一种思维方式、一种治理方式，是将法治的思想贯彻社会治理创新协同能力的始终。

（2）推进社会治理创新协同能力法治化的原因。从推进社会治理创新协同能力法治化的原因论角度分析，我们认为，主要有以下几点：一是改革开放以来，区域间经济一体化的发展需要。从我国社会治理理念的发展历程大致可以发现，改革开放以来社会经济快速发展的同时也导致了大量社会治理问题的出现，如市场封锁、市场保护、市场竞争不充分、市场要素不完善等社会问题的出现影响了区域经济协同发展。③ 基于改革开放深入推进所需要的社会经济协同发展，区域之间各种社会问题的治理必须同样进行区域间的协同解决。法律作为社会治理手段，法治作为社会治理理念，是社会治理创新协同法治化进程中不可或缺的。二是政府共建共享共治的社会治理需求。④ 经济资源、人才等生产因素的流动性必然导致社会管理问题的复杂性和多样性。对此，区域间社会治理协作的有序展开，可以有效避免行政资源的浪费和重复执法（多重执法），是一种保障区域间政府对公共服务性（公益性）问题统一解决的好的方式。⑤

---

① 参见陈成：《成渝地区双城经济圈协同创新能力评估与提升研究》，载《决策咨询》2021 年第 1 期。

② 参见解学梅、方良秀：《国外协同创新研究述评与展望》，载《研究与发展管理》2015 年第 4 期；陈成：《成渝地区双城经济圈协同创新能力评估与提升研究》，载《决策咨询》2021 年第 1 期。

③ 参见李瑞林：《区域经济一体化与产业集聚、产业分工：新经济地理视角》，载《经济问题探索》2009 年第 5 期。

④ 参见刘卫平：《社会协同治理：现实困境与路径选择——基于社会资本理论视角》，载《湘潭大学学报（哲学社会科学版）》2013 年第 4 期。

⑤ 参见崔晶：《大都市区跨界公共事务运行模式：府际协作与整合》，载《改革》2011 年第 7 期。

在解决社会治理中的重大民生问题上，坚持社会治理法治化的方向，也能让政府真正地将自己的角色定位准确——服务型角色。三是促进区域内社会公平发展的需要。一方面，在行政区分的前提下，跨区域公共服务事务的社会治理主体(特别是行政机关)可能出现相互推诿、重复执法的现象；[①]另一方面，区域性的边缘公共服务事务的匮乏也可能造成社会资源的分配不公。因此，区域协同的社会治理在保证社会资源分配和行政管理资源分配上具有公平性。[②] 而法治作为社会治理主体的共同信仰，法律作为共同的权威，具有重要的标尺作用，这将有利于在法律的框架下形成社会治理方式的共识。

(3)社会治理创新协同能力法治化存在的困境。在前述分析中，我们认识到社会治理协同创新法治化的重要性。此外，不可忽视的是，社会治理创新协同能力仍存在相当的困境。一是合法性困境。在行政区域间的协同立法权、执法权尚未有清晰的法律规定的情况下，进行协同法治活动，在一定程度上缺乏合法性依据，[③]并且不同层级的立法主体之间的协同立法当如何构建，也缺乏合法性的依据。[④] 二是公平性困境。有学者指出，如何平衡全局与局部之间的关系，是社会区域协同治理中的一个难题。这也是制约社会治理创新协同能力得到有效提升的一个重要因素。在区域整体利益和地区利益的平衡上，区域协同治理很难做到面面俱到，例如，区域协同治理可能对区域内的产业结构、经济结构、社会结构及其稳定因素等造成影响，[⑤]甚至可能造成区域之间的无序的利益博弈。[⑥] 三是行政级别及其管理体制性困境。社会协同治理定然要使两个或多

① 参见徐娜、李雪萍：《治理体系现代化背景下跨部门协同治理的整合困境研究》，载《云南社会科学》2016 年第 4 期。

② 参见马海龙：《京津冀区域协调发展的制约因素及利益协调机制构建》，载《中共天津市委党校学报》2013 年第 3 期。

③ 参见王学栋、张定安：《我国区域协同治理的现实困局与实现途径》，载《中国行政管理》2019 年第 6 期。

④ 参见郑泽爽：《区域协同治理制度的法定化创新——对珠江三角洲两版区域规划条例的回顾与思考》，载《现代城市研究》2019 年第 1 期。

⑤ 参见臧雷振、翟晓荣：《区域协同治理壁垒的类型学分析及其影响——以京津冀为例》，载《天津行政学院学报》2018 年第 5 期。

⑥ 参见王学栋、张定安：《我国区域协同治理的现实困局与实现途径》，载《中国行政管理》2019 年第 6 期。

个互不隶属的行政管理体制相互融通,而相关的配套融通机制匮乏,如在缺乏配套的监督考核问责机制的前提下,区域合作的难度和可持续性等问题将必然出现,并且区域间财政补偿机制如何构建,如何应对财政支出等,也是社会协同治理进程中所面临的问题。[①] 上述诸多因素的存在,成为制约协同社会治理能力得到有效提升的重要原因。

(4)社会治理创新协同能力的法治化应当包括的具体内容。对社会治理创新协同能力产生的原因以及存在的问题进行分析后,我们认识到,要提升社会治理创新协同能力和解决好这些问题,最好的方法就是贯彻好法治思维,运用好法治手段。因此,社会治理创新协同能力的法治化的研究就成为重中之重。我们认为,社会治理创新协同能力的法治化应当包含以下几个主要方面:一是区域内社会治理主体应当坚定树立法治思维。社会治理创新协同能力必然是区域内社会治理主体所应具备的能力。区域最为重要的主体便是行政管理主体,即通常是指以公权力行使者的角色出现的行政管理主体。因此,在成渝区域各级政府内,要坚定树立法治思维,树立“工作即法治,法治即工作”的浓厚法治思维,坚持依法办事、依法治理。法律可以成为区域内政府的重要连接点,法治信仰可以凝聚两地政府的共同力量,在这一前提下,社会治理创新协同能力必然可以在法治化的轨道上稳步前进和提升。二是在公权力主体之外,还必须加强非政府的社会组织建设,培育协同治理的有效社会主体。所谓法治思想不仅是对依法办事的简单回应,它还包括对社会主体的法治思维的培育。对法治思维培育的最好途径就是让各类社会主体参与到社会协同治理的过程中来。要促使社会组织遵循法律法规,树立法治思维。这不仅是对政府治理压力的分担,更是对社会治理协同能力的提升。法治思想作为社会治理主体行为能力的内核,必然会起到促进社会治理创新协同能力法治化的作用。三是对基层群众法治思维的培育应当常态化。法治让人们可以安全和可预测地组织他们的生活。基层群众作为社会治理的重要参与者,法治思维的培育对他们而言,是极

① 参见余璐、戴祥玉:《经济协调发展、区域合作共治与地方政府协同治理》,载《湖北社会科学》2018 年第 7 期。

其重要的,要让群众理解法治的重要性、公平性和合理性。理解“只有在法治下,群众的利益才能得到真正的保障”。四是在司法机关的建设上,区域间的司法机关,尤其是成渝地区的司法机关之间,应当积极探索协同合作模式,努力打破区域间的各种壁垒,加强合作、交流,让司法机关坚定树立起法治捍卫者的形象,这对于化解区域间的纠纷和矛盾,提升区域协作治理能力,具有重要作用。

总而言之,法治是以理性、和平的方式解决社会矛盾的一种方式和途径,是人类社会目前探索出的最优的社会治理模式。社会治理创新协同能力法治化的主要途径和方式,应当落实在对区域内协作主体的法治思维的培育上,应当在社会治理的过程中全程贯彻法治思维。